Jean Cox

EIN LEBEN FÜR DIE OPER

JEAN COX

zum 16. Januar 1982

Unter Mitarbeit von Freunden und Kollegen
herausgegeben von
Gerhard und Brigitte Heldt

LAABER-VERLAG

Umschlagfoto: Bayreuther Festspiele, Lauterwasser

Jean Cox als Siegfried und
Berit Lindholm als Brünnhilde
in „Siegfried",
III. Aufzug, 3. Szene
(Regie und Inszenierung: Wolfgang Wagner, 1970)

Bildnachweise

© 1982 Laaber-Verlag, D-8411 Laaber
ISBN 3 9215 1868-7
Gesamtherstellung: Erhardi Druck GmbH Regensburg · Waldsassen

Inhaltsverzeichnis

GELEITWORT

Lieber Jean Cox,

Freunde und Kollegen, vor allem aber Sachverständige und Kenner von hohem Rang, haben sich zusammengefunden, um Ihnen aus besonderem Anlaß mit diesem Buch eine Freude zu bereiten.

Wenn dieser Kreis nun gerade mich als Laien bat, diesem Werk ein kurzes Geleitwort voranzuschicken, dann einerseits vielleicht deshalb, weil Sie nur relativ kurze Zeit nach meiner Amtsübernahme Ihre Tätigkeit an unserem Theater begannen, und weil ich dadurch nun mehr als 20 Jahre Gelegenheit hatte, Sie als Künstler und als Mannheimer zu erleben, und auch zu erleben, wie Sie, dessen Weg von Alabama an den Neckar nicht gerade kurz war, so manchem Angebot das Verbleiben im Ensemble des Nationaltheaters vorzogen. Zum anderen: Ich bin dieser Bitte deshalb gefolgt, weil eine solche Gabe wie dieses Buch für einen Künstler selten geworden ist. In einer Zeit, von der Igor Strawinsky anläßlich der Wiedereröffnung unseres Theaters wohl nicht zu unrecht schrieb, daß die intellektuelle Anarchie, die unsere Welt zu beherrschen sucht, den Künstler von seinesgleichen zu isolieren sucht.

Aber halten wir uns an Schiller, dem das Haus, dem Sie schon so lange Ihre Kunst leihen, so eng verbunden ist: »es gab schönre Zeiten als die unseren, das ist nicht zu streiten; aber hat Natur uns viel entzogen, war die Kunst uns freundlich doch gewogen.«

Dazu mahnte uns der Mannheimer Komponist Giselher Klebe – gleichfalls bei der Einweihung unseres Theaters –, daß in einer Zeit, in der die reinen Werte des Geistes und der Menschlichkeit von Einmischungen bedroht werden, von allen Verantwortlichen die Reinheit der Kunst und ihr Einfluß auf die wahre Menschlichkeit – besonders durch das Medium des Theaters – mit der größten Entschiedenheit bewahrt werden sollten.

Das ist die Situation, in die Sie, lieber Jean Cox, 1959 eintraten und sich mit Ihrem Willen, eine fremde Sprache und ein fremdes Geistesleben zu verstehen und zu erleben, den Raum für Ihre große Kunst schufen, wozu ein bekannter Kritiker schon bald zu sagen wußte, Sie seien ein Künstler, der wirklich in das Wesen dessen eingedrungen sei, was er singt.

Und darin scheint mir das Wesentliche zu liegen, was zu dieser Freundes-Gabe führte. Zum einen: die, die hier schrieben, taten es unter der Erkenntnis, daß das räumliche, sprachliche, geistige Erlebnis einer Bühnenaufführung immer noch stärker ist als das perfekteste Massenmedium. Es werden eben die schöpferischen Kräfte doch geschwächt, wenn die künstlerische Schöpfung durch Reproduktion in jedes Haus gebracht wird.

Zum anderen aber: die, die hier schreiben, wissen aber auch, daß die Kunst des Bühnenkünstlers – besonders des Sängers – vielen Zufällen preisgegeben, leicht verletzlich, der flüchtigen Zeit verhaftet, mit dem letzten Ton wie ein Traum verweht ist. Das eben macht immer wieder nötig und so entscheidend die Begegnung der Schöpfer der Musik und des Klanges mit kühnen, begabten und dennoch ehrfürchtigen Darstellern. In dieser Begegnung ruht der Geist wahrer Kunst.

Dieser wahren Kunst haben Sie sich hingegeben, auf vielen Bühnen, in vielen Ländern, in manchen Sprachen. Und der Glaube an diese Kräfte der Kunst und des menschlichen Geistes, die ein tieferes, reicheres und volleres Leben für alle schaffen können, war – wie es Ihr Landsmann Thornton Wilder 1957, also nur kurz vor Ihrem Kommen nach Mannheim ausdrückte – die belebende Macht in Schillers Geist, wie er in der Geschichte des Nationaltheaters edel hervorträte.

Sie sind, alle Zeit helfend unterstützt von Ihrer Frau, keinen bequemen und gebahnten Weg gegangen. Neben den vielen Erfolgen mag es auch manchen Augenblick der Enttäuschung, vielleicht auch mal das Gefühl der Einsamkeit gegeben haben. Das liegt nun einmal auf dem Wege des solistischen Meisters, dem es auferlegt ist, das Erlebnis der unmittelbaren Gestaltung, das Erlebnis der Menschen-bindenden Macht der Kunst zu vermitteln.

Halten Sie nun beim Lesen dieser Freundes-Gabe einen Augenblick an in der Unrast der Zeit, lassen Sie die mehr als 2 Jahrzehnte Ihrer Bindung an das hiesige Ensemble an sich vorüberziehen und fühlen Sie den Sinn dieser Gabe als Antwort auf die ausstrahlende Wirkung Ihrer Kunst, der sich so viele immer wieder dankbar hingeben.

Hans Reschke

ZU DIESEM BUCH

Ein Geburtstag ist Anlaß für Freunde und Kollegen des Jubilars, gemeinsam diese Festgabe zu gestalten.

Sie ist einer Persönlichkeit zugeeignet, deren künstlerische und menschliche Ausstrahlung Opernerlebnisse unserer Zeit entscheidend mitprägt. Dieses Buch unternimmt das Wagnis, etwas von der Faszination, die von Jean Cox ausgeht, faßbar zu machen und darüber hinaus Zeugnis davon abzulegen, daß im Bereich des Musiktheaters theoretisches Wissen und praktisches Können durchaus befruchtend ineinander wirken.

Eine »Tannhäuser«-Aufführung war die Motivation, den Sänger wiederzuhören, seine Interpretation des Tristan gab den Anstoß zu diesem Buch, dessen Thematik immer wieder um Richard Wagners Siegfried kreist.

Die überwältigende Zustimmung, die das Vorhaben von allen Seiten erfuhr, spornte an – besonders aber das Vertrauen, das die Gattin des Künstlers, Mary Cox, uns uneingeschränkt schenkte. Es muß unzureichend bleiben, ihr dafür mit Worten zu danken.

Heute begleitet den Blick auf das Wachsen und Werden dieser Schrift die Erinnerung an eine schöne, aufregende und beglückende Zeit. Um es mit anderen Worten zu sagen: ». . . wenn man mich fragte, welcher Affekt, welches Gefühlsverhältnis zu den Erscheinungen der Welt, der Kunst und des Lebens, ich für das schönste, glücklichste, förderlichste, unentbehrlichste halte, würde ich ohne Zögern antworten: Es ist die Bewunderung. Wie denn auch anders? Was wäre der Mensch, der Künstler gar, ohne Bewunderung, Enthusiasmus, Erfülltheit, Hingegebenheit an etwas, was nicht er selbst ist, was viel zu groß ist, um er selbst zu sein, aber was er als das Hochverwandte und mächtige Zusagende empfindet, dem näher zu kommen, das ›mit Erkenntnis zu durchdringen‹ und sich ganz zu eigen zu machen ihn leidenschaftlich verlangt?« (Thomas Mann, Richard Wagner und der ›Ring des Nibelungen‹ – November 1937)

Die Gemeinschaft derer, die zur Feder griffen, ist getragen vom Geist kollegialer wie freundschaftlicher Verbundenheit mit Jean Cox. Im Wissen um dasselbe hohe künstlerische Ziel und in der Bereitschaft, gemeinsam die Verantwortung für ein optimales Ergebnis zu tragen, liegen Wesensmerkmale beständiger Zuneigung, die zwischen den Zeilen aller Beiträge und Grußworte zu lesen sind.

Die Künstlerpersönlichkeit erschließt sich im Menschlichen; diese Einsicht vertiefte der Kontakt mit den Mitarbeitern. Dafür ist allen, die sich zu Gesprächen bereitfanden, die schrieben, zu danken.

Es konnten bei den Einladungen zur Mitarbeit an dieser Festgabe nicht alle, die mit Jean Cox im Verlauf seiner langen Karriere zusammengearbeitet haben, erreicht werden. Für Versäumnisse sei hier die Bitte um Verständnis ausgesprochen.

Sehr herzlicher Dank gebührt den Mannheimer Autoren, insbesondere Herrn Prof. Dr. Herbert Meyer und Herrn Wilhelm Herrmann.

In Herrn Dr. Henning Müller-Buscher durften wir einen der wohl engagiertesten Mitarbeiter kennenlernen; sein Einsatz als Verleger ermöglichte die äußere Gestaltung und die rechtzeitige Fertigstellung des Buches. Ihm ist dafür besonders zu danken.

Weiterer Dank gilt den Übersetzern der fremdsprachigen Beiträge: Herrn Prof. Dr. Ulrich Groenke, Köln (aus dem Schwedischen), Frau Marsha Cox, Würzburg, und Frau Elisabeth Heldt, Warburg, (aus dem Englischen).

Zu danken ist den Fotografen Frau Sabine Toepffer, München, Herrn Jean-Marie Bottequin, München, und Herrn Ernst Gebauer, Bayreuth, die ebenso bereitwillig Material für den Bildteil zur Verfügung stellten wie das Festspielhaus Bayreuth und die Theatersammlung des Städtischen Reiß-Museums Mannheim.

Herrn Prof. Arthur Grüber, Waldbronn, danken wir für die freundliche Erlaubnis, aus dem Brief, den Frau Kirsamer ihm schrieb, zitieren zu dürfen.

Ein Dank geht an die Opernhäuser in Berlin, Hamburg, München und Stuttgart, die bei mancher Adressen-Findung behilflich waren.

Eine außergewöhnlich glückliche Atmosphäre hat die Entstehung dieses Buches begleitet; Ursache dafür ist wohl die außergewöhnliche menschliche Persönlichkeit des Geehrten. Ihm ist zu wünschen, daß er noch oft und noch lange mit seiner Kunst bezaubern und entrücken kann.

Kasendorf, im November 1981

Die Herausgeber

I

»INBRUNST IM HERZEN . . .«

JEAN COX – SEIN LEBEN · SEINE KUNST

Eine Übersicht

>»Aufsteigt der Strahl und fallend gießt
>Er voll der Marmorschale Rund,
>Die, sich verschleiernd, überfließt
>In einer zweiten Schale Grund;
>Die zweite gibt, sie wird zu reich,
>Der dritten wallend ihre Flut,
>Und jede nimmt und gibt zugleich
>Und strömt und ruht.«

(Conrad Ferdinand Meyer)

»Das Ineins von Ruhe und Bewegung ist nicht nur ein Kunstgesetz, es ist auch ein wichtiges Lebensgesetz. Die eine oder andere seiner mannigfaltigen Verwirklichungen zu erleben, hat immer etwas Beglückendes.

Das Herz einem Feuersturm gleich, aber ruhige Beherrschtheit in der äußeren Haltung; Wendigkeit des Geistes und Beweglichkeit der Phantasie, aber eine beharrliche Mitte; leidenschaftliche Anteilnahme an allem Menschenleben, »Geben« und »Nehmen«, aber zugleich sicheres Ruhen in sich selbst.«

(Wilhelm Schneider – zu C. F. Meyer – 1963)

LERNEN

Zur Welt kam Jean Cox im Sternzeichen des Steinbock in Gadsden/Alabama, einer Provinzstadt im Süden der Vereinigten Staaten von Amerika. Die Eltern, Kell und Nell Clark Cox, förderten die stimmliche Begabung, die man bereits beim Zwölfjährigen entdeckt hatte. Der Vater erinnert sich: als Jean 12 Jahre alt war, habe man gemeinsam überlegt, daß er wohl Anwalt werden sollte. Aber, er wollte Sänger werden, »ein wirklich guter Sänger«. Diesen Entschluß hatte seine Musiklehrerin während der Public-School-Zeit, Myrtie Mae Moore, unterstützt, die vom Talent des Jungen überzeugt war. Dem Sängerknaben öffneten sich schnell Möglichkeiten, seine Fähigkeiten unter Beweis zu stellen: Eine Förderin, Mrs. Sutherlin, vermittelte Auftritte in Kirchen – zunächst im Chor, bald auch als Solist in kleineren Partien. Man hörte eine schöne, helle Tenorstimme; beide Eigenschaften blieben ihr bis heute erhalten: die Stimme hat sich ihre Unverbrauchtheit und ihr jugendliches Timbre bewahrt. Sie war, wie Jean Cox betont, immer Tenor, nie »hochgeschraubter Bariton«.

Nachdem er die High-School abgeschlossen hatte, fiel er dem Dekan des Music Departement der University of Alabama in Tuscaloosa auf: Im Rahmen einer Tournee, die unter der Leitung einer weiteren Gönnerin, Mrs. Noojan, stand, gab er dort ein Konzert. Auf sein Anraten entschloß sich Cox für eine »geordnete« Sängerausbildung an der Universität.

Nach zweieinhalbjährigem Studium in Tuscaloosa konnte er den bestandenen »Bachelor of Music« feiern (B. M. befähigt zur Lehrtätigkeit in einem (Musik-) Haupt- und einem Nebenfach; bei Cox waren dies: Gesang und Sprachen). Beim Examen mußten konzertreif vorgestellt werden: ein italienischer Teil (in Originalsprache – Oper), ein französischer (dgl.), einige deutsche Lieder (in Originalsprache), dazu zeitgenössische amerikanische Kompositionen (auch Folklore) und zum Schluß zwei Arien aus Opern nach freier Wahl. An praktischen Erfahrungen während des Studiums hatte es nicht gefehlt; so wurde zum Beispiel unter anderem ein kompletter »Faust« (Gounod) auch szenisch einstudiert.

Gleich zu Beginn des Studiums hatten Cox und eine apart-lebhafte Chorsängerin und Pianistin gegenseitige Aufmerksamkeit geweckt: die Romanze zwischen dem blonden, blauäugigen Sproß irisch-schottischer Einwanderer und der aus Scottsboro/Alabama gebürtigen dunkelhaarigen Mary Evelyn Presley fand bald ihren glücklichen Abschluß: die beiden heirateten. Sie machte ihr Klavierdiplom und konnte ihren jungen Ehemann in Hauskonzerten – leider viel zu selten – begleiten.

Es folgte der ausbildungsbedingte Wechsel nach Boston, wo Cox am New England Conservatory, einer der ältesten und angesehensten Einrichtungen dieser Art in den U.S.A., weiter Gesang studierte und dazu Vorlesungen an der University of Boston belegte. Während dieser Zeit trug seine Frau als Musiklehrerin zum gemeinsamen Lebensunterhalt bei. Seine Lehrerin wurde Marie Sundelius, eine Schwedin, von der er gesangstechnisch und menschlich viel lernte. Frau Sundelius stellte es ihm z. B. frei, sofort zu wechseln, als ein neuer, sehr bekannter Gesangslehrer, der seine erfolgreiche Karriere gerade beendet hatte, an das New England Conservatory verpflichtet wurde. Er erwiderte diese Großzügigkeit mit Vertrauen, indem er weiterhin bei ihr blieb.

Die Bostoner Musikhochschule verfügte – wie an Universitäten und Musikhochschulen in den U.S.A. üblich – über ein eigenes Theater; hier konnte Cox sich erste Sporen verdienen. Die schauspielerische Ausbildung lag seinerzeit in den Händen des Stanislawski-Schülers Boris Goldovsky. (Goldovsky hat seit langer Zeit eine eigene Opern-Schule in New York.) Unter seiner Anleitung lernte er sehr viel von dem, was seine Darstellungskunst heute ausmacht: die äußerst differenzierte Gestik, die überaus ausdrucksstarke Mimik, die vollkommene Körperbeherrschung und den jederzeit kontrollierten Einsatz all dieser Mittel.

Nach zweijährigem Studium in Boston legte Cox sein Konzertexamen als Opernsänger (M. A. = »Master of Arts«) mit bestem Erfolg ab. (Mit dem erworbenen Zeugnis hätte er – sollte es mit einer Karriere als Sänger nicht klappen – auch Lehrer an einer Universität oder Musikhochschule in den Vereinigten Staaten werden können.) Die praxisnahe Ausbildung hatte die Lust am Singen entscheidend gefördert, und so wundert es nicht, daß Cox nach seinem Examen der Operntruppe des New England Conservatory für weitere Aufführungen erhalten blieb. Sein Bühnendebut war dort die Rolle des Pylades in Glucks »Iphigenie auf Tauris«. Seine Kenntnisse und Erfahrungen konnte er unter anderem bei Engagements an die Tanglewood-Opera erweitern; Verpflichtungen zum Boston Symphony-Orchestra folgten. In dieser frühen Zeit sang er zusätzlich zur Oper auch zahlreiche Oratorien, was ihm später – während des ersten Engagements in Kiel – zugute kommen sollte.

Nach etlichen erfolgreichen Produktionen mit der Tanglewood- und der New England Opera-Company erhielt Jean Cox ein Fulbright-Stipendium für eine weitere eineinhalbjährige Ausbildung in Rom, im Mutterland des Bel canto. Dort wurde er von Benjamino Giglis Lehrer – Maestro Luigi Ricci – in die Geheimnisse lyrischen Singens eingeweiht. Diese Ausbildung entsprach seinen Intentionen: im italienischen Fach wollte er groß werden; sein europäisches Debut als Rudolf in »La Bohème« in Spoleto (1953) bestärkte ihn in diesem Vorhaben. Eine gesunde Einschätzung der Realität setzte sich jedoch bald durch; Cox erkannte, daß er sich – trotz bester stimmlicher Voraussetzungen – im italienischen Operngewerbe kaum Meriten würde verdienen können. (Es ist bis heute kaum einem noch so guten Sänger gelungen, als Ausländer im »Land der Tenöre« Fuß zu fassen.) Selbst das hervorragende Abschneiden als bester Tenor beim Internationalen Gesangswettbewerb in Lausanne (1953) brachte für ein angestrebtes Engagement in Italien keine Vorteile.
So wandte sich das Ehepaar nach Deutschland, wo man – angesichts der zahlreichen Opernhäuser (die es in den U.S.A. nicht gab) einen leichteren Einstieg in die berufliche Praxis erwartete. Cox sang in Frankfurt und in Kiel vor; auch die Staatsoper Hamburg meldete ihr Interesse an, den bühnenerfahrenen Sänger zu hören und zu sehen. Aber der Aussicht, an den größeren Häusern bestenfalls einen Anfänger-Vertrag erhalten zu können, zog er ein Engagement in Kiel vor; so schloß er für die Spielzeit 1954/55 mit den Bühnen der Schleswig-Holsteinischen Landeshauptstadt einen Vertrag, der ihm die Position des Ersten Tenors sicherte.

KENNENLERNEN (Kiel 1954/55)

In Kiel beginnt im Jahre 1954 die eigentliche Laufbahn, die sich bald zur Karriere ausweiten sollte. Der Rat des international erfahrenen Sängers, den er jüngeren Kollegen, die nach Höherem streben, ans Herz zu legen nicht müde wird: Weicht der harten Arbeit in der »Provinz« nicht aus! Nur hier ist das zu lernen, was zu späteren Erfolgen befähigt: Flexibilität und Durchhaltevermögen, Repertoire-Erweiterung und bestes Einleben in die Härte des Bühnenalltags.
Cox wurde als »Lyrischer Tenor« engagiert, d. h. in einem Fach, das ein weiches, warmes Timbre verlangt, eine schlanke Führung, natürliches Ausschwingen, Biegsamkeit, Schmelz und Höhe, Beweglichkeit zur Bewältigung der Koloraturen und jederzeit genügend Atem und Reserven, um die instrumental geführten Vokalpartien eines Händel oder Mozart stilsicher zu interpretieren. Diese natürlichen wie erlernten Fähigkeiten brachte der junge Sänger von Hause aus und aus seinen Ausbildungsstationen Tuscaloosa, Boston und Rom mit; hinzu kam

die durch Boris Goldovsky geförderte Kunst der Darstellung, geprägt durch die Maxime »weniger ist mehr«.

81 Vorstellungen galt es in der ersten Spielzeit durchzustehen; nicht weniger als acht Neuproduktionen standen auf dem Spielplan, darunter drei Kieler Erstaufführungen (»Angélique« von Jacques Ibert, »Die Zaubergeige« von Werner Egk und – konzertant – der »König David« von Arthur Honegger), und an allen war der Neuverpflichtete und junge Vater einer Tochter, Amelia, beteiligt.

Die ersten Schritte auf deutsche Bühnenbretter tat der Amerikaner in einer italienischen Oper des naturalisierten Engländers Georg Friedrich Händel: im »Xerxes« sang er die Titelpartie, die hohe Anforderungen stellt (sie ist rein umfangmäßig etwa einer Tenor-Hauptpartie in Händels großen Oratorien vergleichbar). Cox bestand diese Bewährungsprobe glänzend; man rühmte sein »bezauberndes Timbre« und lobte ihn, »eine ausgezeichnete Visitenkarte« abgegeben zu haben.

Sein Cavaradossi (Puccini, »Tosca«) erregte Aufsehen: »Ohne große Vorschußlorbeeren: hier ist ein Tenor im Kommen, der alle Voraussetzungen für das heldische Fach in sich trägt: ein strahlendes, kraftvolles, metallisches Timbre mit ungemeiner Leuchtkraft; ein Held auch in der äußeren Erscheinung, ausgestattet mit beweglichem Spiel«, und »In wenigen Jahren könnte Cox (überdies eine glänzende Erscheinung!) zu den gesuchtesten Tenören zählen!« Den Kieler Auguren ist prophetische Ein- und Weitsicht zu bescheinigen ...

Nach den Partien des Stewa (Janáček, »Jenufa«), Matteo (Strauss, »Arabella«) und vor dem Lyonel (Flotow, »Martha«) kam der erste Wagner, zunächst noch in einer Nebenrolle: Meister Kunz Vogelgesang in den »Meistersingern«. Wer ahnte zu dieser Zeit, daß der Vogelgesang von 1955 ein Jahr später bereits Bayreuth-Erfahrungen sammeln würde, 13 Jahre danach als Siegfried dem Waldvogel-Gesang lauschte und heute weltweit alle großen Wagner-Partien beherrscht? Die Chance zu Wagner wurde ihm in Kiel gegeben; er nutzte sie, wie man weiß.

Das Jahr in Kiel darf rückblickend als Grundlage für die spätere Karriere gesehen werden: der Xerxes paradigmatisch für die weiteren Verpflichtungen im oratorischen Fach; der Cavaradossi war ein vielversprechender Start für den Belcantisten Cox, die »Jenufa« brachte später in Wien (Inszenierung: Otto Schenk) Schallplattenehren; mit dem Matteo begründete er seinen Ruhm in den anerkannt schwierigen Tenorpartien Richard Strauss'; Flotows Lyonel eröffnete den Zugang zum leichteren deutschen Fach, der Vogelgesang den zu Wagner; die Beherrschung der Moderne ebnete den Weg zu Fernseh-Erfolg und zu weiterem auch mit Werken der neueren Musik.

Das erste harte Bühnenjahr prägte: heute ist es keine Seltenheit, den Sänger innerhalb kurzer Zeit in vielen unterschiedlichen großen Tenorpartien zu hören. Eines der Geheimnisse seiner so erfolgreichen Karriere liegt eben hier begründet. Diese außerordentliche Vielseitigkeit, anerzogen während des Studiums, gefördert durch die Ausbildung in Italien, erprobt und bestanden in Kiel, erweitert während der Engagements in Braunschweig und Mannheim und schließlich unter Beweis gestellt bei Verpflichtungen in aller Welt, ist – in ihrer Souveränität und vollkommenen Einlösung aller künstlerischen Ansprüche – heute absolut ungewöhnlich. Denn eine Zeit, die dem Spezialisten huldigt, betrachtet den vielseitigen Könner mit Argwohn. Jean Cox' Bühnen-Repertoire umfaßt mehr als 80 Partien; er sang in allen Tenor-»Fächern«: Spieltenor, Lyrischer Tenor, Jugendlicher Heldentenor, Charaktertenor und Heldentenor (zu den Rollen vgl. R. Kloiber, Handbuch der Oper, Bd. II, S. 768 ff.); heute singt er vorwiegend jugendliche und reine Heldenpartien, aber gelegentlich auch im Charakterfach (Loge, Herodes). Horst Stein äußerte im Gespräch, es sei für eine Weltkarriere eigentlich ausreichend, wenn man alle Tenor-Partien bei Wagner beherrsche; da sei Cox der einzige, den er kenne. Wenn dazu noch (sozusagen als Ausgleich) Italiener und einiges im deutschen Fach kämen, habe man einen Sänger vor sich, der eine absolute Ausnahmeerscheinung sei. (In Bayreuth singt heute kaum ein Tenor die Hauptrolle mehr als eines Stückes. Cox sang dort z. B. 1968 den Parsifal, Lohengrin und Stolzing, 1973 Parsifal und die beiden Siegfriede und 1974 und 1975 den Stolzing und die beiden Siegfriede.)

NUN SEI BEDANKT (Braunschweig 1955-1959)

Jean Cox wurde für die Spielzeit 1955/56 als Erster Lyrischer Tenor an das Niedersächsische Staatstheater Braunschweig – Startrampe zahlreicher Karrieren – verpflichtet. Erste Eindrücke hinterließ ein Konzert, in welchem er Arien von Mozart (»Der Odem der Liebe« aus »Cosi fan tutte« und die »Bildnisarie« aus der »Zauberflöte«), Verdi (aus »Rigoletto«) und Bizet (»Blumenarie« aus »Carmen«) sang. Hier zeigen sich Unterschiede zur heutigen Auffassung eines »lyrischen« Tenors: für Verdi und Bizet bräuchte es einen »italienischen« Lyriker, für den Mozart einen »deutschen«; keiner dieser Spezialisten aber könnte – von ganz wenigen Ausnahmen abgesehen – den Lohengrin singen. Das konnte und kann Jean Cox, denn die amerikanische und italienische Ausbildung seiner an sich lyrischen Stimme ließ die Wege ins heldische Fach offen. Er paßte sein Singen stets dem Entwicklungsstand seiner stimmlichen Möglichkeiten an, d. h., er wollte nicht von Anfang an Heldentenor werden und war sich immer dessen bewußt, daß kein Sänger gleich als Siegfried oder Tristan glänzen kann und daß zu diesen Partien ein sehr langer Weg führt. Er ließ sich die Zeit, diesen Weg ohne Abkürzungen zu begehen, eine Tugend, die sich mit der ungewöhnlichen Dauer seiner Karriere in verschiedenen »Fächern« bezahlt macht. Er *wurde* – durch die Wandlungen, die seine langsam reifende Stimme durchmachte – zum Heldentenor, der sich die lyrischen Qualitäten gleichzeitig bewahrte.
Gerade die Stimme des Heldentenors – wie die der dramatischen Sopranistin – ist wegen der extremen Belastungen, denen sie ausgesetzt ist, auf's höchste gefährdet. Das zu wissen, ist für die Sänger unbedingt notwendig, damit sie die unweigerlich sich einstellenden Krisen besser zu meistern verstehen. Leonie Rysanek sagte zu diesem Problem (Rundfunkportrait »Leonie Rysanek, Geschichte einer Karriere«, von B. Kramer, RIAS Berlin, II. Programm, Frühjahr 1981): Jeder Sänger habe irgendwann seine Krise, und er habe unendlich viel Glück, wenn sie ihn nicht unvorbereitet träfe. Für jeden Anfänger werde sie, da er nicht über Erfahrungen ver-

fügt, sie zu meistern, von größter Gefahr. Cox hatte, wenn überhaupt, kritische Situationen zu Beginn seines Mannheimer Engagements (vgl. Beitrag Vohla) und vielleicht in den Jahren, die ihn durch internationale Verpflichtungen (nach den ersten »Siegfried«-Erfolgen) stärker belasteten, zu bestehen. Er wußte diese Gefahren geschickt zu meistern, indem er auf erlernte Technik und Erfahrung baute.

Zurück nach Braunschweig: Das Debut im September 1955 war der Herzog im »Rigoletto«. Willy Domgraf-Faßbaender, während der 30er und 40er Jahre international gefeierter Bariton, führte Regie und sang den Rigoletto. Er war einer der »alten Hasen«, in deren Obhut sich der »Anfänger« wohl fühlte. Cox' Lehrer in diesem Sinne waren neben Domgraf-Faßbaender Franz Völker, Max Lorenz, Hilde Konetzni, Paul Schöffler und Fred Dalberg; ihnen begegnete er als stets aufmerksam Lernender; allen verdankte er entscheidende Anstöße: sängerisch, gestalterisch und – nicht zu unterschätzen – im Umgang mit denen, die das Sagen haben. Es folgte nach dem »Rigoletto« Rolf Liebermanns »Penelope«, in der Cox (Ercole) mit Gladys Spector und Anneliese Rothenberger sang.
Dem Wagnis, den zukünftigen Wert eines lyrischen Tenors für größere Aufgaben (Bayreuth) zu bemessen, stellte sich 1955 ein Braunschweiger Gastregisseur: Wolfgang Wagner inszenierte den »Don Giovanni«. Cox (Don Ottavio) fiel ihm auf, und so kam es zu einer Verpflichtung als Steuermann für den Bayreuther »Holländer« des Jahres 1956; in der Inszenierung Wolfgang Wagners sangen Ludwig Weber (alternierend mit Paul Schöffler – sein letzter Auftritt in Deutschland) den Daland, Astrid Varnay die Senta, Josef Traxel den Erik, Elisabeth Schärtel die Mary und George London den Holländer. Der Steuermann ist »Spieltenor«, Don Ottavio aber »Lyrischer Tenor«; Wolfgang Wagner hörte offenbar aus den lyrischen Qualitäten heraus, was an hellem Timbre, Leichtigkeit und sicherer Höhe Cox für die Partie des Steuermanns prädestinierte. (Zu jener frühen Bayreuther Nachkriegszeit wurden Neuproduktionen – »Ring« und »Parsifal« ausgenommen – in der Regel nur zwei Jahre lang gespielt. Cox kam in ein zweites »Holländer«-Jahr; da für sein Fach im nächsten Jahr »keine Stelle frei« war, blieb es zunächst bei diesem einmaligen Engagement.)
Bevor ihm der Ruf eines »kommenden Wagner-Tenors« nachteilige Publicity einbringen konnte, holte ihn der Braunschweiger Opernalltag im angestammten Fach wieder ein; am Niedersächsischen Staatstheater gab es genug zu bewältigen: es ging weiter mit »Turandot« (Kalaf), »Barbier von Sevilla« (Almaviva), »Tosca« (Cavaradossi), »Eine spanische Stunde« (Gonzalvo) und »Carmen« (Don José). In Rossinis »Barbier« hatte er das Vergnügen, der jüngsten Opernsängerin ihrer Zeit, Anja Silja, als Rosina zu ihren ersten erfolgreichen Schritten auf die weltbedeutenden Bretter zu verhelfen.

Wuchs nach der glanzvoll bestandenen ersten Spielzeit in Braunschweig schneller, als es förderlich gewesen wäre, der Wunsch nach weiteren, größeren Aufgaben? Der damalige Intendant, Hermann Kühn, und sein Generalmusikdirektor, Arthur Grüber, hielten ihre schützende Hand über den schrittweisen Ausbau der jungen Karriere. Wally Kirsamer, Bekannte Grübers und Cox' spätere Lehrerin, erhob zu dieser Zeit mahnend ihre Stimme; Arthur Grüber hatte sie wohl auf das heranwachsende Talent (das er zu größeren Aufgabe, allerdings erst

zu einem späteren Zeitpunkt, durchaus für fähig hielt) aufmerksam gemacht. Frau Kirsamer –
eine äußerst erfahrene Stimmpädagogin – war nach Braunschweig gereist, um Cox dort zu hören und zu sehen. Sie riet:

> Mir geht es nicht ganz aus dem Sinn, was mit der Entwicklung Eures großartigen Tenors Cox geschieht. Viel-
> leicht kann man ihm damit einen Dienst tun, wenn man ihm weitergibt, was meine über zwanzigjährige Er-
> fahrung auf dem Gebiete der Stimmbildung und Stimmkorrektur dazu zu sagen hat.
>
> Ich kenne ihn ja nun als Mozartsänger und als Kalaf. Natürlich wird dieses Italienische Fach einmal seine Do-
> mäne. Er hat alles dazu, aber, ich halte es einfach noch für zu früh. Das ist so, als wenn man ein Auto, das
> noch nicht eingefahren ist, nicht drosselt, sondern aus Ungeduld schon damit mit 120 über die Autobahn
> braust. Hie und da mal ein bißchen mehr Tempo schadet auch so einem Wagen nicht, aber ausschließlich die-
> ses Tempo macht ihn kaputt, bzw., das merkt man erst später, weil er nicht so lange standhält und früher ver-
> braucht ist.
>
> Ich erschrak, als ich erfuhr, daß Cox sich schon nach Fidelio usw. sehnt. Natürlich schafft er das jetzt mit der
> schönen, jungen Stimme, aber genau wie beim Auto: das würde sich bitter rächen. Er singt ja technisch gut,
> natürlich, richtig, hat offenbar eine gute Schulung durchgemacht. Wenn man ihm beibringen könnte, daß er
> sich vornimmt, noch mindestens drei Jahre seine Stimme so zu pflegen, daß er mühelos seinen Tamino singen
> kann, überhaupt seinen Mozart, wenn er seine technische Disziplin so sorgfältig betreibt, daß ihm dieses Kön-
> nen bleibt, dann schadet ihm auch ein Kalaf nichts. Er wird dann dafür sorgen, daß seine italienischen Par-
> tien, selbst wenn es ein José, ein Cavaradossi wäre (ich wünsche ihm das allerdings nicht), vom Lyrischen her
> angelegt werden, daß er alle dramatischen Affekte aus seinem lyrischen, also Bel canto-Singen heraus gestal-
> tet, dann kann ihm nichts passieren. Er sollte als Übung täglich die Bildnisarie arbeiten, ganz egal, was er
> sonst zu studieren hat. Wenn er dann merken sollte, daß es nicht mehr gut geht, dann soll er nicht, wie die
> meisten, denken: ich bin nun darüber hinausgewachsen, sondern soll solange arbeiten, bis er seinen schwe-
> benden Bel canto wieder gewonnen hat. Er kann auch wunderbar an Schubertliedern üben, möglichst Lieder
> ohne viel Akzente.
>
> Ich bin nicht der Meinung, daß er technisch umstudieren muß, er muß nur dafür sorgen, daß er überhaupt
> sein technisches Können pflegt und nicht aus dem Gefühl heraus, daß es gut voran geht, nachlässig wird. Al-
> so: Tamino, Schubertlieder gehören zur täglichen Hygiene!

Da Cox seine italienischen Partien vom Lyrischen her anlegt, alle dramatischen Affekte
aus dem Bel canto heraus gestaltet, singt er z. B. Kalaf und Radames noch heute. Alle Höhen
kommen aus der schlanken Linie, kein »Drücken« beeindruckt Glanz und Schönheit – und
wenn hier und dort Heldisches mit hineinklingt, so schadet das dem jugendlich-draufgängeri-
schen Prinzen Kalaf nicht.

Nach einem Konzert (Arien und Lieder aus vier Jahrhunderten, in vier Sprachen gesungen)
wurde Cox bescheinigt, er wachse mehr und mehr in das Fach des dramatischen Tenors hinein; und nach seinem ersten Lohengrin (August 1957) durfte der Titelheld nachlesen, er habe
mit dieser Partie eindeutig den Übergang zum Heldentenor vollzogen! »Jugendlicher Held«
war er schon damals – man lese Birgit Nilssons Bericht nach; von vollzogenem Übergang in
ein anderes Fach konnte nicht die Rede sein – wie hätte er mit der Stimme eines Heldentenors
weiter die großen Erfolge im rein italienischen Fach erringen können? Er blieb vielmehr das
eine – lyrisch – und wurde langsam auch das andere – heldisch-dramatisch – dazu. Beide Qualitäten zusammengenommen bilden ein weiteres Geheimnis seiner sängerischen Ausstrahlung
und Überzeugungskraft.

Ravels »Spanische Stunde« wurde mit Cox für das Fernsehen aufgezeichnet, und als Rigolet-
to-Herzog gastierte er in Kassel und in Berlin (dort u. a. mit Marcel Cordes). Seinen ersten

Bacchus (Strauss, »Ariadne«) sang er in einer Inszenierung des Komponisten-Enkels Richard Strauss (das Bühnenbild besorgte Hans Fitzner (!)), in der später Anja Silja die Zerbinetta übernahm.

Einige Partien werden im Folgenden näher beschrieben – ein Versuch, etwas von der besonderen Faszination, die von Jean Cox' Interpretation ausgeht, anzudeuten.

Der *Lohengrin* begleitet den Sänger bis heute. Nach dem Krieg gab es wohl nur zwei Sänger von Rang (Wolfgang Windgassen, Hans Hopf), die sowohl diese Partie gleichermaßen überzeugend zu interpretieren verstanden wie auch die »schweren« Wagner-Helden Siegfried, Tannhäuser und Tristan. Heute ist Cox der einzige. Er geht den Lohengrin sehr schlank und mit belcantistischem messa di voce an, fügt in den entsprechenden Momenten den heldischen Akzent hinzu und wird so dem Ganzen sängerisch-stilistisch vollkommen gerecht.

Gleich der Anfang verlangt ein Höchstmaß an sängerischer Perfektion: die Stimme soll »instrumental« auf großem Atem geführt sein, Verinnerlichung im Abschiednehmen verdeutlichen; Wagner wünschte sich hier »ein anmutig bebendes Lächeln der Stimme, das keine Mühe kostet, die Seele trifft und bezaubert!« (Brief an Julius Hey, 3. Januar 1876). Meist ist mit dem Rücken zum Publikum zu singen, das vorgeschriebene Pianissimo muß dennoch bis in die letzte Reihe des Zuschauerraums tragend klingen; der Sänger kommt »kalt« auf die Bühne, singt diese Passage fast ohne Orchesterunterstützung. Dazu hat Wagner den Abschied vom Schwan »in die Brücke« (d. h. genau in die Lage des hohen Registerübergangs, der der schwierigste ist) komponiert, wohl eine der anspruchsvollsten Tenor-Stellen insgesamt in seinem Werk. Wer hier »drückt«, um die Höhe überhaupt zu erreichen, »pumpen« muß, um sie zu halten und einigermaßen die vorgeschriebenen großen Bögen zu singen, wird mit dem Nachfolgenden sicherlich erhebliche Schwierigkeiten bekommen. Cox hat beides nicht nötig: quasi wie aus einer Glocke schwingen sich bei ihm die hohen Töne ein, und sie »schwimmen« auf dem kräftigen Atem.

Besonders eindringlich gestaltet er die 2. Szene des III. Aufzugs: Geradezu kammermusikalisch, liedhaft-schlicht im Erzählton, beginnt er »Daß süße Lied verhallt«. Die zarte Innerlichkeit weicht zunehmend innerer Erregtheit; die emotionale Steigerung gewinnt er unter Ausnutzung der gesanglichen Bögen, schafft ohne Stentor-Manierismen und auf Effekt zielende Ausbrüche dramatische Dichte, stattet aus innerdramatischer Konsequenz die Forte-Passagen mit glänzenden, »runden«, aus der Linie kommenden Spitzentönen (nicht spitzen Tönen) aus. Die »Gralserzählung« hört man oft nur noch als bravouröse sängerische Selbstbestätigung, auf die man mehr als drei Stunden warten muß, weil alles für diesen Abschluß aufgespart wird. Cox unterläuft hier keine geschmackliche-stilistische Entgleisung durch Überdehnung oder Rubati; die Spitzentöne (bei Wagner ohne Fermaten oder »ritardando«-Anmerkung) hält er stets nur so lange, wie im Notentext vorgeschrieben. So bleibt der Bericht »in Fluß«, man merkt, wie konsequent die dramatische Durchgestaltung von Wagner geplant ist.

Der Lohengrin ist nicht Siegfried; der Gralsritter muß – der Würde seiner Herkunft und dem Ernst seines Auftrags entsprechend – sparsamer in der Gestik, dafür aber – besonders in den direkten Ansprachen an die geliebte Elsa – mimisch um so intensiver gestalten.

Erste Gastspiele kennzeichnen das Jahr 1959: ein »Lohengrin« in Kiel und in Saarbrük-ken, mit dem »Zigeunerbaron« auf Tournee im Elsaß, eine »Tosca« in Duisburg, »Aida« in Hamburg, »Rodelinde« in Kassel, »Das Mädchen aus dem goldenen Westen« in Essen, »Carmen« in Stuttgart und in Köln, dort auch »Aida«. Die großen Staatsbühnen werden auf einen Künstler aufmerksam, den sie sich mehr als zwei Jahrzehnte lang als stets gern gesehenen Gast verpflichten werden; vor allem Stuttgart wird zu einer wichtigen Station, denn hier sollte Cox nach dem Ausscheiden Wolfgang Windgassens dessen Verdienste um Wagner fortführen. Wie vollkommen er diesem Anspruch gerecht zu werden wußte, belegen nicht nur die Berichte über seine Auftritte im Haus am Oberen Schloßpark, sondern auch die aus der Wagner-Metropole Bayreuth. Doch dazu später.

Vergegenwärtigt man sich das Repertoire, das Cox in dieser frühen Zeit schon beherrscht, dann wird erkennbar, daß seine Stimme den rein belcantistischen Bereich ebenso abzudecken vermochte wie den der dramatischen Partien im italienischen Fach (z. B. Radames), dazu die ins Heldische reichenden des Lohengrin und des Othello, der (im August 1959) noch in Braunschweig erstmals über die Bühne ging.

Radames ist ein junger Mann, der von der Staatsobrigkeit dazu ausersehen wird, ein Heer mit berechtigter Aussicht auf Erfolg gegen den Feind zu führen. Seine Liebe zu Aida ist so gerade und spontan wie die Freude über die ihm übertragene ehrenvolle Aufgabe. Die Musik zeichnet jene elementaren Gefühle (Liebe, Freude, Leiden), die in Gesang und Darstellung zum Ausdruck gebracht werden. Cox weiß das Heroische in Gesang und Gebärde zu verkörpern; das Menschliche, seine Liebe zur Sklavin, verströmt sich im blühenden Schmelz des puren italienischen Bel canto wie in glutvollem dramatischem Ausdruck.

Die Wiederaufnahme des sog. »Triumphmarsches« bildet – nach dem Ballett – den krönenden Beschluß des ägyptischen Triumphs über den unterlegenen Gegner; jetzt erscheint der Sieger selbst. Im Bewußtsein des Sieges ist ihm klar, welch unwürdiges Schicksal die Unterlegenen erwartet: er nimmt zwar den Ruhm, fordert aber gleichzeitig Menschlichkeit. Diese Distanz weiß Cox überzeugend vorzustellen: seine Miene bleibt ernst, verschlossen; er bleibt im Brio still, macht so den Bruch im Geschehen verständlich. (Der hohen Tessitura der Partie ist seine Stimme in allen Belangen mühelos gewachsen; als C-Tenor hat er ein B nicht zu fürchten.)

Othello, der venezianische Statthalter auf Zypern, unterliegt bei Verdi den Machtgelüsten der ihm Unterstellten. Drahtzieher im Spiel um die Macht ist einzig Jago, der in seine Ränke Cassio, Othello, Desdemona und seine eigene Frau Emilia einbezieht. Vom Sänger der Titelpartie werden außergewöhnliche gesangliche Fähigkeiten, gepaart mit einem hohen Maß an Einfühlungsvermögen in die psychologischen Abgründe menschlicher Konflikte erwartet. Cox besitzt die Fähigkeit, schon im I. Akt die Kluft zwischen Sieg über Naturgewalt und sich andeutender Niederlage im Menschlichen aufzuzeigen; sein Duett mit Desdemona nimmt in der Intensität des Emotionalen den Schluß der Oper vorweg. Es gelingt ihm, alle Nuancen der Empfindung, vom stillen, zart-betörenden Liebeston bis zur bittersten, kalt-schneidenden Ironie, alle im Inneren bohrenden Qualen, die schließlich in Zerstörung und Selbstzerstörung münden, mit ergreifender Intensität musikalisch und darstellerisch zu vermitteln.

Mit dem Othello und dem Alfred Germont (»La Traviata«) verabschiedete sich Cox im Herbst 1959 von Braunschweig. Beide Partien sang er »a.G.«, denn zu dieser Zeit war er schon in Mannheim, wo weitere große Aufgaben warteten, engagiert. Die Familie war inzwischen um die Tochter Marsha und den letztgeborenen Sohn Hugh gewachsen.

DER TENOR (Mannheim 1959-1962)

Was hatte sich Mannheim, das traditionsreiche Nationaltheater, Pflegestätte erster Bemühungen um eine eigenständige deutsche Oper, seit Heckel als Wagner-Bühne den Werken dieses Meisters in besonderer Weise verpflichtet, 1959 mit Jean Cox engagiert? War er lyrischer oder / und italienischer Tenor, war er dramatischer oder / und deutscher (Helden) Tenor? War er vielleicht gar alles, mit Neigung zum »schweren« Fach beider Nationen? Er war: lyrisch-jugendlicher Heldentenor, geübt im Umgang mit den Problemen Straussischer Partituren wie denen des reinen Bel canto, intonationssicher geworden in der Praxis der Moderne; vor allem aber war (und ist) er eines: motiviert durch einen unbändigen Lern- und Leistungswillen, den nie versiegenden Wunsch, singen zu wollen, viel – und gut! Ein Glücksgriff also für eine Bühne, die eine sehr enge Bindung an Bayreuth (vgl. die Beiträge von Herbert Meyer und Wilhelm Hermann) hatte und hat, die Mittelpunkt einer Stadt ist, die man um ihr Theater herum gebaut hat (wie die theatersüchtigen Mannheimer immer wieder voller Stolz auf »ihr« Nationaltheater betonen)?

Ja!

Denn, einen Sänger aus der anerkannt hervorragenden amerikanischen Schulung, nach fünfjähriger erfolgreich bestandener »Lehrzeit« an deutschen Bühnen, mit einem Repertoire des lyrischen bis jugendlich-heldischen Tenorfachs gewinnen zu können, bedeutete (schon 1959) einen risikolosen Glücksgriff. Der weitsichtige Intendant, dem solches Glück wiederfuhr, war Hans Schüler, sein musikalischer Berater der Bayreuth-erfahrene und bewährte Dirigent Karl Fischer.

Ein Zeugnis aus der Frühzeit der Karriere Cox', die jetzt erhältliche Platteneinspielung des »Fliegenden Holländer« (Bayreuth 1956) macht deutlich: Das Naturgegebene, die Stimme, ist – wie heute – hell in der Grundfärbung, weich im Timbre, ausgeglichen in allen Lagen, perfekt im Ansatz, mit gleichschwebendem, ruhigem Vibrato, im Kern heldisch, nicht a priori »schwer«, im Lyrischen dem Bel canto-Ideal der alten Italiener sehr nahe, bewandert in den Geheimnissen des messa di voce, geführt auf einem nicht versiegenden Atemstrom, fähig zu dramatischer Steigerung und in Höhepunkten von faszinierender heldischer Kraft. Aus subtiler Piano-Kultur und überzeugendem mezza voce (nicht Falsett, nicht gehaucht, nicht »kopfig«) gewinnt Cox seine unverwechselbaren Farben, den betörenden Schmelz; sein frappierendes legato ist Grundlage für die variationsreiche Darstellung aus der Linie; die Deklamation ist vokalbetont – auch in der deutschen Sprache (die er vorzüglich deutlich vorträgt); die Stimme klingt aus dem Resonanzraum des ganzen Körpers, sie »lebt aus der Höhe«.

Jean Cox führte sich in Mannheim mit der Partie des Alfred Germont ein; es folgten schnell »Manon Lescaut« und »La Bohème«, danach »Antigonae« (Orff), »Aida«, »Turandot«, »Revisor«, (Egk) und »Holländer«, wenig später »Freischütz«. Seine Interpretation des *Max* macht Cox vom gesanglichen Ausdruck her verständlich: er erfaßt die Figur vollständig in allen Stimmungen ihres romantischen naturgebundenen Wesens zwischen den Bereichen dämonischer Mächte und menschlicher Unzulänglichkeit, schicksalhafter Vorbestimmung und göttlichem Schutz. Dabei deklamiert er vorbildlich: Phrasierungen nimmt er vom Text, so wie ihn die Musik anbietet.

Zum Abschluß des Jahres 1960 hatte Hans Schüler den »Lohengrin« neu inszeniert. Cox wurde enthusiastisch gefeiert: er sei eine großartige Überraschung, verkörpere ganz und gar das Urbild des Lohengrin: ein Unbekannter von höchster Anmut und reinster Tugend, der alles hinreißt und jedes Herz durch unwiderstehlichen Zauber gewinnt. Dem äußeren Bild der Erscheinung passe sich das Timbre der Stimme vollkommen an: auch hier der »Silberton«, der Glanz des Reinen, dazu eine staunenswerte Mühelosigkeit des Singens und eine unbedingte Musikalität. Das Volumen der Stimme sei nicht groß, aber die Töne hell und alles überstrahlend. So Vieles sei schon da: Beglückendes, Verheißungsvolles, daß der Rest erlernbar, eine Frage der wachsenden Routine und der Reife sein würde.
Mannheim hatte mit dem Engagement von Jean Cox sein Tenor-Problem gelöst; er würde in den nächsten zwei Jahrzehnten zahlreichen Bühnen zwischen Wien und San Francisco, zwischen Hamburg und Neapel helfen, auch das ihrige – zeitweise – zu lösen.

Dem »Freischütz war Cox' erster Erik in Mannheim vorausgegangen; die Auguren hatten recht behalten: der Weg zu Richard Wagners »Helden« öffnete sich, denn es folgte bald eine erste Begegnung mit dem »Ring« (Loge 1961) und ein Jahr später die Mitwirkung im epochalen »Parsifal« Hans Schülers (siehe Artikel).

Wie seinerzeit Wolfgang Windgassen beherrscht heute Jean Cox alle vier großen Tenor-Partien des »Ring« (Loge, Siegmund, Siegfried, Siegfried). Der *Loge* ist für den jugendlichen und den schweren Helden wohl die diffizilste Partie. Was beide an ihr reizt, faßte Wieland Wagner (im Programmheft »Rheingold«, Bayreuth 1951) zusammen: »...Intuitiv erfaßt er [Loge] schnell alle Zusammenhänge ... er hat Worte der Ironie, eine Spottlust, hinter der sich überlegene Weisheit verbirgt. Als dem einzigen wirklich Freien gelingt es ihm, was Wotan als ›Wanderer‹ wohl anstrebt, aber nicht erreichen kann: das Treiben der Mächtigen nur als unbeteiligter Beobachter zu erkennen. Gleich einem wissend ironischen Lächeln erklingen seine Motive überall dort, wo Götter, Helden und Zwerge ihrem Verderben entgegen taumeln.« Sobald er unbemerkt die Szene betritt, ist er die zentrale Figur im Stück, er zieht die Fäden, ist dramaturgischer Mittelpunkt. Der singende Darsteller ist aufgefordert, alle Feinheiten des psychologischen Gewebes (Leitmotive) zu erkennen und feinsinnig umzusetzen; die ganze Partitur des »Ring« muß ihm vertraut sein. Loge markiert Anfang und Ende des Dramas – aus der Distanz zum Geschehen. Daher rühren seine vieldeutigen Gesten, seine Musik; allwissend der Gesang, der so schillernd, brennend, geistvoll leuchtend ist wie das personifizierte Denken: Logos = Loge.

Richard Wagner, „Lohengrin". III. Aufzug, 2. Szene
Inszenierung: Friedrich Meyer-Oertel; Bühnenbild: Paul Walter; Kostüme: Heidi Wanninger.
Mannheim, 27. Juni 1975.
Elsa: Hannelore Bode; Lohengrin: Jean Cox.

Loges ironisch gefärbte Bemerkungen erhalten bloß vordergründigen Sinn, wenn sie einfarbig, mit verstellter Stimme, vorgetragen werden. Cox verstellt seine Stimme nicht, verbirgt nicht ihre heldischen und lyrischen Qualitäten, macht durchsichtig, weshalb Wotan und sein »Göttergelichter« scheitern müssen. Dabei ist für das Verständnis der Figur sein Spiel von entscheidender Bedeutung. Er versteht es, wie eine kritische Stimme nach der Mannheimer Premiere vermerkt, hervorragend mit einem einzigen seiner wiegend raschen Schritte, mit einer halben Handbewegung, ja selbst im lässigen, gleichsam ironisch lächelnden bloßen Dastehen den überlegenen Feuergott zu charakterisieren. Souverän auch im Gesanglichen, das jede Anstrengung, jedes Forcieren vermeidet, schneidend hellem Hohn aber ebenso gültige Färbung gibt wie gleisnerischer Beredtsamkeit.

Hindemiths »Neues vom Tage« brachte neuen Erfolg. Der Meister, der die Premiere (April 1961) selbst dirigierte, revanchierte sich mit einem nicht alltäglichen »Dankeschön« beim Darsteller der vergnüglichen Rolle des »Schönen Herrn Herrmann«:

Es ist ein Vergnügen, mit Ihnen zusammenzuarbeiten.

Paul Hindemith

3. Apr. 61.

für Jean Cox

Sehr bald folgten erste Verpflichtungen an das Nationaltheater München (als Don Carlos) und an die Wiener Volksoper (als Manrico im »Troubadour«). Die Seefestspielteilnehmer in Bregenz konnten Cox' tenorale Qualitäten im Spätsommer 1961 erstmals kennenlernen: man gab »Fra Diavolo« (Auber) und den »Zigeunerbaron« (Strauß). Im Spätwinter des gleichen Jahres nahm er an einer Pruduktion der äußerst selten gespielten Gluck-Oper »Iphigenie auf Tauris« (in der Fassung von Richard Strauss) in Lissabon teil; Partnerin dort war Montserrat Caballé. Von dieser Aufführung liegt eine Schallplattenpressung – leider in schlechter Qualität – vor. 1961 meldete sich München mit einem Hoffmann (in dem ein Münchner Kritiker schon einen »blonden, sonnigen Siegfried« zu sehen vermeinte) nochmals beim aufstrebenden Mannheimer Publikumsliebling. Dann begannen die Vorbereitungen für die Wiederaufnahme der Schülerschen »Parsifal«-Inszenierung in Mannheim.

»Durch Mitleid wissend, der reine Tor«, so charakterisiert Richard Wagner *Parsifal*, den »Helden« seines letzten Werkes. Aus Schülers Auslegung schöpfte Cox die gesanglichen und darstellerischen Mittel seiner Interpretation.
Beim »Parsifal« ist vor allem der Darsteller gefordert, der über weite Strecken nicht aktiv singend, sondern aktiv zuhörend, stumm aufnehmend und von Empfindungen geleitet, die dramaturgischen Züge verdeutlichen hilft. Die anfängliche Jung-Siegfried-Unbekümmertheit verliert sich schnell; als Außenstehender betrachtet er die Vorgänge in der Gralshalle, bleibt aber nicht außerhalb des Geschehens, sondern teilt im stummen Spiel deutlich mit, daß sich in der ausweglos erscheinenden Situation des Amfortas seine eigene menschliche Ausweglosigkeit spiegelt. Im II. Aufzug ist er zunächst wieder gleich einem Kind, das mit Kindern spielt. In seinem Aufschrei nach Kundrys Kuß liegt erkennende Teilnahme am Leid des Amfortas – er wird »welt-hellsichtig«. Cox erreicht eine sehr dichte Interpretation des Wandels vom reinen Toren zum wissenden Erlöser.

DIE MUSE DES PARNASS
(Mannheim und die Welt 1963 - 1967)

Die heute übliche Spezialisierung auf ein »Fach«, in dem man nur einige ganz wenige Rollen beherrscht, und damit (spielplanbestimmend) von Bühne zu Bühne reist, war nie die Sache von Jean Cox. Er war nie »Star«. Jean Cox sang und singt, weil es ihm Spaß macht, und weil er es kann. Er zog stets Bühnenerfolge den bis ins letzte manipulierten Schallplattenerfolgen vor. Seine Public Relation ist nicht gelenkt, sondern bemißt sich an den Leistungen, die er in Mannheim und bei Gastspielen zeigte und zeigt. Jean Cox ist wohl der einzige Sänger, der ohne Plattenruhm die internationale Karriere schaffte, denn: er ist ehrlich, fleißig, professionell, Mensch.
Die nach 1962 einsetzenden Verpflichtungen an Bühnen des In- und Auslandes, die ihn während der letzten zwanzig Jahre mit nahezu allen namhaften Dirigenten, Sängerinnen, Sängern, Regisseuren und Bühnenbildnern zusammenbrachten, spiegeln sein überlegenes Können.

Richard Wagner, „Die Meistersinger von Nürnberg". III. Aufzug, 5. Szene
Inszenierung: Paul Hager; Bühnenbild: Paul Walter; Kostüme: Gerda Schulte.
Mannheim, 25. Dezember 1967.

Im Februar 1963 ersang sich Cox in Mannheim seine nächste große Wagner-Partie: den *Stolzing* in den »Meistersingern«. Der junge fränkische Ritter, dessen Gesang den regeltreuen Nürnberger Handwerker-Sängern zu revolutionär erscheint, muß viel investieren, um diese am Ende mit dem »Preislied« doch noch zu überzeugen. Der Stolzing ist – weit mehr als man ahnt – eine stimmliche Parforce-Tour: allein der zweimalige Vortrag des »Preisliedes« im III. Aufzug ist in seiner Intensität, seiner ununterbrochenen Linie und in der Höhenlage eine der schwierigsten Wagnerschen Tenor-Passagen. Mit heldischem »Stemmen« ist der Lyrik dieses Liedes nicht gedient; es muß wie aus einem Guß, eben aus der »großen Linie« gesungen werden. Wie Cox das gelingt, ist u. a. auf dem Live-Mitschnitt der Bayreuther »Meistersinger«-Aufführung des Jahres 1974 nachzuhören. Aber, man muß ihn als stolzen jungen Ritter auch auf der Bühne *sehen*!

Mit einem Anflug von Hochmut verschafft er sich Zugang zur Meisterrunde; Davids Belehrungen, die Regeln betreffend, nimmt er nur am Rande wahr – erst zu Ende, als er seine Chancen auf die Hand Evas schwinden sieht, vermischt sich sein Selbstbewußtsein mit dem Mut der Verzweiflung, aus dem heraus er den Schluß dieses Aktes, stehend auf dem Singestuhl und alle anderen mit seiner Weise mühelos übertönend, gestaltet.

In seinen Zügen liegen Ernst und Inbrunst, wenn er auf der Festwiese um Eva singt, im reinen Gesang aber das, was selbst die Ungläubigsten davon überzeugt, daß auch etwas Ungewohntes, Neues sich mit den Regeln des Hergebrachten in Übereinstimmung bringen läßt.

Eine weitere Partie kam im gleichen Jahr hinzu: der *Florestan* in Beethovens »Fidelio«. Cox agiert stumm, unbeweglich; aus todesähnlichem Schlaf hebt er ganz langsam – wie in Trance – den Kopf nur halb zum »Gott, welch Dunkel hier!« Der kalte Hauch des bevorstehenden Endes weht aus den mühsam geformten Worten und Gesten. In der Traumvision »ein Engel, Leonore!« spürt man Hoffnung zum Leben und Sehnsucht zum Tode zugleich; der verinnerlichte Ausdruck seiner Interpretation wird nicht zuletzt mit den Mitteln allerhöchster Stimm- und Körperbeherrschung erreicht.

Bregenz sah den Künstler nach 1961 nun schon zum drittenmal; von der 1962 dort uraufgeführten Robert Stolz-Operette »Die Trauminsel« existiert in kleiner Schallplatten-Querschnitt, der zeigt, wie auch diesem Genre zumindest stimmlich auf die Sprünge geholfen werden kann. 1963 gab man Suppés »Banditenstreiche«, im Konzertprogramm des Sommers war ein Wagner-Abend mit Wolfgang Windgassen vorgesehen. Windgassen erkrankte, mußte kurzfristig absagen, und Cox rettete das Konzert, was ihm dann den folgenden »Schmäh« einbrachte: »Der Amerikaner Jean Cox, Operettentenor beim Spiel auf dem See, dessen Metier gewiß nicht Wagner ist, rettete mit seinem Einspringen den Abend.« Gewiß hat Cox *auch* Operetten gesungen, stets aber nur die, in denen auch zu *singen* war; das brachte Abwechslung und machte Spaß.

Hätte jener Kritiker gewußt, daß er in Cox den einstigen legitimen Nachfolger Windgassens, einen Erik, Lohengrin, Parsifal, Loge und Stolzing von hohen Gnaden hören *durfte* . . .

Die Jahre bis zum ersten »Siegfried« (1968) vergingen rasch; ein Erfolg reihte sich an den anderen, sei es in Wien, München, Chicago, Frankfurt, Aix en Provence, Köln, Paris, Brüssel, Berlin, Bordeaux, Stuttgart . . . sei es in Wagner-, Strauss-, italienischen oder slawischen Partien. Ein Ereignis sei unter diesen vielen herausgegriffen: der erste Siegmund in Mannheim (April 1966) war die Entdeckung des gereiften Heldentenors, der in dieser Partie vorbehaltlos alle Ansprüche erfüllt. Man sprach die Empfehlung aus, ihn für Bayreuth ins Auge zu fassen, im tenoralen Nachwuchs gebe es keinen Besseren.

Cox wurde für 20 Abende pro Spielzeit an die Staatsoper nach Wien engagiert; Rudolf Hartmann verpflichtete ihn, nachdem er Ostern 1966 in München als Stolzing für den plötzlich erkrankten Hans Hopf eingesprungen war, für 35 Abende der kommenden Spielzeit. Dennoch blieb er »seinem« Haus treu; er blieb in Mannheim, weil er dort das Ensemble vorfand, in dem er sich wohl fühlte; dort konnte er zwischen den anstrengenden Reisen in seinem Heim bei der Familie ausruhen. Die Kinder gingen in eine deutsche Schule, das eigene Haus in Plankstadt – zwischen Mannheim und Heidelberg gelegen – war inzwischen fertig: Cox hatte es weitgehend in eigener Arbeitsleistung erstellt. Der musikalische Leiter in Mannheim war zu dieser Zeit Horst Stein; im Ensemble sang unter anderem Georg Völker, der Sohn von Franz Völker, der Cox viele wertvolle Tips aus der Wagner-Karriere seines Vaters geben konnte. Der tiefere Grund dafür, daß er am Nationaltheater Mannheim blieb, ist wohl im Menschlichen zu sehen, das er im Familienkreis und bei den Kollegen erfuhr, und das er stets ausstrahlt.

ZU NEUEN TATEN (1967 - 1970)

Für die Münchner Opernfestspiele des Jahres 1967 studierte Fritz Rieger den Wagnerschen »Rienzi« in der Inszenierung von Heinz Arnold neu ein. Der »Rienzi« ist als Wagners Beitrag zur französischen Grand Opéra leider weitgehend unbekannt. Er leidet an seiner Herkunft, die ihn zur Aura des selbstgefälligen oberflächlichen musikalischen Prunks in eine zu enge Verbindung rückt. Wer das Werk jedoch kennt, hat immer wieder Gelegenheit, die urpersönliche Handschrift Wagners herauszuhören, die ihn über Meyerbeer und dessen landsmännische Zeitgenossen heraushebt. Nur ein Jahr (1842) vor dem »Holländer« in Dresden erstmalig in Szene gesetzt, wußte das Drama um den »letzten der Tribunen« das Publikum zu begeistern.

Bei der Gelegenheit, einen Live-Mitschnitt des auf drei Stunden gekürzten Werkes zu hören, fielen insbesondere die Leucht- und Durchschlagskraft und die ausdauernde stimmliche Präsenz des Titelhelden auf. (Der »Rienzi« stellt rein technisch Anforderungen, die nahzu »Siegfried«-Format erreichen.) Cox wußte mit dieser Partie in München so demonstrativ zu überzeugen, daß man auch in Bayreuth auf ihn aufmerksam wurde.

Dort war nach der Premiere des »Lohengrin« Sandor Konya erkrankt, andere eilig herbeigeholte Sänger konnten jeweils nur kurzfristig aushelfen; für die beiden letzten Aufführungen war noch kein Schwanenritter in Sichtweite. Jean Cox rettete diese beiden Aufführungen – und er tat das in einer Art und Weise, daß ihn Wolfgang Wagner für 1968 als Lohengrin und Parsifal fest verpflichtete.

In der Zwischenzeit hatte sich Cox den Vorbereitungen auf den Siegfried gewidmet; er fühlte, daß seine Stimme jetzt reif genug war, sich dieser gewaltigen Aufgabe zu stellen. Die Vorarbeiten absolvierte er bei seiner langjährigen Frankfurter Betreuerin Wally Kirsamer, der er sehr viel verdankt; in der Endphase kam dann eine Unterweisung bei einem der erfolgreichsten Siegfriede der 30er und 40er Jahre, Max Lorenz, hinzu. Lorenz lehrte ihn, sich die Partie stimmökonomisch einzuteilen, gab Hinweise auf die besonders gefährlichen Stellen. Wolfgang Sawallischs Anfrage, bei einer konzertanten »Ring«-Produktion des italienischen Rundfunks in Rom (RAI) mitzuwirken, konnte Cox, da er beide Siegfried-Partien inzwischen stimmlich beherrschte, positiv beantworten. Leider liegen über diesen ersten Siegfried, die Partie, die ihn schließlich weltberühmt machte, weder schriftliche Zeugnisse noch Tondokumente vor. (Demnächst soll die Produktion der RAI vom März 1968 als Schallplatte erscheinen.) Cox' sängerische Bewältigung der riesigen Anforderungen Wagners überzeugte Günther Rennert so, daß er ihn für seine Neuproduktion des »Ring« in München (Anfang 1969) verpflichtete.

SIEGFRIED

Nach dem Münchner »Oberon«, in dem Cox im Mai 1968 in der Inszenierung von Rudolf Hartmann und unter der musikalischen Leitung von Heinrich Hollreiser den Hüon sang, schlug sein erster Bühnen-Siegfried Ende Januar/Anfang Februar 1969 in der bayrischen Metropole wie eine Bombe ein. Im ersten »Ring« Günther Rennerts in München, der stilistisch auf seiner in Hamburg seit langem gespielten Interpretation basierte (vgl. Gespräch mit R. H. Adler und K. E. Haase), sangen Theo Adam den Wotan/Wanderer, Birgit Nilsson die Brünnhilde, Gottlob Frick den Hagen und den Fafner, Richard Holm den Loge, Benno Kusche den Alberich, Gerhard Stolze den Mime, Franz Crass den Fasolt, Hildegard Hillebrecht die Sieglinde, Wolfgang Windgassen den Siegmund, Karl Christian Kohn den Hunding, Hans Günter Nöcker den Gunther, Leonore Kirschstein die Freia und die Gutrune, Hertha Töpper die Fricka und die Waltraute, Jean Madeira die Erda und Ingeborg Hallstein den Waldvogel; Lovro von Matacic dirigierte. Heute ist Frau Kirschstein noch dabei, dazu die Herren Adam, Nöcker und Kohn und Wolfgang Sawallisch, der ein Jahr nach Matacic den »Ring« übernahm.

Jean Cox sagte vor der Premiere über sich, das Stück und seine Einstellung zum Stück unter anderem, er sei kritisch sich selbst, aber auch anderen gegenüber. Man konstatierte, er sei frei von jeder Art Selbstgefälligkeit, zeige nicht den Anflug eines »Stars«, bedürfe nicht der Allüre; aus seiner umfassenden Kenntnis und Bildung stelle sich sein Bild vom Siegfried so dar: Siegfried ist jugendlich unbekümmert und frisch, von edler Gesinnung, ein furchtloser, tapferer Held, frei von pathetisch-heroischem Beigeschmack, der einzige wirkliche Held der deutschen Oper.
Nach der Premiere sprachen andere: »Jean Cox ist *die* Überraschung des »Ring«!« . . . »Die bezwingende Ausstrahlung seines kraftvoll strömenden, frischen Tenors, metallisch und warm, dazu sein natürliches und sympathisches Spiel und die restlos übereinstimmende Erscheinung des jungen Helden machten ihn zu einer umjubelten Idealbesetzung.« Weiter:

»Cox rückt die lyrischen, die reflektierenden Augenblicke seines Heldenlebens in Wärme und mattschimmernden Glanz kultivierter Stimmführung ein. Musikalität und Klugheit weisen ihm den Weg, die Rolle zu bestehen. Sein Held ist kein Sängerprotz.« . . . »Der unvergleichliche Siegfried Jean Cox sieht aus wie wirklich erst 20 . . . Seit einem halben Jahrhundert hat es keinen so athletischen kraftvollen wie zugleich jugendlich-anmutigen, bildhaft schönen Jung-Siegfried mehr auf der Opernbühne gegeben.« . . . »Seine Darstellung überspannt den Bogen vom Robusten zum Empfindsamen mühelos und natürlich.« . . . »Hier ist Platz für Wagnersches Bel canto, für jene Innigkeit in heldischem Glanz, die seine Domäne ist.« . . . »Jeder Zoll ein jugendlicher Held, weniger aggressiv als gutmütig, von bestrickender stimmlicher Leuchtkraft; die Mittellage weich und geschmeidig, schöner lyrischer Phrasen fähig, ebenso einer meditativen Stimmung; die Höhe ist schlank, strahlend, sicher plaziert, sie ermüdet nicht.« Diese Stimmen ließen sich bis in die Gegenwart fortsetzen, und sie verstummen nicht. Die außerhalb jeden Vergleiches liegende einzigartige Aura, die Jean Cox' Siegfried-Darstellung umgibt, läßt sich in Worten eigentlich nicht erschließen; eine jede Beschreibung muß hier eindimensional bleiben, da sie die Dimensionen »Musik« und »Darstellung« mit ihren Mitteln nicht adäquat wiedergeben kann.

Wer er ist, wo er herkommt, das möchte das Kind vom Ziehvater Mime, dessen väterliche Ambitionen es in ihrer Falschheit, Klugheit und Verlogenheit erfühlt, wissen. Bär und Ungebärdigkeit sind ihm Tand, wie die untauglichen Werkzeuge, die Mime ihm zu heldischem Tun schmiedet. Alle äußere Grobheit und Mutwilligkeit schwindet in dem einen Satz: »So starb meine Mutter an mir.« Im wilden Toben mit dem Zwerg, Bangemachen-Spiel eines Furchtlosen, hält er inne, wenn die Musik auf den feuerumfloren Felsen, auf dem Brünnhilde schläft – bei ihrem Anblick wird der Recke ein einziges Mal in seinem kurzen Leben in Furcht versetzt werden – weist. Siegfried läßt sich vom komischen Mienen- und Gestenspiel des Alten nicht irritieren, sondern drückt in seinem Mienen- und Gestenspiel aus, daß er im Unterbewußtsein sein Schicksal erahnt und es will. Wer je Gelegenheit hatte, Cox als Jung-Siegfried zuzuschauen, wird diese Kernstelle im »Ring« leichter verstehen können: das »Schwirren und Flimmern«, das ihm Mime als beängstigendes Naturschauspiel vorhält, erfährt in Siegfrieds Innerem eine Umdeutung, eine Vorausdeutung auf das weitere Geschehen. Furcht, Liebe und Tod sind die unerkannten Bestandteile seiner Sehnsucht. Zielstrebig schmiedet er sich mit überschäumender Kraft zum Schmelz- und Schmiedelied das Werkzeug selbst, das ihn in die Welt begleiten soll; der rhythmische Impetus der Musik löst die natürlichen Bewegungen des Schmiedevorgangs aus, die Kraft der musikalischen Akzente korrespondiert mit den kraftvollen Schlägen auf den Amboß.
Nicht Furcht, sondern Erstaunen prägt den ersten Teil des II. Aufzugs. Siegfried ist die Tötung des Drachen nicht als Untat bewußt, sie stärkt nur sein Selbstbewußtsein, dies aber nur bis zu dem Augenblick, wo er vom sterbenden Fafner Auskunft über sich zu erhalten sucht; das erste sprechende Tier weist auf das zweite: den Waldvogel. Seine Warnungen bestätigen ihm Mimes Falschheit; dessen Tötung ist dann nur eine Station auf dem Weg in den eigenen Tod.

Richard Wagner, „Siegfried". II. Aufzug, 2. Szene
Inszenierung: Günther Rennert; Bühnenbild: Johannes Dreher (nach Helmut Jürgens);
Kostüme: Lieselotte Erler.
München, 30. Januar 1969.

Die anschließende Szene – allein, in natürlicher Anmut hingelagert, im nachdenklich-wehmütigen Zwiegespräch mit sich selbst, dann mit dem Waldvogel – mündet in aufjauchzendes Erkennen: »Der dumme Knab', der das Fürchten nicht kennt, mein Vöglein, der bin ja ich!« Die Keckheit und jugendlich-starke Überlegenheit dem Alten (Wanderer) gegenüber versiegt vor dem Erstaunen, das die Musik des Feuers bewirkt. Siegfrieds ungläubige Haltung im I. Aufzug, als Mime vergeblich ihn das Fürchten zu lehren suchte, wiederholt sich hier am Anfang des III., und sie verliert sich in der Begegnung mit Brünnhilde in Liebestaumel und Jubel. Siegfried ist weder ein skrupelloser Schlagetot, noch mit nordischer Heldengloriole verbrämter Übermensch; er ist Mensch auf der Suche nach menschlichen Erfahrungen. Der »Siegfried« als Drama ist weniger Heldenepos als Vorstufe zu »Siegfrieds Tod«.

GÖTTERDÄMMERUNG

Mit der gleichen Akkordfolge, die Brünnhildes Erwachen im »Siegfried« ankündigte – nur um einen Halbton tiefer und dunkler instrumentiert –, beginnt das Vorspiel zur »Götterdämmerung«. Ausgehend von diesen Akkorden nimmt das Drama um den Untergang der Götter und Menschen, und mit ihnen auch Siegfrieds, der etwas von beiden ist, seinen Lauf. Das letzte Stück der Trilogie beschließt die Handlung so, wie sie einst im »Rheingold« begann: durch Betrug.

Noch strahlt im Vorspiel Siegfrieds unbekümmerter Tatendrang, doch schon bei der Begrüßung in der Gibichungenhalle offenbart sich die Macht der dunklen Verstrickungen, in denen er zum Tode gefangen ist; der Vergessenstrank, den Gutrune ihm reicht, löscht nicht alle Erinnerungen, nur die an die eben durchlebte jüngste Vergangenheit: das Glück mit Brünnhilde, aber auch die Erfahrung der Furcht. Wenn er nach dem Trank auf Gutrune blickt, sind seine Züge anders als bei der Brünnhildenerweckung: nicht verklärt, beglückt, sondern besitzergreifend: allein menschliches Fühlen bleibt ihm, die Ahnung des Göttlichen ist ihm verloren. Einmal noch schimmert die Erinnerung an die letzte Tat auf dem feuerumschlungenen Felsen auf, als Gunther ihm von dem Weib berichtet, das er sich nicht gewinnen kann. Mit verzweifelter Anstrengung sucht Siegfried den Sinn von Gunthers Worten, der sich in der Musik erschließt, zu ergründen. Als er aus diesem trance-artigen Zustand zu sich kommt, erscheint er wieder als der Siegfried, der das Fürchten noch nicht kannte: furchtlos-heiter erbietet er sich, an Gunthers Statt das Feuer zu durchschreiten. Bis zum Erinnerungstrank handelt der furchtlose Draufgänger eher äußerlich, nicht mehr aus voller innerer wesensmäßiger Notwendigkeit, da eine Barriere einen Teil seines bisherigen Lebens verschließt. Cox erreicht, indem er solches fühlbar macht, jene Beklemmung beim Zuschauer und Hörer, die sich erst beim Todesgesang in Erschütterung zu lösen vermag.

Die furchtbarste Wirkung geht von der Szene auf dem Brünnhildenfelsen aus, als Siegfried in der Gestalt Gunthers sein Weib, das er nicht erkennt, überwindet, um es dem Blutsbruder zuzuführen. Die Illusion, der echte Gunther agiere hier, wird von ihm überzeugend vermittelt; Cox kann für diese Szene aus der Siegfried-Identität heraus schnell in eine ganz anders geartete Rolle treten. Das Verhängis folgt dem, der Brünnhilde unwissentlich als seine Braut verleugnet hat.

II. Aufzug, 4. Szene

Brünnhilde

Du listiger Held,
sieh' wie du lüg'st, –
wie auf dein Schwert
du schlecht dich beruf'st!
Wohl kenn' ich seine Schärfe,
doch kenn' auch die Scheide,
darin so wonnig
ruht' an der Wand
Nothung, der treue Freund,
als die Traute sein Herr sich gewann.

Richard Wagner, „Götterdämmerung".
Inszenierung: Günther Rennert; Bühnenbild und Kostüme: Jan Brazda.
München, 30. Juni 1976.
Brünnhilde: Ingrid Bjoner; Siegfried: Jean Cox.

Gestaltungskraft und Stimmkunst sind in Siegfrieds Erzählung und Todesszene nochmals aufs höchste gefordert: indem Cox das breit ausströmende »Brünnhilde! Heilige Braut! Wach' auf! Öffne dein Auge!« auf Wogen ergreifendster Klangschönheit und Innigkeit in die sterbend gesungenen Worte »Süßes Vergehen – seliges Grauen! Brünnhild' bietet mir Gruß!« führt, öffnet er den irrealen Raum für die erhabene Musik der Trauer, deren Sinn sich so erst erschließt.

Es gibt zwei unbestechliche Zeugen, die gerade diese Szene festgehalten haben: ein Fernsehfilm zum 100jährigen Bestehen der Bayreuther Festspiele aus dem Jahr 1975 und die Schallplatte »Jean Cox singt Wagner«, die 1972 im Nationaltheater Mannheim aufgenommen wurde.

VOM ZAUBER, DEN ER AUSGEÜBT (1970 -)

Zwei Wagner-Rollen fehlten 1970 noch in Cox' Repertoire: der Tristan und der Tannhäuser. Für den November 1970 war die Mannheimer »Tristan«-Premiere, eine Wiederaufnahme der Hans Schüler-Inszenierung, unter der musikalischen Leitung von Hans Wallat vorgesehen. Doch ausgerechnet kurz vor dem geplanten Termin erkrankte Jean Cox, ein herber Schlag für ihn, der in seiner langen Karriere nur ganz selten wegen Krankheit eine Aufführung absagte. Die Premiere wurde um eine Woche verschoben; man hoffte, daß Cox in dieser Zeit gesund werden würde. Er wurde nicht gesund. Aber, er wollte dem Nationaltheater eine neuerliche Verschiebung der Premiere nicht zumuten und sang – gegen den ausdrücklichen Rat seines Arztes – mit einer starken, fiebrigen Erkältung seinen ersten Tristan am 15. November 1970. Das konnte nicht gutgehen – aber er stand die Partie durch, überdeckte mit ungeheurer Anstrengung und der Überlegenheit seines technischen Könnens die Schwächen und meinte nach der Aufführung: Jetzt weiß ich, daß ich es kann! Nach einer längeren Erholungspause, die der vollständigen Gesundung diente, kam die zweite Vorstellung, in der er Publikum wie Kritik begeisterte.

Cox zeichnet Tristans Drama als ein inneres, verinnerlichtes; er ist kein Sänger des emphatischen Ausbruchs, sondern er gestaltet Erregung von innen heraus mit einem makellosen, innigen, in jeder Phase kontrollierten und sicheren dramatischen *Gesang*, der jedem Wort, jedem Ton den richtigen Ausdruck verleiht.

Klar, fast kalt kommt sein »War Morold dir so wert, nun wieder nimm das Schwert, und führ' es sicher und fest, daß du nicht dir's entfallen läßt!« – scheinbar aus überlegener Distanz die Geste, mit der er Isolde dabei sein Schwert *darreicht* (Wagners Anweisung). Voll trotzigen Mutes ergreift er die Schale mit dem Liebestrank; des Todes gewiß, bekräftigt er mit kühner Gebärde den Sühne-Eid »Tristan's Ehre – höchste Treu! Tristan's Elend – kühnster Trotz!« Was Wagner hier wollte, hielt er in der Regieanweisung fest; bei Cox wird es lebendige Gestalt.

Zum II. Aufzug ein Wort Arnold Schönbergs: »Das ist merkwürdig: Leidenschaft, das können alle! Aber Innigkeit, die keusche, höhere Form der Gefühle, scheint den meisten Menschen versag zu sein. Das ist ziemlich begreiflich, denn das ihr zugrundeliegende Gefühl muß empfunden sein, nicht bloß dargestellt werden! Deshalb haben auch alle Komödianten Leidenschaft, und nur ganz wenige haben Innigkeit.« (in einem Brief an Hermann Scherchen, 1914). Cox hat beides.

In den Fieberekstasen des III. Aufzugs setzt er alles ein – jeder Ton ist bei ihm aus der Linie gesungen, nichts ist gedrückt, verzerrt, auseinandergerissen. Zerrissenheit liegt in der von seelischer Gebrochenheit umschatteten Schönheit des Gesangs, in den Gebärden und im Schmerz, den sein Gesicht zeichnet. Die Vision vom Schiff, das ihm die Retterin bringen soll, trägt er mit solcher Intensität vor, daß man unwillkürlich hinter sich blicken möchte, wo man das Schiff vermutet.

Ergreifender und glaubwürdiger könne der Tristan nicht gesungen und gestaltet werden, las man nach einer Kölner Aufführung im Frühjahr 1980. Es sei, als gehe der Sänger in dieser Rolle gänzlich auf; die Distanz zum Werk, die der Interpret sonst immer beachtet, um seine Stimme auch in den emotionalsten Stellen unter Kontrolle zu haben, scheint aufgehoben. In Durchhaltevermögen, Ausgeglichenheit, Phrasierungskunst, tenoralem Glanz und musikalischer Identifikation erbringe er eine einmalige Leistung. Es sei nur ganz wenigen Sängern gegeben, wie Cox im dritten Aufzug gleichsam jeden einzelnen Nerv des Zuschauers in Vibration zu versetzen. Nur ein Künstler, der selbst den Nerv der Musik erspüre und ihre fürchterlich leidenschaftliche Bewegung optisch und akustisch zu gestalten vermöge, könne solche Wirkung erzielen. Cox muß in den beiden ersten Aufzügen nicht sparen, und an den gesanglichen Klippen des dritten scheitert er nicht. Er bedürfe nicht der Zuflucht zum Sprech-»Gesang«, habe unverbraucht volle, schöne Töne parat und behalte seine sängerische Gestaltung der Linie in den Fieberdelirien bei, wo andere oft mit überstrapazierter Stimme und überschlagender Gestik »gestalten«.

»...wunderbar geniale Darsteller, die einzig der Aufgabe gewachsen wären, kommen nur unglaublich selten zur Welt.« (Richard Wagner an Mathilde Wesendonk, August 1860)

Die für ihn letzte und seiner Ansicht nach schwierigste Rolle, die Wagner für Tenor schrieb, den *Tannhäuser*, hob Cox sich auf, bis er sich – nach 18jähriger Bühnenerfahrung – dafür gereift wußte. Weihnachten 1972 kam das Werk in der Neuinszenierung von Hans Neugebauer mit Hans Wallat am Dirigentenpult in Mannheim heraus. In Hannelore Bode stand ihm als Elisabeth seine spätere Bayreuther Eva zur Seite, die Venus sang Regina Fonseca, Franz Mazura den Landgrafen (eine Bayreuth-Besetzung also).

Mit Cox als Tannhäuser entsteht eine Interpretation der Titelfigur, die über die überzeugende Bewältigung des rein Technischen hinaus ebenfalls »jeden einzelnen Nerv des Zuschauers in Vibration versetzt«. Im sog. »Venuslied« schwingt im Lob die Klage mit, ist in den Gedanken an laszive Ausschweifung der Überdruß und die Sehnsucht, zu Menschen zurückkehren zu dürfen, immanent enthalten. Der Ruf »Mein Heil liegt in Maria!« ist gleichzeitig Höhepunkt und Entspannung. Jean Cox singt das mit einer Überzeugungskraft, daß man weiß, daß vor *solcher* Inbrunst die Venus-Welt versinken *muß*. Hier schlägt die eine Sphäre in eine andere um – beide existieren quasi gleichzeitig in diesem Werk, verständlich nur dem, der als Zuhörer die gleiche Intensität zu investieren bereit ist, wie sie der Sänger auf der Bühne investieren muß, um diese Wirkung zu erreichen.

Seelisch noch gebannt im Hörselberg, tritt Tannhäuser dem Landgrafen und den Sängern gegenüber. Die Rückkehr in ihren Kreis ermöglicht Wolfram mit seinem bittenden »Bleib bei Elisabeth!«, und Tannhäuser vollzieht den Schritt – nicht in ihre Welt, sondern zu ihr: »Elisabeth! O Macht des Himmels, rufst du den süßen Namen mir?«, berückend schön und ergreifend von Cox gesungen, im Spiel gezeichnet vom Ausdruck der Freude und Erschütterung.

Im zweiten Aufzug liegen die beiden Szenen, die in Cox' Gestaltung als entscheidende Wendepunkte der Handlung deutlich werden, dicht beieinander: Tannhäuser führt das abrupte Ende des Sängerwettstreits mit seinem Preislied auf Frau Venus herbei. Er singt »in äußerster Verzückung« (Wagner) und verharrt auch noch für einen Moment so, als der von ihm entfachte Aufruhr ausbricht (Konfrontation der Sphären); dann aber – erkennend, was er im Angesicht Elisabeths tat, ergreift ihn ein fürchterliches Entsetzen: Angst weitet die Augen – er sinkt zusammen. Die gerade noch dominierende euphorische Entrückung erstickt in der brutalen Realität: am Boden erwartet er den Tod. Alle Hoffnung ist gewichen, er fleht zu Maria »Erbarm dich mein!« Bei Cox gleicht keiner der elf Rufe dem anderen: schmerzlich, glutvoll, kreatürlich, innerlich, als Notschrei; hoffend, glaubend, liebend sehnt er sich zerknirscht, zertreten – nach Erlösung. Sein Blick, die Intensität seiner Bitte, die er mit allen Nerven der Brust herausschleudert wie ein Schwert, mit dem er sich ermorden will (so sah Richard Wagner die Kernstelle seiner Oper, die er für so wichtig erachtete, daß er sie lieber strich, als sie unvollkommen hören zu müssen – mitgeteilt in einem Brief an Franz Liszt, 29. Mai 1852), und Elisabeths Fürbitte vermögen das harte Herz der anderen davon zu überzeugen, daß der Sünder büßen will. In die zwei Töne des »Nach Rom!« legt er alle Hoffnungsfreude.

Die Schlüsselszene des III. Aufzugs liegt in der sog. »Romerzählung«; in ihr schildert Tannhäuser, wie er, Inbrunst im Herzen, sich hoffnungsfroh auf den Weg nach Rom machte, den Blick nur auf das Eine: Erlösung gerichtet, sich kasteiend und nicht achtend der Schönheiten der Landschaft. Endlich stand er Ihm gegenüber, bekannte seine schwere Schuld. Doch Er antwortete – in psalmodierendem Einheitston –, für sein Vergehen gebe es nie Erlösung. Man spürt bei Cox die Katastrophe dieses Augenblicks, die sich während der folgenden Fermate in Tannhäuser noch einmal vergegenwärtigt. War im bisherigen Verlauf der Erzählung der anfänglich noch durchschlagende Trotz nach und nach dem Ausdruck der Hoffnung gewichen – hier schlägt die Hoffnung um in Resignation, Wut, Haß und – bei Ertönen der Venus-Klänge – in rückhaltlos-begehrliche Lust. Dem Fiebernden bringt der Name »Elisabeth«, der ihm noch einmal als Macht des Himmels ins Bewußtsein dringt, die erlösende Gewißheit des Heils, das er, wie jene, im Tode findet.

Richard Wagner, „Lohengrin".
Inszenierung und Bühnenbild: Wolfgang Wagner; Kostüme: Curt Palm.
Bayreuth 1968.

Die Station, die Cox als eine der wichtigsten seines Künstlerlebens bezeichnet, bedarf in einer Übersicht über sein Leben und seine Kunst eines gesonderten Abschnitts. Wolfgang Wagner wußte, weshalb er Jean Cox neun Jahre lang nacheinander nach Bayreuth verpflichtete.

Die Zusammenarbeit zwischen beiden tritt für den »Ring« des Jahres 1970 in ein entscheidendes Stadium. Wagner hatte den Münchner »Ring« 1969 gesehen und sich entschlossen, Cox als Siegfried für seine Neuproduktion auf den Grünen Hügel zu engagieren. Er legte seine Inszenierung so an, daß Cox die Unbekümmertheit, die der blonde Held ausstrahlt, voll ausspielen konnte.

Wolfgang Wagner liebt es nicht, mit festgefügten Konzepten an ein Stück heranzugehen; seine Regiearbeit beginnt damit, den Beteiligten die Schlüsselszenen zu erkären, deren Gehalt und ihre Bedeutung für das Gesamtdrama, da diese nur im Gesamtzusammenhang verständlich und aus ihm heraus darzustellen sind. (Vgl. Interview mit Wolfgang Wagner, gesendet am 5. Sept. 1981 im Bayer. Rundfunk, als Vorbereitung auf die Sendung der Bayreuther Neuproduktion der »Meistersinger« am 6. Sept. 1981.)

Da ihm in Cox ein Partner zur Verfügung stand, der, wie vor ihm Wolfgang Windgassen, sein Singen vom Intellekt, sein Spiel aber dazu aus dem intuitiven Erfassen dieser Figur herleitete, lenkte er dessen impulsives Spiel, ließ es sich aber frei entwickeln. Der Erfolg: Cox »kam, sah und siegte . . . daß es einen vom Sitz riß« – so einer der Beobachter des »Ring« 1970. Eine andere Stimme: »Dieser so kluge wie impulsive Sänger, der den Übergang vom übermütigen Naturburschen zum Ernst des reifen Mannes wie aus eigenem Erleben nachvollzieht, ist Lyriker und Heldentenor in einem . . .«

Man bezeichnet seine Darstellung als »Idealfall«, denn lyrische Sensibilität und strahlendes Metall, das nie im Forcieren mißbraucht wird, vereinigten sich mit einer auffälligen Lockerheit – der wissensdurstige Knabe sei »unbelehrt = unverdorben«. Er schaffe im Ausgleich zwischen natürlicher Kraft und Anmut im keck-gesunden, aber nie absichtsvoll protzenden Selbstbewußtsein erstaunlich sicher alle Zwischentöne des Zart-Nachdenklichen in der Frage nach Herkunft und Mutter, im Sinnen und Verwundern.

Cox agiere ohne Heldenpose, hieß es, nicht primitiv-pathetisch, aber dennoch hinreißend heldisch; seine männlich-schlanke Erscheinung und das kluge Spiel ergäben eine seit vielen Jahren unerreichte Rollendeckung, die er sich bis in die bewegend gestaltete Sterbeszene hinein bewahre. Er habe die wonnige Glut und den leuchtenden Glanz in der Stimme, den Glanz und die außergewöhnliche Strahlkraft eines dramatischen Tenors, singe drängend-ungeduldig und jubelnd die Schmiedelieder; neben der Fähigkeit zum messa di voce könne er schier unerschöpfliche Kraftreserven einbringen, leicht und gelöst gestalten, durch seinen Charme entzücken, mit jugendlicher Frische und Unbekümmertheit den inbrünstig schwärmenden Gesang des Märchenbuch-Helden darbieten.

Der Schauspielkunst des Sängers wandte schon Richard Wagner seine besondere Aufmerksamkeit zu. In den Produktionen von »Neu-Bayreuth« erhielt sie – im Zusammenhang mit der weitgehenden Stilisierung der Szene – ein größeres Gewicht; heute, wo man sich des theatralischen Aspekts der Oper in besonderer Weise annimmt, ist die Darstellungskunst fast über die Gesangskunst erhoben. Da die Oper ursprünglich und primär aus und von der Musik lebt, lehnt Cox eine die Musik vernachlässigende theatralische Überbetonung bei der Realisation ab. Denn nur die Musik vermag zu sagen, was das Wort verschweigt; diese Sentenz ist die Summe dessen, was Richard Wagner mit »unendlicher Melodie« umschrieb, dazu ist sie die Voraussetzung für eine sinnvolle Umsetzung der von ihm als entscheidendes stilbildendes Mittel in die musikdramatische Komposition eingebrachten Leitmotivtechnik. Ein Sänger, dem nicht alle Motive in ihrer Bedeutung für das gesamte Drama klar sind, kann nicht glaubwürdig gestalten. (Man muß beobachtet haben, wie Jean Cox – bei einer konzertanten »Siegfried«-Aufführung – während der Vorspiele mit den Augen und nahezu unmerklichen Bewegungen die Einsätze der markantesten, handlungsbestimmenden Motive an die einzelnen Instrumente verteilte!)

JUGEND – HELD – TENOR
(Ein vorläufiges Resümee)

Jugendlich bleibt er, ein Held ist er, Tenor war er von jeher. Wem ein gütiges Geschick eine Stimme – dazu eine Tenorstimme – mitgibt, die aus der natürlichen Veranlagung heraus bei gut gelenkter Ausbildung Weltruhm erlangt, darf sich insbesondere bei seinen Lehrern bedanken.
Der Weg zum dauerhaften Ruhm führt nur über intensive und mühselige, ausdauernde Arbeit. Cox absolviert regelmäßig Übungen, zu denen Frau Kirsamer riet, um seine Stimme geschmeidig zu erhalten; er geht vor jeder Vorstellung die Abendpartie durch, um das Durchhaltevermögen der Stimme zu testen. (Früher sang er seine ganze Partie – ohne Pause – durch!) Beim Einsingen schont er sich nicht, sondern überprüft die stimmliche Fitness an den Stellen, die im Verlauf des Abends sein Können auf die Probe stellen. Dazu hat er die Fähigkeit, sehr schnell ein Höchstmaß an Konzentration zu erreichen, ohne sich von seiner Umgebung ablenken zu lassen.
Die Eindringlichkeit, mit der sich seine Gestaltung vermittelt, rührt aus der Reduktion des Spiels auf das Wesentliche, auf die Intensität des Ausdrucks, wobei sich Begabung und Erlerntes vereinen. Er erlebt jeden Abend jede Partie neu, findet zu einer Darstellung, die die Kluft zwischen Distanz und Identifikation überbrückt. Und – der Sänger braucht Glück; ohne Fortune nützt die beste Abendform nicht.

Lernen, Ausbauen, Reflektieren: das sind die drei Säulen, die auf den Fundamenten Begabung und Gefühl ruhen und auf denen sich ein solides Dach errichten läßt. Unter ihm aber bleibt der Solist, was die Bezeichnung sagt: allein – mit sich und seiner Kunst, die bei jedem seiner Auftritte Tausende berührt.

Dafür danken wir ihm!

Er weiß, daß er nicht allein ist.

Gerhard Heldt

Wolfgang Wagner probt mit Jean Cox. »Siegfried«, Bayreuth 1970

Was verlangt man von einem Sänger?

Eine klangschöne und in jeder Beziehung technisch hervorragend ausgebildete Stimme, die selbst an Tagen, an denen man sich physisch nicht
ganz auf der Höhe fühlt, ohne Schaden eingesetzt werden kann.

Musikalität
Gutes Aussehen
Schauspielerische Fähigkeiten, verbunden mit einer vollkommenen Körper-
beherrschung
Intelligenz
Charakter
Partnerschaftliche Aufgeschlossenheit
Die Fähigkeit, über die ihm gestellten Aufgaben und deren Inhalte disku-
tieren zu können
Die erforderliche Ausgewogenheit zwischen Selbstbewußtsein und Bescheiden-
heit
Einfügung in ein Ensemble und dessen Gesamtleistung
Gute Nerven, auch gegenüber der Kritik
und noch vieles, je nach Erfordernis zu Ergänzendes mehr! – und nicht
zuletzt Humor

Bei Jean Cox ist alles vorhanden

II
Opern-Aspekte

Astrid Varnay, München

SINGEN UND DARSTELLEN

Was ist eine gelungene Aufführung – was ist eine schöne Stimme? Zwei Fragen, die eines gemeinsam ansprechen: eine positive ästhetische Wertung, die subjektiver Natur ist. Um mit der zweiten Frage zu beginnen: Rational läßt sich eine Stimme in ihren technischen Fertigkeiten nur beurteilen, wenn wir sie in ihrem Fach hören.

Während an der Stimm*entwicklung* aktiv gearbeitet werden kann, ist der Stimm*klang* etwas Naturgegebenes; er ist im weiteren Sinne national unterschiedlich, im engeren individuell, unverwechselbar. Zum »schönen« Klang wird er, wenn das Naturgegebene durch Stimmbildung, die nur aus praktischer Erfahrung gelehrt und gelernt werden kann, zum »Wohlklang« geformt wird.

Das Timbre hängt von den Stimmorganen und den Resonanzräumen in ihren Verhältnissen zueinander ab, es ist die »Färbung«, der ganz persönliche Eigenklang der Stimme.

Ob man eine Stimme mag, bleibt, auch wenn sie alle Voraussetzungen für den »schönen« Klang erfüllt, eine subjektive Empfindung, eine Frage des Geschmacks des Einzelnen wie des jeweiligen Kulturkreises, in dem er lebt oder dem er entstammt. Normen lassen sich nicht aufstellen. Ein Italiener z. B. würde einen hohen Ton, den man in Deutschland als »spitz« empfindet, durchaus goutieren; der Deutsche dagegen bevorzugt den »runden«, glockigen Ton. Die Stimme ist etwas Individuelles, das auch nur individuell eingeschätzt werden kann. Die emotionale Beurteilung der Stimmschönheit ist von der rationalen der Stimmausbildung zu trennen.

Was über die ästhetische Wertung hinaus die Faszination einer Stimme ausmacht, das ist Kunst. Diese bemißt sich nach den Fähigkeiten des Sängers, sein naturgegebenes Material zu nutzen. (Wer die Talente – wie es die Bibel sagt – nicht mehrt, wird sie verlieren.)

Als Beispiel: Jean Cox' Stimme gehört ins lyrisch-dramatische Fach, ist sehr tragfähig, technisch hervorragend geschult. Bei der Beschreibung des Timbre, das man als sehr männlich bezeichnen könnte, hört bereits die Objektivität auf. Daß aber von dieser Stimme eine Faszination ausgeht, unter anderem wegen ihrer reichen Klangfarben, bestätigen viele.

Der Künstler unter den Sängern läßt sein Verständnis von der Rolle als ihre Darstellung in die Stimme einfließen. Die Darstellung »aus der Kehle« ist eine Ausdeutung ohne Körpersprache, unsichtbar, aber unüberhörbar. Bei Wagner z. B. wird die Musik zur Darstellung, auch der Text stellt sich in den dynamischen Graden der Musik dar: ein Piano deutet auf den Wert eines Wortes, ein Crescendo auf den eines ganzen Satzes. Wenn der Schlüssel zum Textverständnis allein in der Musik zu suchen ist, das Wort also doppel- bzw. mehrdeutig ist, die Musik aber, interpretierend, mehr weiß, dann sollte die reine Ausdeutung im Gesang, im Klang, dominieren – die Gestik muß verhalten, zurückhaltend sein, um die vom Komponisten absichtlich in der Musik verborgenen, nicht eindeutig auszumachenden Gefühle nicht preiszugeben, den Schleier des Geheimnisses nicht zu zerreißen. Das Singen bestimmt hier also das Agieren.

Probleme tauchen auf, wenn eine Übereinstimmung zwischen Stimme und Körper zur vollkommenen Realisierung der Partie nicht gegeben ist: eine Diskrepanz zwischen eigenem Körper und der zu verkörpernden Rolle, die vorwiegend vom Gesang getragen wird, muß in der Darstellung aufgehoben werden.

Die rein schauspielerische Leistung verdient von Beginn des Rollenstudiums an besondere Aufmerksamkeit, damit Gestik und Mimik im Einklang mit dem Gesang stehen, damit auch bei schwieriger Identifikation keine Diskrepanzen aufkommen. Der Sänger, der zunächst einmal für sich allein die Partie erarbeitet, darf, wenn er die Figur nicht gleich »findet«, alle seine Fähigkeiten und seine Kraft, das Äußerste in sie hineingeben – etwas wegzunehmen, ist später leichter, als etwas hinzufügen zu müssen. Es ist gut, wenn man gleich zu Beginn das ganze Umfeld der Rolle kennenlernt, sich dann aber bei ihrer Interpretation ganz auf den vertonten Text konzentriert. Die textlich-musikalische Analyse gehört ebenfalls in die Studienphase; sie weitet den Blick auf das Ganze – dieses zu fassen, ist unsere Aufgabe als Sänger und Darsteller.

Die schönste Zeit ist die der Proben – man darf zuerst ganz emotional sein, darf sich »fallen lassen«, kann ausprobieren, d. h., noch ohne die notwendige Distanz arbeiten. Jede Emotion, die glaubhaft wirkt, muß zumindest einmal ihrem Wesen nach erfüllt, erlebt worden sein – und wäre es auch nur imaginär –, um sie künstlerisch umsetzen zu können. Bei mehreren Aufführungen desselben Werks können nicht jedesmal genau die gleichen Emotionen eingebracht werden – das wäre erzwungener, gleichförmiger Ausdruck. Zuviel Gefühl verdirbt die Darstellung – die Rolle entgleitet. Gefühl und Intellekt müssen gleichermaßen im Spiel vorhanden sein, in dem sich so dionysisch entfesselte Leidenschaftlichkeit und apollinisch besonnene Klarheit vereinen und durch kontrollierende Distanz, die das Kennzeichen des Künstlerischen, des rechten Maßes, des organischen Spiels ist, im Gleichgewicht bleiben.

Für die optische Umsetzung von Gefühlen ist eine gewisse Extrovertiertheit notwendig, um »über die Rampe zu kommen«. Jedes Gefühl sollte der Sänger von seinem Part nehmen, nicht sein Gefühl in die Partie eingeben, d. h., er muß die Gefühle der Person im Stück spielen, nicht mit seinen Gefühlen die Person. Nur so kann man in die Maske treten – und tritt nicht aus ihr heraus; so kann man die Person, die man sein möchte, auf der Bühne auch sein, spielt aber nicht sich selbst – und kann doch nur aus der eigenen Gefühlserfahrung heraus glaubwürdig die Rolle spielen. Für junge Künstler ist die Maske noch Schutzschild; hinter ihr verbergen sie die eigene Persönlichkeit und ihre Angst, sind noch unfrei, spielen noch »mit« der Rolle, identifizieren noch die eigene Person zu sehr mit der Bühnenfigur.

Eine *Rolle spielen* heißt: nicht selber die darzustellende Figur sein, sondern diese durch die eigene Person verwirklichen.

Wie weit der Sänger in Spiel und Gesang gehen kann, mit welcher Vehemenz er »ausspielt« und »aussingt«, hängt von seiner individuellen Neigung ab und ist in seiner Wirkung weitgehend durch die Resonanz im Publikum bestimmt. Das, was letztlich die Ausstrahlung eines Sängers auf der Bühne ausmacht, ist seine Persönlichkeit, ist Charisma – das, was gefühlsmäßig berührt. Man hat es – oder nicht. Jean Cox hat es.

(Bühnenpersönlichkeit ist durchaus nicht immer identisch mit Persönlichkeit im Privatleben.)

Abschließend ein Blick auf die »gute«, die gelungene Aufführung: technische Perfektion, verbunden mit höchster künstlerischer Qualität, gewährleistet allein noch keine gute Vorstellung. Am stärksten beeindrucken oft die Abende, deren kleine Unebenheiten man nicht zu nennen braucht, weil das Großartige dominiert. Unzulänglichkeiten im szenischen wie musikalischen Bereich, ganz abgesehen von eventuellen individuellen psychischen wie physischen Unpäßlichkeiten, sind nicht vorhersehbar; sie treffen die Musizierenden unvorbereitet. Fehler dieser Art sind keine Kriterien, sie kommen eigentlich immer vor, können vom Zuschauer oft gar nicht bemerkt werden. Wenn er aber merkt, daß etwas nicht stimmt, dann ist er stärker betroffen als der wahre Betroffene: der darf, als Agierender, keine Zeit zum Nachdenken haben, darf sie sich nicht nehmen – er findet sich schnell wieder hinein; der Zuhörer hat es als passiv Erlebender weitaus schwieriger: er findet schwerer aus der abrupten Desillusionierung in das Stück zurück.

Gut ist nicht die perfekte Aufführung, sondern die, die bewegt, berührt, die im Zuschauer über Auge und Ohr ein Erlebnis auslöst. Je mehr Bewegendes ihn erreicht, desto intensiver ist der ästhetische Genuß. Der Sänger spürt, ob das Publikum beteiligt seiner Darbietung folgt, ob sich die gewünschte Spannung zwischen Saal und Bühne einstellt; ideal ist, wenn beide eins werden.

Der Opernbesucher schlechthin will die Unterhaltung, das gesellschaftliche Ereignis, den Genuß. Auf höchster Stufe steht der, der sich vom Kunstwerk bewegen lassen will, um es ästhetisch zu genießen und darüber zu reflektieren – um sich erheben zu lassen –.

Wenngleich wir auch nur wenig über Jean Cox sprachen – so war doch er es, der uns zu diesen Gedanken angeregt hat.

(aufgezeichnet nach Gesprächen mit Astrid Varnay
am 26. 11. 1980 und am 21. 11. 1981 in München)
(bh und gh)

Horst Stein, Genf

DIRIGENT UND SÄNGER

Dem Dirigenten ist die Verantwortung für die musikalisch-dramatische Interpretation der Oper übertragen. Seine Intentionen, sein Stilempfinden, sein Werkverständnis und seine Sachkenntnis bestimmen die musikalische Qualität einer Aufführung. Er führt mit künstlerischer Autorität die Zusammenarbeit zwischen Orchester und Sängern. Nicht jede Aufführung kann optimal gelingen, denn keine Vorstellung hat gleiche Voraussetzungen; da spielen viele nicht kalkulierbare Faktoren mit hinein. Die Beherrschung des »Handwerks« sowie künstlerische Integrität sollten allerdings stets unabdingbare Voraussetzung sein. Gegenseitiger Respekt ist vonnöten: jeder muß dem anderen das Seine lassen und zugleich auf ihn eingehen, Rampeneitelkeit ist tödlich für alle wahre Kunst.

Bayreuth erlaubt mit seinem verdeckten Orchestergraben ein »Musizieren unter sich«, was für den engen Kontakt zwischen Dirigent und Sänger nur von Vorteil ist. Überhaupt ist persönlicher Kontakt, diese enge, in der Psyche liegende Bindung, maßgebliche Basis für gegenseitiges Vertrauen – ein stabiles Fundament für die gemeinsam unternommene künstlerische Leistung. Einfühlungsvermögen in die Psyche erwächst natürlich in erster Linie aus einer langen Zusammenarbeit.

Ein Dirigent sollte sich *vor* jeder Vorstellung einen persönlichen Eindruck von der Abendform seiner Sänger verschaffen. (Fragt er allerdings den Sänger, wie es ihm gehe, erhält er höchst selten eine positive Antwort!) Leider wird einem das heute an manchen Opernhäusern schwergemacht (in Berlin beispielsweise liegen die Herren-Solo-Garderoben ca. fünf Minuten Fußweg vom Dirigentenzimmer entfernt).

Sänger und Dirigent sollten im Idealfall den gleichen Atem, den gleichen inneren Pulsschlag haben, bei unterschiedlichen Indiviualitäten eigentlich eine Unmöglichkeit – im menschlich-künstlerischen Bereich aber, bei sogenannter »gleicher Wellenlänge«, annähernd in den Bereich des Möglichen gerückt, wenn bei beiden Partnern auch die notwendige Portion an Instinkt und intuitiver Begabung vorhanden ist. Solches ist mit Jean Cox, mit dem ich seit meiner Mannheimer Zeit (1963-1970) in eben diesem Sinn zusammenarbeite, möglich und realisierbar. Was in Mannheim bei intensiver Probenarbeit begann, trug später in aller Welt Früchte: gemeinsame Arbeiten am »Ring«, »Tristan«, »Lohengrin« und »Parsifal« in Hamburg, Wien, Berlin, Lyon und Bayreuth (»Ring« in Bayreuth von 1970 bis 1975).

Damals in Mannheim hatte Jean Cox vielfältige Aufgaben zu bewältigen, hauptsächlich im italienischen Fach; er hatte aus Braunschweig aber auch schon den Lohengrin und den Steuermann (Bayreuth 1956) mitgebracht. Wir setzten ihn (gegen seinen Willen) dazu als Tom Rakewell in Strawinskys »The Rake's Progress« – ein großer Erfolg für ihn – und, unter

Igor Strawinsky, ,,The Rake's Progress" (,,Der Wüstling").
Inszenierung: Harro Dicks; Bühnenbild: Franz Mertz; Kostüme: Elli Büttner.
Mannheim, 16. Juli 1964.
Nick Shadow: Franz Mazura; Tom Rakewell: Jean Cox

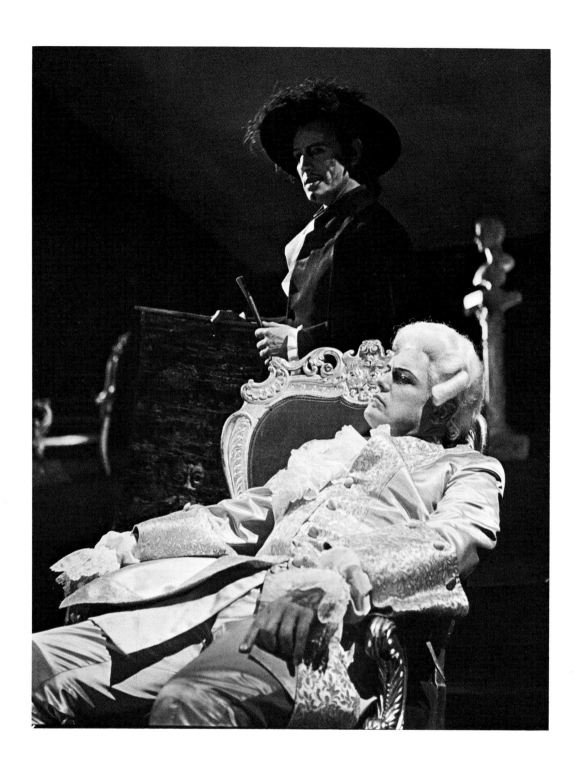

anderem, in Tommaso Traettas »Antigone«[1] ein. Viele kurzfristig angesetzte zusätzliche Partien-Übernahmen verlangten harte Arbeit und eine gesunde Kondition. Was er zur Bewältigung dieser Anforderungen mitbrachte, waren als Gaben der Natur die auf eine sehr angenehme Art helltimbrierte »deutsche« Stimme, eine glänzende körperliche Erscheinung und der Sinn für ästhetischen Bewegungsablauf. Als gelernte und ausgebildete Fähigkeiten kamen hinzu: ständige Weiterarbeit an der Vervollkommnung stimmtechnischer wie darstellerischer Anforderungen; dazu gehört auch seine Fähigkeit, im richtigen Moment entspannt und wieder gespannt zu sein, »relaxed«, mit gelockerter Haltung, eine optimale Identifikation mit der jeweiligen Bühnenrolle zu erreichen. Dies alles verbindet sich, zusammen mit einer ausgeprägten Fairness allen seinen Partnern gegenüber und wohltuender Ausgeglichenheit zu einer absolut professionellen Einstellung zu seinem Beruf – ein Partner, mit dem sich problemlos arbeiten läßt. Der gemeinsame Pulsschlag, der intuitiv sich einstellende Gleichklang, war die Mitte unserer gemeinsamen Proben und Aufführungen.

1968 ergab sich die sehr glückliche Konstellation, in welcher er seine Siegfriede mit Wolfgang Sawallisch und Günther Rennert erarbeiten konnte, dazu auch ausreichende Orchesterproben hatte. Ich habe ihn lebhaft darin unterstützt; Parsifal und Stolzing hatten wir noch vorher gemeinsam in Mannheim erarbeitet. Bei aller Vielseitigkeit halte ich Jean für einen prädestinierten Wagner-Tenor, der *alle* Partien vom Rienzi bis zum Parsifal (wer kann das heute?) vollkommen beherrscht (wobei die Bedeutung der italienischen Schulung für die Stimme nicht übersehen werden darf).

Max Lorenz sagte mir einmal (1953 – vor seinem Auftritt als Siegfried in der Bayreuther »Götterdämmerung«): wenn man es kann, ist man zu alt. In Jeans Fall könnte man diesen Satz abwandeln: man kann es erst richtig, wenn man alt genug ist.

Als Amerikaner bereiteten Jean die deutschen Diphtonge »ei« und »au«, die heute bei ihm so bestechend klingen (man denke an sein »Brünnhilde, heilige Braut«, an »Weib« im Preislied, bzw. in der Schlußerzählung der »Götterdämmerung«), anfänglich manche Probleme. Ich gab ihm als Eselsbrücke den Vergleich mit einer Photolinse, die erst im allerletzten Moment schließt: also bei »ei« mit »a« ansingen und erst im letzten Moment das »i« kommen lassen, ebenso beim »au«: langes »a«, kurzes »u«.

Jean hat als sogenannter »a«-Tenor den naturgegebenen Vorteil einer sehr wohltönenden, vollen Wiedergabe von Vokalen, da er sie auf der besser tragenden, dunkelgetönten Basis formen kann; der »i«-Tenor hat es da erheblich schwerer, zumal seine Stimme – je weiter es in die Höhe geht – leicht farbloser, »weiß« wird.

Die Arbeit zwischen Sänger und Dirigent beginnt beim Einstudieren der Partien, zuerst mit dem Korrepetitor, dann schon sehr bald (in den Klavier-Proben) mit dem Dirigenten – je mehr Zeit dafür da ist, desto besser. Hier können Phrasierungen, rhythmische Details, Deklamationsfragen sowie die Korrespondenz zwischen Graben und Bühne ausprobiert, bespro-

---

[1] Diese Partie erscheint nicht im Mannheimer Rollenverzeichnis bei Herrmann; da sie in den Unterlagen der Theatersammlung des Städt. Reiß-Museums Mannheim nicht nachgewiesen ist, muß Cox kurzfristig eingesprungen sein.

chen und festgelegt werden. Die musikalische Sprache des Orchesters sollte dem Sänger Anreize für den stimmlichen und gestischen Ausdruck bieten; er muß aus ihr seine Gestaltungsmöglichkeiten schöpfen. Das Darzustellende kommt aus der Musik. Umgekehrt sollte das Orchester auch etwas vom Sänger abnehmen können, im Gleichklang mit ihm atmen: so habe ich mich z. B. nicht gescheut, auch bei Mozart hin und wieder Orchesterphrasierungen nach dem Sinngehalt des Gesungenen zu ändern, Atemzäsuren vom Instrumentalisten dort zu fordern, wo sie der Sänger macht. Was ich oft beiden zum Nachdenken gebe: der Instrumentalist möge so spielen, wie der Sänger singt; der Sänger möge so singen, wie der Instrumentalist spielt. Das heißt: wir – Orchester und Dirigent – begleiten den Sänger nicht, wir tragen ihn.

Eines der wohl wesentlichsten Kriterien für die Kunst des Dirigierens ist die Wahl des »richtigen« Tempos – sie ist wohl auch kaum erlernbar. Wenn Jean oft betont, ihm gehe es gegebenenfalls weniger um »schnell« oder »langsam«, hingegen vielmehr um »organische Übergänge«, so rührt er damit an eine der Grundregeln, die für den Dirigenten bindend sind. Von dessen Stilverständnis hängt das Erfassen und Bestimmen des einheitlichen Grundtempos ab, das gleichermaßen spürbar und nachvollziehbar für Musiker und Hörer sein muß; das bedeutet, Beweglichkeit und Lebendigkeit im Sinne eines motivierten Ritardando und Accelerando in rechte Relation zueinander zu setzen und dabei zugleich die große Linie sowie den Sinnzusammenhang der einzelnen übergeordneten musikalischen Phrasen zu wahren. Den großen Bogen bei gleichzeitiger Berücksichtigung aller vom Tempo bestimmten Ausdrucksnuancen im Auge zu behalten, darin zeigt sich die Kunst, organisch zu gestalten. Je weniger man das bewußt wahrnimmt, desto höher ist die Qualität anzusetzen. Übereinstimmung von Musik und Szene konstituiert sich am ehesten, wenn ein Dirigent »Tempo« nicht als statische, sondern – je nach Individualität und Abendform des Sängers – als variable Größe einsetzt, d. h. beispielsweise: ein wenig beschleunigen, um den Sänger mitzuziehen, zu ermutigen; wenn er sich dann sicher fühlt, die Zügel lockern, wieder dehnen, verbreitern.

Stimmen kann man einordnen, technische Fertigkeiten objektiv beurteilen. »Wirkung«, »Ausstrahlung«, »Schönheit« aber werden subjektiv empfunden und können daher nur subjektiv beurteilt werden. Jene meßbare Kunst, die vom Können kommt, beherrscht Jean absolut; diejenige, mit der er seine Hörer »anrührt«, bleibt sein Geheimnis.
Ich durfte es oft erleben: es ist das Bleibende, das Einmalige an seiner ganzen Art.
Trifft man sich mit ihm nach längerer Zeit, ist es, als hätte man sich erst gestern gesehen.

(aufgezeichnet nach einem Gespräch mit Horst Stein
in Bayreuth am 17. 7. 1981)   (gh und bh)

Lieber Jean,

ich schätze mich sehr glücklich,
Dich Freund nennen zu dürfen und
wünsche mir noch oft einen
Jean Cox auf der Bühne.
Wir haben, aneinander gelehrt und
sollten gemeinsam gesätes auch gemeinsam ernten.

Mit allen guten Wünschen
in Freundschaft Dein [Unterschrift].

Herbert Meyer, Mannheim

DIE WAGNER-REZEPTION IM MANNHEIMER NATIONALTHEATER 1855-1915

Keine Oper von Richard Wagner ist in Mannheim uraufgeführt worden. Das ist um so weniger verwunderlich, als auf der altberühmten Schiller-Bühne überhaupt nur wenige Werke der Musikliteratur ihre Uraufführung erlebt haben. Auch bestand zwischen Wagner und Mannheim zunächst gar keine Beziehung. Zudem hatte er es besonders schwer, in der Rhein-Neckarstadt Fuß zu fassen, denn er besaß einen ausgesprochenen und sehr mächtigen Feind im Nationaltheater, der ihm zeitlebens verständnislos gegenüberstand: Vincenz Lachner. Daß er sich trotzdem durchsetzen konnte, verdankt er vor allem seinen enthusiastischen Bewunderern Dr. Julius Werther und Emil Heckel. Betrachten wir diese drei Schlüsselfiguren für die Mannheimer Wagner-Rezeption etwas näher:

Vincenz Lachner (1811-1893) war der jüngste der drei Brüder Lachner, die im süddeutschen Musikleben eine bedeutsame Rolle vor allem als Dirigenten, daneben auch als Komponisten gespielt haben. Der älteste Bruder Franz war von 1834-1836 Kapellmeister in Mannheim, ging dann aber nach München, wo er bis 1865 wirkte, der zweite Bruder Ignaz war Opernkapellmeister in Frankfurt und in anderen großen Städten, Vincenz war von 1836-1872, also 36 Jahre lang, Hofkapellmeister in Mannheim, geradezu unanfechtbare Autorität im gesamten Musikleben der Stadt und allmächtiger Herrscher im Reich der Oper. Seine hohen Verdienste als Dirigent, Orchestererzieher und Entdecker schöner Stimmen sind unbestreitbar. Mannheim besaß unter ihm lange Zeit hindurch bei relativ hoher Qualität der Aufführungen das wohl größte Opernrepertoire Deutschlands. Ständig waren 60 bis 65 Opern aufführungsbereit, italienische, französische, deutsche, an erster Stelle Meyerbeer, Donizetti, Auber, Weber und Lortzing. Auch dem Neuen verschloß sich der Chefdirigent keineswegs: Wagners »Tannhäuser« und »Lohengrin« nahm er im Gegensatz zum »Fliegenden Holländer« nach einigem Zögern mit kräftigen Kürzungen in den Mannheimer Spielplan auf, jeweils etwa zehn Jahre nach den Uraufführungen: den »Tannhäuser« am 15. Juli 1855, den »Lohengrin« am 9. Januar 1859. Dann trat eine Pause von zehn Jahren ein. Als der 29jährige Dr. Julius Werther aber 1868 von Weimar als Oberregisseur nach Mannheim berufen wurde und sich voll jugendlicher Begeisterung für eine Aufführung der »Meistersinger« einsetzte, begann für den 67jährigen Lachner eine Zeit nicht nur stillen Leidens, sondern auch laut geäußerter Proteste in Briefen an Freunde und in Eingaben an die Stadt, an das Staatsministerium in Karlsruhe und an den Großherzog selbst. Dem Freund Hermann Levi, dem er später die Uraufführung des »Parsifal« in Bayreuth nie verziehen hat, teilte er damals mit, die um sich greifende Wagner-Begeisterung sei ein »Nationalunglück«, an anderer Stelle sprach er ihm gegenüber von dem »Überkünstelten und Naturwidrigen dieser Richtung«, auch von »musikalischem Mystizismus«, und er träumte angeblich, er sei mit »Elephantiasis behaftet«. Am 21. November 1868 schrieb er an einen unbekannten Empfänger über die »Meistersinger«: »Von Melodie im gewöhnlichen Sinne ist in dieser Oper noch weniger die Rede als im »Tannhäuser« und »Lohengrin« . . . Die unendliche Melodie aber, d. h. jenes vage Herumirrlichtelieren einzelner Melodieteilchen in Gedärmwindungen ohne Zäsuren, mit der Anstrengung, trotz immerwährender Seitenmodulation in *einer* Tonart zu verweilen, ist überaus stark vertreten. Man wird mit Musik gefüttert, wo man es weder braucht noch verlangt. Werden nicht auch Gänse wider ihren Willen gestopft?« In einem anderen Brief vom 16. Dezember, vielleicht an Hermann Levi, nannte er die »Meistersinger« einen »gliederlosen Wurm« und betonte: »Gestrichen muss aber werden, sonst lebt der Molch fünf Stunden.«

Gestrichen hat Lachner dann auch, als alle seine Eingaben nichts halfen, und zwar gründlich. Das begann bereits im Vorspiel. Außerdem fehlten in der Mannheimer Premiere am 5. März 1869 – abgesehen von kleinen Strichen in sämtlichen Akten – Davids Bericht über die Meistersingerweisen, die dritte Strophe von »Am stillen Herd«, der Wahnmonolog mit Ausnahme der Anfangszeilen und sogar der »Wach auf«-Chor. Auch nahm Lachner an Stellen, die er für »unsanglich« hielt, willkürliche Veränderungen vor, doch muß man die damalige Aufführungspraxis an den meisten deutschen Bühnen, die im Meyerbeer-Kultus geschulten Stimmen, den kleinen Chor und das Orchester von etwa 35 Musikern bedenken. Im Musiktheater, in dem der jeweilige Oberregisseur (oder der Charakterkomiker und erste Chronist der Mannheimer Bühne, Anton Pichler) Regie führte, kam es im Gegensatz zur Sprechbühne überhaupt nicht auf die Darstellung, nur auf Schönheit und Reinheit der Stimmen an. Für die Solisten waren unter völliger Mißachtung jedes sinngemäßen Spiels sechs typische Arm- und Beinbewegungen vorgeschrieben, die das Atemholen begünstigten. Die Bässe des Chors spazierten links, die Tenöre rechts auf, die jeweiligen Frauenstimmen davor oder dahinter, alle, Solisten und Chor, nahmen kaum voneinander Notiz, sondern hingen mit ihren Blicken am Taktstock des Dirigenten; in der Mitte, hinter dem Souffleurkasten, sangen die Primadonna oder der männliche Star. Wie sollte man mit einem solchen verknöcherten Aufführungsstil die Prügelszene im zweiten Akt, ja die ganzen »Meistersinger« bewältigen? Der Erfolg der Premiere war gleichwohl groß. Die von Karlsruhe herübergekommene Großherzogin Luise, seit langem eine Verehrerin Wagners, gab selbst das erste Zeichen zum Beifall. Eduard Devrient, der damalige Karlsruher Theaterleiter und Verfasser der bekannten »Geschichte der deutschen Schauspielkunst«, einst mit Wagner in der Dresdner Zeit befreundet, flüsterte freilich nach Werthers Zeugnis (S. 74) während der Vorstellung dem Kunsthistoriker Wilhelm Lübke zu: »Ein Mädchen aus hochanständigem Bürgerhause wird sich doch nicht nachts mit einem Ritter unter eine Linde setzen«, worauf der Antiwagnerianer Lübke beistimmend geäußert habe: »Das Opus wimmelt von Unanständigkeiten.«

Dr. Julius Werther (1838-1910), der die »Meistersinger« in Mannheim bereits ein knappes Dreivierteljahr nach der Münchner Uraufführung durchgesetzt und den heftig widerstrebenden, gleichwohl aber gewissenhaft arbeitenden Vincenz Lachner zu über 60 Proben veranlaßte, führte den Titel »Oberregisseur« wie alle künstlerischen Leiter des Mannheimer Theaters zwischen 1839 und 1890. Über ihm stand kein Intendant, sondern seit der Übernahme der Verwaltung des »Grossherzoglich Badischen Hof- und Nationaltheaters« durch die Stadt Mannheim ein Theaterkomitee. Es setzte sich aus drei Bürgern zusammen, kunstsinnigen und theaterbeflissenen Laien, die einen künstlerischen Leiter mit dem Titel »Oberregisseur« verpflichteten. Trotz gelegentlicher Schwierigkeiten funktionierte dieses Komiteesystem im allgemeinen relativ gut.

Werther war von 1868 bis 1872 und noch einmal von 1877 bis 1882 künstlerischer Leiter der Mannheimer Bühne. Wie er zu Wagner hinfand, berichtet er selbst in seinen Lebenserinnerungen (S. 69): »Schon als Pennäler am Joachimsthalschen Gymnasium in Berlin erinnere ich mich, der Premiere des »Tannhäuser« anno 56 höchst aktiv . . . beigewohnt und an einem Kampf rasender Applaudierer gegen heimtückische Zischer tatkräftig teilgenommen zu haben, weil ich mich schon in meinen Klavierstunden an Wagner berauscht hatte. Sodann in Weimar . . . hatte ich den tiefen Hass gegen Meyerbeer, den damaligen Beherrscher der Oper, eingesogen. Nichts war mir also wichtiger, als die neue musikalische Lehre am Urquell zu geniessen. Ich begab mich demnach schon zu den letzten Proben der »Meistersinger« nach München . . . Ich weiss ganz deutlich noch, dass meine vollständige Gewinnung für die neue Musik erst auf der Generalprobe gelang . . ., aus dem Skeptiker war der begeistertste Anhänger geworden.« Am Mittag nach der Uraufführung suchte Werther dann Richard Wagner im Haus des Dirigenten der Premiere, Hans von Bülow, auf und erbat von ihm das Aufführungsrecht der »Meistersinger« für das Mannheimer Hoftheater. Wagner habe »in unverfälschtem Leipziger Dialekt« geantwortet: »Nu hören Sie, mein Lieber, Sie haben wohl ganz vergessen, daß Vincenz Lachner Ihr Kapellmeiser ist?« Gleichwohl erlangte der begeisterte Jünger von dem vergötterten Meister die Aufführungsgenehmigung, und so kam es trotz und mit Vincenz Lachner zur Mannheimer Premiere am 5. März 1869.

Während der ersten Theaterleitung Werthers (1868-1872) wurden auch »Der Fliegende Holländer« (30. 10. 1870) und sogar der »Rienzi« (20. 12. 1872) nachgeholt, beide nicht ohne Kürzungen, wenn auch geringeren Umfangs. Der Premiere des »Rienzi« war ein besonders großer Erfolg beschieden: Für die älteren Mannheimer war es »sozusagen eine Meyerbeer-Oper von Wagner« (Stahl S. 50).

In diesen Jahren erstand dem immer noch heftig umstrittenen Musikdramatiker Wagner ein neuer begeisterter Vorkämpfer in Mannheim: Emil Heckel. Die Heckels gehörten zu den alten Mannheimer Familien. Der Urgroßvater Emil Heckels, Johann Jakob Heckel (1735-1806), war bereits zum Mannheimer Nationaltheater in Beziehung getreten: Ursprünglich Sieb- und Trommelmacher, bildete er sich zugleich als Musiker aus und war von 1781-1804 als Klavierstimmer im Theater beschäftigt. Sein gleichnamiger Sohn (1765-1811) wurde herrschaftlicher Kapellmeister in Wien und erwarb den »Heckelhof«, ein Gut in Gumpoldskirchen. Dessen dritter Sohn Karl Ferdinand (1800-1870) war vielseitig begabt, beschäftigte sich mit Naturwissenschaften, Malerei und Musik, wurde in Weimar Schüler von Johann Nepomuk Hummel und gründete 1821 in Mannheim die heute noch existierende »Kunst-, Musikalien- und Instrumentenhandlung K. F. Heckel«, ein damals waghalsiges Unternehmen, dessen Erfolg anfangs wohl hauptsächlich durch die Angliederung einer »Musikalischen Leihanstalt« mit großer Stammkundschaft gesichert wurde. Karl Ferdinand Heckel gehörte bereits dem

Theaterkomitee an: von 1855 bis 1869, seit 1862 als Präsident. Werther arbeitete in seinen Mannheimer Anfängen gut mit diesem »ganz kleinen, dünnen, bartlosen, sehr alten Herrn mit langen, fliegenden, weissen Haaren« zusammen (Werther S. 42).

Karl Ferdinands Heckels Söhne Karl und Emil traten beide in das sich gut entwickelnde Geschäft ein. Emil (1831-1908) heiratete Marie, eine Tochter Josef Mühldorfers, der sich als »Dekorationsmaler und Maschinist« am Mannheimer Theater von 1832 bis 1863 einen internationalen Ruf erworben hatte und als eine Art theatralischer Hexenmeister galt. Auch als Komiteemitglied trat Emil Heckel in die Fußstapfen seines Vaters: Von 1877-1889 – mit Ausnahme der Jahre 1880/81 – gehörte er diesem Gremium an, seit 1879 als Präsident. Daß Werther 1877 noch einmal als künstlerischer Leiter an das Nationaltheater zurückkehrte, war hauptsächlich auf Emil Heckel zurückzuführen und auf seinen Eintritt in das Komitee, das in der Zwischenzeit einen antiwagnerischen Kurs gesteuert hatte. Wagner selbst hatte sich durch die Veröffentlichung der zweiten Auflage seines unglückseligen Aufsatzes »Das Judentum in der Musik« neue Feinde in einer Stadt geschaffen, die den Juden gerade auf kulturellem Gebiet sehr viel zu verdanken hatte. Es ereignete sich damals, daß die »Meistersinger« in Mannheim ausgepfiffen wurden.

Emil Heckels »Bekehrung« zu Richard Wagner war bei der Münchner Uraufführung der »Meistersinger« unter Hans von Bülow am 21. Juni 1868 erfolgt, die auch für Werther von entscheidender Bedeutung gewesen war. 1853 hatte er noch nach einer Wiedergabe der »Tannhäuser«-Ouvertüre unter Franz Liszts Leitung geäußert: »Ich war aufs äusserste empört über diese entsetzliche Musik, die allem, was ich bis jetzt schön gefunden hatte, auf das heftigste widersprach.« Seit 1868 aber war er ein begeisterter Vorkämpfer Wagners, sein getreuester Paladin in Mannheim. Am 30. April 1871 ließ er inmitten heftigster Diskussionen pro und contra den kurz zuvor vollendeten, in jenem Jahr aktuellen, heute mit Recht so gut wie vergessenen »Kaisermarsch« auf zwei Flügeln in seiner Musikalienhandlung spielen.

Es war die Zeit, als der von ihm verehrte Meister seine Bayreuther Pläne zu verwirklichen begann. Emil Heckel hielt diesen Zeitpunkt für den richtigen, um zu Wagner in persönliche Beziehung zu treten. Am 15. Mai 1871, kurz nach Beendigung des deutsch-französischen Krieges, schrieb er ihm nach Tribschen: »Mit Freuden ergreife ich die Gelegenheit, Ihnen mitzuteilen, dass Sie mich zu den Freunden Ihrer Kunst zählen mögen. Was ich zum Gelingen Ihres grossen nationalen Unternehmens beitragen kann, wird nach Kräften geschehen.«

Heckel hat sein Wort gehalten. Es folgten diesem ersten über 2.000 weitere Briefe und Postkarten an Wagner und alle ihm erreichbaren und bekannten Wagnerianer. Mit vier Gleichgesinnten, darunter dem Chordirektor und stellvertretenden Theaterkapellmeister Ferdinand Langer, rief er bereits am 1. Juni 1871 den Mannheimer Wagner-Verein »zur Förderung der Aufführung des Richard Wagnerschen Bühnenfestspiels ›Der Ring des Nibelungen‹« ins Leben, den ersten überhaupt, dem innerhalb und außerhalb Deutschlands viele andere gefolgt sind. Hauptaufgabe der Vereinsmitglieder sollte die Erwerbung von möglichst vielen Patronatscheinen sein, um die Mittel für das Bayreuther Festspielhaus zusammenzubringen. Wagner reagierte dankbar: Am 13. November schrieb er an Heckel, jetzt solle »der Deutsche zeigen, dass er es endlich versteht, so ernsten und anhaltenden Bemühungen für einen schmachvoll verwahrlosten und dabei unbegrenzt einflussreichen Zweig der öffentlichen Kunst, an welche ich mein Leben gesetzt habe, auch die nötige Beachtung zu schenken.« Der verbissene Kämpfer für sein Bayreuth ließ sich sogar dazu bewegen, am 20. Dezember 1871 ein Konzert im Mannheimer Nationaltheater zu dirigieren. Da das Opernorchester zu klein war, wurde es mit dem Karlsruher Hoftheater-Orchester vereinigt. Wagner traf in der Nacht zum 17. Dezember in Mannheim ein. Er war vorher in Bayreuth gewesen, wo er den von der Stadt vorgesehenen Bauplatz für sein Festspielhaus besichtigt hatte. Cosima Wagner kam am 17. Dezember mittags aus Basel, einen Tag später der beiden damals noch eng verbundene Friedrich Nietzsche. Am 20. Dezember wurde in einer Morgenprobe als »kleine Privatunterhaltung für mich und sehr wenige nächste Freunde« (Wagner) die sogenannte »Tribschener Treppenmusik«, das am 4. Dezember 1870 vollendete »Siegfried-Idyll«, gespielt, das vorher nur in ganz kleiner Besetzung als Geburtstagsständchen vor Cosima erklungen war. Jetzt hörte es der Komponist erstmals mit dem vorgesehenen, wesentlich größeren Orchester. Hier handelt es sich also tatsächlich um eine »Wagner-Uraufführung« in Mannheim. Das Abendprogramm umfaßte dann die Vorspiele zum »Lohengrin«, zu den »Meistersingern« und zu »Tristan und Isolde«, dazu »Isoldes Liebestod«, den unvermeidlichen »Kaisermarsch«, die Ouvertüre zu Mozarts »Zauberflöte« und Beethovens 7. Sinfonie, der neben der »Neunten« stets Wagners besondere Zuneigung gegolten hat. Eine öffentliche Hauptprobe hatte am 19. Dezember stattgefunden. Der Erlös des Konzerts war für den Bau des Festspielhauses in Bayreuth bestimmt.

Neben den interessierten Mannheimern, darunter einer ganzen Front von Anti-Wagnerianern, waren viele auswärtige Gäste, unter anderem aus Köln, Frankfurt, München und Basel gekommen. Auch Großherzog Friedrich von Baden mit mehreren Familienangehörigen war zugegen. Bewunderung erregte Wagners sehr engagiertes Dirigat; Werther weiß zu berichten (S. 94), daß »aus der hinteren Fracktasche des grossen Richard ein langes rotes Tuch heraushing, mit dem er sich häufig abzutrocknen pflegte. Wenn er nun mit leidenschaftlichen Bewegungen sich auf- und niederschwang, so machte das rote Tuch wie ein Kuhschwanz diese Bewegungen mit, indem es sich bald in die Luft schwang, bald über den Boden hinwegfegte«. Trotz einigen Befremdens über Wagners Mozart- und Beethoven-Auffassung und mißfälliger Äußerungen der eingeschworenen Gegner war das Konzert jedoch ein großer, durchschlagender Erfolg. Friedrich Nietzsche schrieb, noch unter dem sehr starken Eindruck der Veranstaltung: »Mir ging es wie einem, dem eine Ahnung sich endlich erfüllt: Denn genau das ist Musik und nichts sonst! Und genau das meine ich mit dem Wort ›Musik‹, wenn ich das Dionysische schildere, und nichts sonst!« Er spielte damit auf seine gerade vollendete, aufsehenerregende Schrift »Die Geburt der Tragödie aus dem Geist der Musik« an, die eine »Fortentwicklung der Kunst an die Duplizität des Apollinischen und des Dionysischen gebunden« sieht. (Das Werk eignete er Richard Wagner zu, dem er am 2. Januar 1872 ein noch ungebundenes Vorausexemplar übersandte.)

Emil Heckel konnte sich aufrichtig freuen, als Wagner einen Tag später an ihn schrieb: »Die Mannheimer haben in mir zuerst den Glauben an die praktische Verwirklichung meiner Pläne befestigt.« Die fünf Gründer des Mannheimer Wagnervereins wurden von ihrem verehrten Meister »die fünf Gerechten« genannt, und mit Stolz bezeichneten sie sich auch selbst so. Die Anreden in den zahlreichen Briefen Heckels und Wagners lauten von jetzt an »Lieber Meister« auf der einen, »Lieber Gerechter, Bester Freund, Wertester Freund« auf der anderen Seite. Heckel wurde auch zur Grundsteinlegung in Bayreuth am 22. Mai 1872 eingeladen, und vom 15. bis 20. November des gleichen Jahres waren Richard und Cosima Wagner hochgeehrte Gäste im Hause Heckel. Zwar verließ Wagner, zornig über Lachners Striche, eine Aufführung des »Fliegenden Holländer« am 17. November, aber unabhängig von solch momentaner Verärgerung erhielt Emil Heckel von ihm zwei Tage später auf dem Umschlag seiner Schrift »Über Schauspieler und Sänger« den hübschen, häufig zitierten Vierzeiler:

»Hat jeder Topf seinen Deckel,
Jeder Wagner seinen Heckel,
Dann lebt sich's ohne Sorgen,
Die Welt ist dann geborgen!«

Einen Monat nach Wagners Fortgang aus Mannheim fand die schon erwähnte Premiere des »Rienzi« statt, die Vincenz Lachners Nachfolger, der neue Hofkapellmeister Ernst Frank, dirigierte. Er war es auch, der zu Beginn des folgenden Jahres auf Heckels Veranlassung einen »Lohengrin« ohne Kürzungen dirigierte, was vorher innerhalb von über 22 Jahren unter insgesamt 38 Bühnen nur drei gewagt hatten: Weimar, München und Magdeburg. Bald darauf entfernte Frank auch die meisten Striche Lachners aus den »Meistersingern«.

Emil Heckel wurde nach der Eröffnung des Bayreuther Festspielhauses mit der ersten Gesamtaufführung des »Ring des Nibelungen« im August 1876 zum Mitglied des Verwaltungsrats der Festspiele ernannt; er erhielt wegen seines wallenden Bartes den Beinamen »Papa Wotan« und kämpfte unverdrossen weiter gegen alle Widersacher. Mannheimer Wagner-Premieren gab es jedoch erst wieder während der zweiten Ära Werther: Am 13. und 14. April 1879, an den beiden Osterfeiertagen, wurden »Das Rheingold« und »Die Walküre« ohne Striche erstaufgeführt. Dirigent war jetzt Franks Nachfolger, der leidenschaftliche Wagner-Verehrer Franz Fischer (in Mannheim 1877-1880). Als »Obermaschinenmeister« wirkte hier seit 1878 der junge Fritz Brandt, der 1880 Maschineriedirektor der Königlichen Hofbühne in Berlin wurde und für die Technik der Bayreuther »Parsifal«-Premiere verantwortlich zeichnete. Er setzte, wie vor ihm sein Vater Karl Brandt bei der Uraufführung des »Ring des Nibelungen«, seinen ganzen Ehrgeiz in eine großartige Verwirklichung der szenischen Anweisungen des Komponisten. Der Erfolg übertraf dann auch alle Erwartungen Werthers, Heckels, Fischers und Brandts, obgleich bei der Premiere der »Walküre« das Theater während des Feuerzaubers beinahe in Flammen aufgegangen wäre. Werthers Bericht darüber läßt neben Aufschlüssen über die damalige Bühnentechnik an Anschaulichkeit und Dramatik nichts zu wünschen übrig (S. 149 f.): »Fritz Brandt hatte . . . rote Schleier für den Feuerzauber kommen lassen, die mit einer feuergefährlichen Substanz getränkt waren. Um diese Schleier zu beleuchten, mussten Gaslampen mit roten Schirmen davor aufgestellt werden. Einer dieser Schleier fing . . . am Schluss der Oper Feuer, entzündete dann sofort den nächsten, dann zwei weitere Wolkenschleier, welche beim Walkürenritt gedient hatten, und endlich den dahinter liegenden Landschaftsvorhang. Es brach also ein regelrechtes Feuer auf der Bühne aus, das nicht bloss das gesamte Publikum für ungemein echt dargestellt erachtete, sondern auch Herr Fischer am Dirigentenpult . . . Er schlug mit einem solchen Fuoco den Dirigentenstab im Sturme höchster schwitzender Begeisterung, dass seine Ahnungslosigkeit das Publikum vor einer furchtbaren Panik bewahrte . . . Auf der Bühne fand ich Fritz Brandt in einer wahnsinnigen Aufregung, während die brennenden Vorhänge heruntergerissen wurden und die Feuerwehr . . . darauf los arbeitete. Man stelle sich dies wilde Bild hinter der Szene vor und gleichzeitig den ungestört draufloshauenden Kapellmeister und den ahnungslosen Wotan, Fritz Planck, der die gewaltigsten Töne seiner gewaltigen Stimme losließ, und man wird die Tiefe meines Aufatmens begreifen können, als der Schluss herangekommen war und der Vorhang fiel.«

Die Hoffnung, die zweite Hälfte des »Ring« bald danach aufführen zu können, erfüllte sich nicht. Die Kosten für die ersten beiden Musikdramen waren sehr hoch gewesen und wurden von der Stadtverwaltung beanstandet. Fischer und Brandt verließen ohnedies 1880 das Theater, und Emil Heckel legte im gleichen Jahr verdrossen sein Amt als Komitee-Präsident nieder, übernahm es allerdings 1882 erneut bis 1889. In diesem Zeitraum wurden der »Ring« komplettiert und »Tristan und Isolde« erstaufgeführt, allerdings erst nach Werthers Ausscheiden, der auf Grund einer Reihe von persönlichen Anfeindungen keine Freude mehr an seiner Arbeit in Mannheim hatte, sich im April 1884 für kurze Zeit ins Privatleben zurückzog, aber im Herbst bereits Hoftheaterintendant in Stuttgart wurde.

Dirigent der drei Wagner-Premieren zwischen 1884 und 1888 war der überaus temperamentvolle Emil Paur, der 1880 Nachfolger Fischers geworden war und bis 1889 in Mannheim geblieben ist. Inzwischen hatte man hier auch ein größeres Orchester (rund 50 Musiker ohne gelegentliche Verstärkungen) und ein Solisten-Ensemble, das sängerisch und darstellerisch den Ansprüchen der schwierigen Partien gewachsen war, während man 1869 noch bei der Erstaufführung der »Meistersinger« den Hans Sachs mit Johannes Starke besetzen mußte, einer »nie schön, aber stets korrekt und ordentlich singenden Utilité« (Stahl S. 55). Am 25. Mai 1884, drei Tage nach Wagners Geburtstag, wurde der »Siegfried« erstaufgeführt, genau ein Jahr später die »Götterdämmerung«. Im Zuschauerraum saß an diesem Maitag des Jahres 1885 der 73jährige Franz Liszt mit zwei Enkelinnen: den Töchern Isolde und Eva des 1883 gestorbenen Richard Wagner. Da der »Parsifal« während der ersten dreißig Jahre nach seiner Uraufführung am 26. Juli 1882 nur im Bayreuther Festspielhaus selbst aufgeführt werden durfte, wurde das Mannheimer Wagner-Repertoire zunächst, nach mehrfachen Verschiebungen der Premiere, am 23. Dezember 1888 mit »Tristan und Isolde« vervollständigt. Es war 22 Jahre nach der Münchner Uraufführung und vier Jahre nach Felix Mottls berühmt gewordenem Karlsruher »Tristan« die letzte große Einstudierung Paurs, der im folgenden Jahr als Erster Kapellmeister nach Leipzig ging.

Wegen der Neuaufnahme des »Tristan« in der Spielzeit 1889/90 nach den drei Aufführungen um die Jahreswende kam es während der ersten Spielplanbesprechung des Komitees zu einer heftigen Kontroverse zwischen dem künstlerischen Leiter des Theaters Max Martersteig, dem von 1889 bis 1891 in Mannheim wirkenden Hofkapellmeister Felix Weingartner und Heckel einerseits und den beiden anderen Komiteemitgliedern Richard Sauerbeck und Rudolf Sepp andererseits. Die drei Erstgenannten setzten sich lebhaft für eine Aufführung des »Tristan« in der zweiten Woche nach Beginn der Spielzeit ein, stießen dabei aber auf den entschiedenen Widerstand Sauerbecks und Sepps. Als Wagners leidenschaftlicher Paladin gleichwohl den »Tristan« selbstherrlich auf den Spielplan setzte und diesen seinen Spielplan noch am gleichen Tage drucken ließ, kam es zu einer stürmischen Auseinandersetzung, die zur Verschiebung der Neuaufnahme des »Tristan« bis zum 2. Februar 1890 führte. Wenn Weingartner in seiner Verärgerung vor allem Richard Sauerbeck als »kunstfeindlichen Geschäftsmann« bezeichnet hat (I, S. 344), tat er freilich dem gebildeten, belesenen und musikliebenden Kaufmann, einem der ersten Patronatschein-Inhaber und interessierten Besucher der Bayreuther Festspiele bitter Unrecht. Sauerbeck war für die Finanzen des Theaters verantwortlich und ein pflichtbewußter Verwalter der dem Komitee anvertrauten Gelder. Aufführungen des »Tristan« waren aber sehr teuer und damals noch nicht nach dem Geschmack großer Teile des Publikums. Außerdem hatte Sauerbeck bereits vor der Premiere im Frühjahr bittere Erfahrungen gemacht. »Die Vertreter der Hauptrollen« so beschreibt er die Situation, »nutzten den Feuereifer bei der Einübung des »Tristan« dazu aus, im übrigen den Opernspielplan nach ihren Wünschen zu gestalten. Erschien ein ihnen nicht zusagendes Werk auf dem Spielplan, dann wurde bald von der einen, bald von der anderen Seite die Einrede erhoben: ›Ja, wenn ich diese Rolle singen soll, dann muß ich den Tristan liegenlassen.‹ So war der Störungen kein Ende und diese wirkten sich in Einnahmeausfällen aus.«

Während der gleichen unglückseligen Spielplanbesprechung im Herbst 1889 kam auch das Problem der Kürzungen in Wagners Musikdramen erneut zur Sprache. Hier gelangte man ebenfalls zu keiner Einigung. Da andere Schwierigkeiten mit Max Martersteig hinzukamen, der 1890 gründlich verärgert nach Riga ging, entstand eine allgemeine Theaterkrise: Das in sich zerstrittene Komitee trat am 9. November 1889 zurück. Damit war zugleich die 60jährige Komiteeperiode in Mannheim zu Ende. Nach Martersteigs Ausscheiden gab es seit 1890 wieder Intendanten im Mannheimer Nationaltheater.

Der weltmännisch-elegante Österreicher Felix Weingartner, den man als fruchtbaren Komponisten heute kaum noch kennt, der aber als Kapellmeister mit seinen 26 Jahren schon sehr anerkannt war und später eine der bedeutendsten Dirigentenpersönlichkeiten seiner Zeit wurde, führte den »Fliegenden Holländer« erstmals mit dem vollständigen Doppelchor im 3. Akt auf, indem er zur Verstärkung einen Extrachor engagierte. Ebenso ist ihm die erste zyklische Aufführung des »Ring« zu verdanken (7.-15. Juni 1890). Lücken im Orchester infolge von Erkrankungen ergänzte er durch Mitglieder einer Militärkapelle, mit denen er zahlreiche Sonderproben abhielt. Emil Heckel, der sich nach Weingartners Zeugnis in seiner Theaterloge mit seinem langen weißen Bart immer ausgenommen habe »wie Gurnemanz, der den heiligen Gral bewacht« (I, S. 333), betrat nach dem Rücktritt des Komitees tief enttäuscht das Theater nie mehr, mit einer einzigen Ausnahme: bei der Mannheimer Premiere von Weingartners Oper »Genesius« am 19. April 1896 (Stahl, S. 155).

Die letzte Wagner-Premiere in Mannheim war der seit dem 1. Januar 1914 auch für andere Bühnen als das Bayreuther Festspielhaus freigegebene »Parsifal«. Die Erstaufführung fand unter großen äußeren Schwierigkeiten während des Ersten Weltkrieges am 4. April 1915 satt. Einen Intendanten besaß das Nationaltheater damals nicht. Die Leitung war dem Stadtsyndikus Ludwig Landmann übertragen worden, Regie führte im »Parsifal« zum ersten Mal in der Geschichte der Mannheimer Wagner-Rezeption ein eigener Opernspielleiter: Eugen Gebrath, der von 1903 bis 1924 im Nationaltheater tätig war. Die musikalische Leitung hatte Artur Bodanzky, Schüler und Freund Gustav Mahlers, in Mannheim 1909 bis 1915, danach bis zu seinem Tode 1939 an der Metropolitan Opera New York. Der große Mannheimer Intendant Carl Hagemann hatte den 32jährigen Korrepetitor und Hilfsdirigenten in Prag nach Mannheim verpflichtet. »Das Eifervolle«, so sagt er in der Rückschau 1948 (S. 94 f.) von ihm, »das Impulsive und doch Bewußte seiner schon merkwürdig gefestigten Persönlichkeit hatte mich . . . für ihn eingenommen. Er schien mir zu Höchstem berufen. Und wie ich erwartet hatte, kam es: Bodanzky schlug in Mannheim durch wie nie jemand vor und nach ihm.« Die musikalische Leitung des »Parsifal« war einer seiner bedeutendsten Leistungen.

Der »Rienzi« wurde nur noch ein einziges Mal 1924 in Mannheim neu inszeniert, das übrige Werk Richard Wagners vom »Fliegenden Holländer« bis zum »Parsifal« aber gehört in immer neuen szenischen Verwirklichungen zu den Grundpfeilern des Spielplans und zu den am enthusiastischsten gefeierten Theaterereignissen im 1943 abgebrannten Alten Haus am Schillerplatz ebenso wie im Neuen Haus am Goetheplatz.

Quellen und Literatur

Gregor-Dellin, Martin: Richard Wagner. Sein Leben, sein Werk, sein Jahrhundert, 1980 (Mit Bibliographie, S. 887-903)

Hagemann, Carl: Bühne und Welt. 1948

Heckel, Karl: Heckel, in: Alte Mannheimer Familien, hrsg. v. Florian Waldeck, Teil 2, 1922, S. 24-30

ders. (Hrsg): Richard Wagner an Emil Heckel. Zur Entstehungsgeschichte der Bühnenfestspiele Bayreuth, 1899

Herrmann, Wilhelm: Max Martersteig und die Mannheimer Theaterkrise 1889, in: Mannheimer Hefte 1974, S. 38-44

ders.: Das Nationaltheater Mannheim im 19. Jahrhundert. Ausstellungskatalog, 1979

ders.: »Mit Saus und Gebraus.« Aus einem unveröffentlichten Bericht Vincenz Lachners 1843, in: Festschrift zum 200jährigen Jubiläum der Musikalischen Akademie Mannheim, 1979, S. 37

Jacob, Gustaf: Richard Wagner, Emil Heckel und die Bayreuther Festspiele, in: Mannheimer Hefte 1965, H. 2, S. 28-39

Langer, Albert: Ferdinand Langer. Werden und Wirken eines deutschen Komponisten, 1929

Meyer, Herbert: Die Theatersammlung. Städt. Reiß-Museum Mannheim. Katalog. 1973

Pichler, Anton: Chronik des Grossherzogl. Hof- und Nationaltheaters in Mannheim, 1879

Stahl, Ernst Leopold: Das Mannheimer Nationaltheater, 1929

Stubenrauch, Herbert: Aus den Anfängen der Musikalienhandlung K. F. Heckel, in: Mannheimer Geschichtsblätter 31, 1930, Sp. 35 f.

Walter, Friedrich: Briefe Vincenz Lachners an Hermann Levi, 1931

Weingartner, Felix: Lebenserinnerungen. 2 Bde, [2]1928/29

Werther, Julius von: Erinnerungen und Erfahrungen eines alten Hoftheater-Intendanten, 1911

Würtz, Roland: Chronik des Musikverlages K. F. Heckel, in: 150 Jahre Kunst und Musik, 1971

Dankbar habe ich außerdem die einschlägigen Briefbestände in der Theatersammlung des Städt. Reiß-Museums und im Mannheimer Stadtarchiv (Nachlaß Heckel, Zugang 28/1966) benutzt.

Gerhard Heldt, Kasendorf

HANS SCHÜLER UND SEIN »PARSIFAL«-KONZEPT (MANNHEIM 1957)

Der Weg des »Parsifal«, von den ersten Gedanken (1845) bis zur Bayreuther Präsentation (1882), durchmißt die vier Dezennien im Leben Richard Wagners, in denen sich sein künstlerisches Ringen zu Reife und Vollendung erfüllte. »Dieses letzte und heiligste meiner Werke« wollte er vor dem »Schicksal einer gemeinen Opern-Carière bewahren« (Richard Wagner an Ludwig II, 28. Sept. 1880, zit. nach Richard Wagner, Sämtliche Werke, Bd. 30, Dokumente zur Entstehung und ersten Aufführung des Bühnenweihfestspiels Parsifal, hg. v. M. Geck und E. Voss, Mainz 1970, S. 44). Das gelang, denn kaum ein anderes Werk des »stehenden« Repertoires erreicht den Hörer so selten wie »Parsifal«, der nicht »Oper« ist, nicht »Musikdrama« – eher Summe »romantischer« Ideen, deren komprimierte textlich-musikalische Aussage – der Welt enthüllt in einem Spiel, das die Bühne – den Ort, wo sie in szenischer Darstellung anschauliche Gestalt gewinnen – zum Festort weiht: Bühnenweihfestspiel. Der ambivalente Terminus zeigt die Nähe des »Parsifal« auch zur Realität. Fabel, Ritus und Mythos erreichen gültige Dimensionen, wo theatralische Realisierung sich als weihevoll festliches Spiel gibt.

Zur Einlösung des höchsten Anspruchs, den sich Wagner je mit einem seiner Bühnenwerke stellte, erarbeitete er seine »szenische Dramaturgie«, entworfen nach der Bayreuther Uraufführung; in ihr schrieb er – quasi posthum – Gedanken und Wünsche für die Realisierung auf der Bühne fest. Seinen Erben blieben sie selbstverständliche Verpflichtung, der man bis 1933 nachkam.

Die Bayreuther Nachkriegsinszenierungen von Wieland (1961 bis 1973 gespielt) und Wolfgang Wagner (1975-1981 gespielt) brachten Abstrahierung (Wieland) und naturalistische Stilisierung (Wolfgang), respektierten aber stets die grundlegenden Intentionen.

Hans Schüler, 1897 in Berlin geboren und 1963 in Mannheim gestorben, kam nach Studien der Germanistik, Kunstgeschichte und Musikwissenschaft bald zum Theater. In den 20er Jahren war er Regie-Assistent bei Max Reinhardt und bei Siegfried Wagner. Nach Engagements in Erfurt (1924), Wien, New York, Wiesbaden und vierjähriger Tätigkeit als Intendant in Königsberg (1928-1932) ging er nach Leipzig, wo ihm von 1932 bis 1947 die Generalintendanz der Bühnen übertragen war. 1947 bis 1951 wirkte er als Intendant in Lübeck; von dort erreichte ihn der Ruf nach Mannheim (vgl. Herbert Meyer, Das Nationaltheater Mannheim 1929 - 1979, Mannheim/Wien/Zürich 1979, S. 135 f.). In seine dortige Amtszeit (1951 - 1963) fielen Bau und Bezug des Neubaus des Nationaltheaters und – im Zusammenhang damit – die Bewältigung zahlreicher Krisen.

Heute, ein Vierteljahrhundert nach der Premiere am 14. April 1957, ist Schülers »Parsifal« nahezu unverändert zu sehen. Mannheim schließt hier an Bayreuther Gepflogenheiten an: dort behielt die erste Inszenierung fast 50 Jahre Gültigkeit, in der Rhein-Neckar-Metropole waren seit der Erstinszenierung (1915, weitere folgten nicht!) mehr als vier Jahrzehnte vergangen.

Schüler war davon überzeugt, daß eine szenische Umsetzung des »Parsifal« ebenso zeitlos zu sein habe wie das Werk selbst. Eine zeitlose Konzeption läßt Raum für individuelle Interpretation, die keine Schranken errichtet, den Blick auf das Werk nicht verstellt. Sein Konzept, aus lebendiger Tradition für eine lebendige Zukunft gedacht, soll hier vorgestellt und knapp erläutert werden. (Jean Cox singt den Parsifal in Mannheim seit dem 15. April 1962, als das Werk – noch unter Schüler – neu einstudiert wurde.)
Das Grundkonzept Schülers ist einfach; es benutzt keine Kulissen, nur Projektionen. Die quasi leere Bühne und der Verzicht auf überflüssige Requisiten verlangen vom Darsteller viel: wer hier nur singt, degradiert die beabsichtigte Reduktion auf das Wesentliche (Gehalt und Inhalt) zur bloß konzertanten Wiedergabe im Kostüm. Statuarik schadet, weil alles darauf angelegt ist, aus dem Rund des Bühnengrundrisses (siehe Abb.) die Dynamik des Geschehens zu entwickeln. Jede Position und Stimmung ist in diesem Sinne durchdacht; Abweichungen erzeugen Längen, die unverzeihlich sind. Die Kostüme von Gerda Schulte und das Bühnenbild von Paul Walter entsprechen und stützen in ihrer Schlichtheit Schülers Grundidee.

Abb. Grundriß

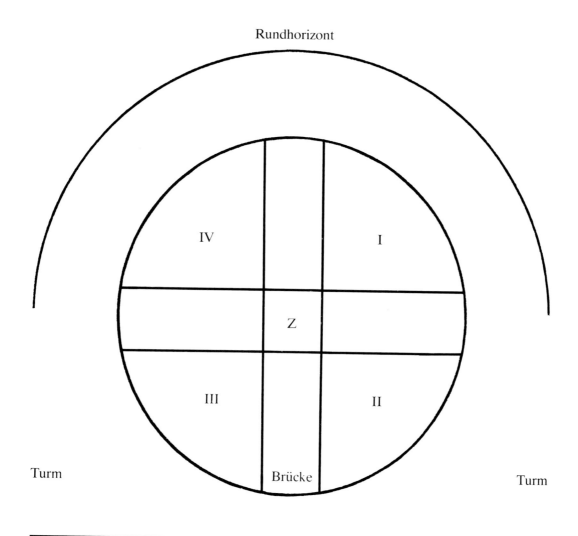

Rundhorizont

IV

I

Z

III

II

Turm

Brücke

Turm

Portalschleier

Kabine (hinter dem Parkett)

Der kreisförmige Bühnengrundriß gilt für alle drei Aufzüge; die »Bühnenbilder« werden von den beiden Türmen und der Brücke auf den Rundhorizont und aus der Kabine auf den Portalschleier projiziert. Die Verwandlungen im I. und III. Aufzug sind (in Anlehnung an Wagners »Wandeldekorationen«) »Wandelprojektionen«, die – wie ein Film – langsam vor einer Lichtquelle weitergeschoben werden: »Allmählich, während Gurnemanz und Parsifal zu schreiten scheinen, verwandelt sich die Bühne, von links nach rechts hin, in unmerklicher Weise: es verschwindet so der Wald; in Felsenwänden öffnet sich ein Tor, welches nun die beiden einschließt; dann wieder werden sie in aufsteigenden Gängen sichtbar, welche sie zu durchschreiten scheinen. –« (Textdruck 1877, zit. nach Parsifal-Dokumente, S. 103); so Richard Wagners Beschreibung der Verwandlung, die in der gedruckten Paritur (1883) nicht mehr so exakt enthalten ist. Im III. Aufzug soll die Wandeldekoration in umgekehrter Richtung laufen. Schüler und Walter bleiben Wagners Text treu.

Abb. Wandelprojektion

In dieser technisch raffinierten, in der Wirkung sehr eindringlichen Einrichtung fand die Premiere der Inszenierung am 14. April 1957 statt. Es sangen unter der musikalischen Leitung von Herbert Albert: Willi Wolff (Amfortas), Heinrich Hölzlin (Titurel), Hasso Eschert (Parsifal), Walter Streckfuß (Gurnemanz), Hans Günter Grimm (Klingsor), Hedwig Müller-Bütow (Kundry), Peter Walter und Kurt Schneider (Gralsritter), Isolde Schubert, Erika Ahsbahs, Karl Bernhöft und Kurt Albrecht (Knappen), Edith Jaeger, Hertha Schmidt, Arlene Slater-Stone, Irma Handler, Carla Henius (a.G.) und Erika Ahsbahs (Solo-Blumenmädchen) und Erika Ahsbahs (Altstimme aus der Höhe).

Das im Kreis des Bühnengrundrisses sich vollziehende Spiel nimmt – in seinen wichtigsten Stationen – den folgenden Verlauf: I. Aufzug: Das Vorspiel läuft bei geschlossenem Vorhang ab. 1. Bild: Nach Weckruf und Morgengebet sitzt (im III. Kreis-Segment) Gurnemanz bei seinem einleitenden Bericht auf einer kleinen Erhöhung, die Knappen um sich geschart; sie verharren in dieser Stellung, bis die Ritter auf der horizontalen Mittelschiene von links (in graublauem Licht) Amfortas hereintragen und ihn im Zentrum (Z) absetzen. Ritter und Knappen bilden einen engen Kreis um Amfortas; Gurnemanz stellt sich in der Mitte hinter ihn. Kundry war zuvor aus dem Dunkel (im Segment II) erschienen. Sie bleibt außerhalb des von Rittern und Knappen gebildeten Kreises und bewegt sich nur rechts von der vertikalen Mittelachse, also im Bereich des Halbdunkels (das Hauptlicht fällt von links ein). Amfortas wird nach rechts (in die dunkle Zone) zum Bad getragen; von dort kommt Parsifal. Der von ihm erlegte Schwan wird von hinten auf der horizontalen Mittelschiene in das Zentrum gebracht und dort abgelegt, wo eben noch Amfortas ruhte.
Zur nachfolgenden Verwandlung ist die Bühne abgedunkelt, und auf dem Portalschleier läuft die Wandelprojektion von links nach rechts ab; so wird der Text sichtbar-verständlich: »Ich schreite kaum, – doch wähn' ich mich schon weit.« (Parsifal) »Du sieh'st, mein Sohn, zum Raum wird hier die Zeit.« (Gurnemanz) (Textdruck 1877, zit. nach Parsifal-Dokumente, S. 103)
2. Bild: Aus dem Dunkel des Bühnenhintergrundes schreiten die Ritter, zunächst noch auf der Stelle tretend und »nicht im Rhythmus der Musik« (Regie-Klavierauszug Schüler, gegenüber S. 81), langsam in einem geöffneten Halbkreis nach vorn. Sie gruppieren sich um das Zentrum, in welchem jetzt der verhüllte Gral steht, und lassen sich an einem Tisch, der einen fast geschlossenen Kreis um diesen bildet (nur in der Mitte zum Publikum hin geöffnet, damit der Blick auf den Gral nicht verstellt wird), knieend nieder. Amfortas sitzt betend direkt hinter dem Gral im Zentrum. Die große Erzählung seines Leidens läßt Schüler ihn ohne sichtbare äußere Erregung vortragen. Er unterstreicht damit den epischen Charakter des Berichts, dessen dramatische Steigerung allein durch sängerische Intensität, verbunden mit einer sehr differenzierten Mimik und sparsamen Gestik, zum Ausdruck kommen soll. Parsifal, der im Segment III das Geschehen mit gespannter Aufmerksamkeit verfolgt (ganz kleine, kaum bemerkbare, dafür aber um so wirkungsvollere Bewegungen und Gesten), zeigt erst bei Amfortas' zweitem Ausruf »Erbarmen!« eine stärkere Regung. Während der Gralszeremonie beschreibt Parsifal einen sehr langsamen Gang auf die Runde der Ritter zu und wieder zurück zu seinem ursprünglichen Standort. Gegen Wagners Anweisung enthüllt bei Schüler Amfortas selbst den

Gral (die Knaben, die dies eigentlich tun sollen, sieht er nicht vor). Ebenso entfällt die Brot- und Weinsegnung durch Amfortas, und Gurnemanz lädt Parsifal früher, als es die Regieanweisung angibt, zur Teilnahme am Mahl. Die Gralsritter erhalten nicht die Brotspeisung und trinken auch nicht aus einem Kelch, der ihnen der Reihe nach gereicht wird. Jeder hat vielmehr sein eigenes Gefäß, und jeder nimmt für sich eine Oblate. Mit dieser Änderung gegenüber dem Original entritualisiert Hans Schüler diese gottesdienstähnliche Szene. Gurnemanz weist Parsifal hinaus: nach links, nach dort, von wo im 1. Bild die Ritter aus dem Licht kamen, geht er ab.

II. Aufzug, 1. Bild: Nach dem Vorspiel öffnet sich der Blick auf die Bühne, deren Zentrum jetzt der höchste Punkt einer gleichmäßig ansteigenden Erhebung ist. Klingsor steht im II. Segment (dort, wo im I. Aufzug Kundry auftrat) und beschreibt, während er Kundry zu sich beschwört, einen enger werdenden Kreisgang bis an das Zentrum, in dem sie schließlich in blauem Lichtschein sichtbar wird. Sein Zauberspiegel hängt erhöht im IV. Segment und reflektiert parabolisch unwirkliches Licht. Die Verwandlung zum Zaubergarten vollzieht sich durch Überblendung zweier Projektionen.

2. Bild: Sehr detailliert schreibt Schüler den Auftritt der Blumenmädchen vor: es sind insgesamt vier Gruppen zu je drei Sängerinnen (der Chor bleibt hinter der Szene), dazu kommt das Ballett (Bewegungschor). Alle tanzen bzw. bewegen sich in girlanden- und schlangenartigen Linien (»wie in anmutigem Kinderspiele, in abwechselndem Reigen um Parsifal sich drehen . . .« – so Wagners Anweisung im Textdruck 1877, zit. nach Parsifal-Dokumente, S. 115); ihr Spiel, dessen choreographischen Verlauf der Regisseur ganz vorzeichnet, bezieht alle vier Segmente des Kreises ein. Als Parsifal rechts hinten auftritt und nach links vorn um den Hügel herumläuft, stellen sich ihm die Mädchen in einer geschlossenen, diagonal durch den Grundriß-Kreis verlaufenden Linie entgegen; dann scharen sie sich um ihn. Er bleibt zunächst im Segment III, zieht sich aber während ihrer Umwerbung langsam zur Mitte hin zurück und verläßt erst kurz vor Kundrys Ruf »Parsifal! – Bleibe!« die vertikale Mittelachse. Als Kundry im Zentrum erscheint, ist auf dem Rundhorizont nur noch eine übergroße exotische Blüte zu sehen.

Äußerlich leidenschaftslos, innerlich aber erregt, beginnt Kundry, Parsifal zu sich zu locken; er folgt gebannt diesem Schauspiel: aus derselben Position, aus der er sich im I. Aufzug dem Gralsgeschehen schüchtern mit gespannter Aufmerksamkeit näherte, treibt es ihn nun, von ihrem einschmeichelnden, unwiderstehlichen Gesang geradezu magisch angezogen, langsam zum Zentrum, wo sie ihn zum Kuß umfängt. Parsifal weicht danach erschrocken nach vorn links zurück; Schüler schreibt hier für ihn die gleiche Stellung, dieselben Gesten vor wie zuvor beim »Erbarmen!«-Aufschrei des Amfortas. Jetzt liegt an Amfortas' Stelle Kundry, die sich – nach Parsifals Klage – um Erlösung flehend, ihm nähert; er weicht nach rechts aus, von wo er zum ersten Mal, noch als »reiner Tor«, in das Geschehen trat. Sie beschreibt Klingsors beschwörend das Zentrum spiralförmig einkreisenden Gang, ruft den Zauberer herbei, der in der Mitte aus dem Hintergrund erscheint. Parsifal stellt sich ihm auf der vertikalen Mittelachse entgegen, fängt den auf ihn geschleuderten Speer im Fluge ab (»Falls Parsifal den Speer hinfallen läßt, a tempo black out. Wenn er ihn aufgehoben hat, wieder hell.« Regie-Anweisung Schülers, Regie-Klavierauszug, gegenüber S. 243) und begibt sich *aktiv* zum ersten Mal (!) in das Zentrum. Von dort läßt er Klingsor, Kundry und das Zauberreich durch das Kreuzeszeichen, das er mit dem Speer gegen sie beschreibt, versinken. Überblendungsprojektionen zeigen, wie sich an der Stelle des Zaubergartens eine Einöde ausbreitet. Parsifal schreitet auf der vertikalen Mittelachse nach hinten ab.

III. Aufzug, 1. Bild: Während des Vorspiels bleibt der Vorhang geschlossen. Danach werden Waldlichtung (Horizontprojektion) und Aue (Fußbodenprojektion) sichtbar. Im Zentrum der Bühne findet sich wieder eine Erhöhung und rechts davor das Arrangement der Quelle, angedeutet durch eine kleine Erhebung, die später als Sitzplatz für Parsifal dient. Gurnemanz erscheint von links; er hört Kundrys Klagerufe (vorn rechts, Segment II, im Dunkel). Parsifals Auftritt beschreibt einen Weg von ganz links vorn im Viertelkreis (vor dem Rundhorizont) um die Bühne; auf der vertikalen Mittelachse tritt er von hinten auf Gurnemanz und Kundry zu, verharrt mit dem Speer im Zentrum, stößt ihn dort in den Boden und kniet, den Rücken zum Publikum, im III. Segment vor ihm zu stummem Gebet. Als Gurnemanz ihn und den Speer erkannt hat, begibt sich Parsifal wieder in das Zentrum und berichtet, wie er den Speer gewann. An der Quelle salbt Gurnemanz Parsifal zum Gralskönig, und der vollzieht die Taufe an Kundry; gebannt hören sie dort die Musik des »Karfreitagszaubers«. Zur Verwandlung läuft die Wandelprojektion nun umgekehrt (bzw. rückwärts): von rechts nach links. 2. Bild: Die Gralsritter kommen ebenso und nehmen dieselbe Position ein wie im I. Aufzug; die Szene bleibt dunkler als dort; der Gral steht wieder im Zentrum; Amfortas kniet hinter dem Sarg Titurels. Als er sich weigert, das Gralsamt zu vollziehen, löst sich die Ordnung der Ritter: sie streben auf ihn zu. So hören sie seine Schlußansprache, die er – wie schon die Klage im I. Aufzug – äußerlich fast reglos vorträgt. Dabei ist er fast unmerklich ganz nach vorn (noch vor Titurels Sarg) gekommen, so daß für den von links (auf der horizontalen Achse) im Licht, aber unbemerkt, eintretenden Parsifal Platz zwischen dem Sarg Titurels und Amfortas frei wird. Dort, also vor dem toten Titurel und vor dem Gral, entsühnt er Amfortas; danach vollzieht er, hinter dem Gral stehend, die Gralsenthüllung und segnet alle. Kundry sinkt direkt vor dem Gralsaltar – den Blick auf Parsifal gewandt – zu Boden; zum Schluß wird auf dem Rundhorizont in der Mitte die herabschwebende Taube als Projektion sichtbar. Schüler hatte ursprünglich geplant, der Textversion von 1877 zu folgen: »Titurel, für diesen Augenblick wieder belebt, erhebt sich segnend im Sarge.« (Textdruck 1877, zit. nach Parsifal-Dokumente, S. 134) Dieses Vorhaben wurde nicht ausgeführt.

Heute, nach 25 Jahren, überzeugt Schülers Konzept nach wie vor durch seine Zeitlosigkeit. Seine Inszenierung ist, da sie in den wesentlichen Passagen eindeutige, präzise formulierte Forderungen stellt, im Laufe der Jahre nicht bis zur Unkenntlichkeit »abgespielt« oder durch nachlässige Handhabung (die eigentlich nicht möglich ist) zu einer konzertanten Darbietung geraten. Sein überaus konsequentes, »einfaches« Grundkonzept bot über die Zeiten hinweg jedem guten Darsteller die Möglichkeit, sich in diese seine Interpretation hineinzufinden.

Daß Hans Schülers »Parsifal«-Inszenierung heute nahezu unverändert in seinem Sinne gespielt werden kann, liegt nicht zuletzt an denen, die in ihr seit Jahren wirkten und wirken: Günter Klötz (seit 1959) als höchst gewissenhafter Spielleiter (vgl. Herbert Meyer, S. 318), Horst Stein (1963 - 1970) und Hans Wallat (1970 - 1980) als Dirigenten, Jean Cox (seit 1962) als Parsifal, Franz Mazura (seit 1964) als Gurnemanz, Karl Heinz Herr (seit 1964) als Klingsor und Regina Fonseca (seit 1969) als Kundry. Dazu stimmt die differenzierte Lichttechnik, wenn auch die eine oder andere »Stimmung« nicht mehr absolut kongruent mit der Musik ist.

Wieland Wagners Inszenierung des »Parsifal« bei den ersten Nachkriegs-Festspielen in Bayreuth (1951) »kommt historische Bedeutung zu, weil sie wie keine andere sofort den grundlegenden Wandel in der szenischen Interpretation aufzeigt: den Umschwung vom Repräsentativen zum Suggestiven. . . . Die musikalische und geistige Aussage soll suggestiv erfahrbar werden.« (Dietrich Mack, Der Bayreuther Inszenierungsstil, München 1976, S. 21.) Über die Kernszene sagt Wieland Wagner 1964: »Die neue Gestaltung der Szene Kundry/ Parsifal beispielsweise trifft für mein Gefühl das Essentielle dieser Auseinandersetzung wesentlich schärfer als die frühere Lösung. Ich habe zwölf Jahre lang versucht, die Kundry-Szene durchzuspielen, und es ist mir immer unsympathischer und unerträglicher geworden. So habe ich jetzt eine ganz statuarische Kundry versucht, die – genau wie der Amfortas im Gralstempel – ihr Leid und Schicksal hineintönt in die Parsifal-Seele, die nicht mehr spielt, sondern wie eine Sphinx auf einem Hügel liegt. Alles Philosophische wird dadurch stärker.« (Interview mit C. H. Bachmann, in: Opernwelt, Sept. 1964, S. 95, zit. nach D. Mack, Inszenierungsstil, S. 105).
Die Parallelen zwischen Mannheim (1957) und Bayreuth (1964) werden offensichtlich; beide Zitate sollen auf die enge geistige Verwandtschaft zwischen dem Komponisten-Enkel und dem Sohn des einstigen Assistenten des Komponisten-Sohnes (Hans Schüler) weisen, denn beiden ermöglichte ihr Wissen, Denken und Empfinden eine sehr glückliche gültige, über jede Kurzlebigkeit erhabene Umsetzung des wohl schwierigsten der Wagnerschen Bühnenwerke.

Von den interpretatorischen Absichten Schülers sollen hier die erläutert werden, von denen sicher ist, daß er sie nur so und nicht anders erkannt und für die Bühne umgesetzt wissen wollte. Das äußere Bild der Inszenierung zeigt das sichtbare Geschehen des »Parsifal«; das innere Bild erfaßt das unsichtbare dramaturgische Konzept: die Werkaussage. Im äußeren Bild ist zunächst der für alle drei Aufzüge gleichbleibende kreisförmige Bühnengrundriß auffallend. Der Kreis ist – wie der Ring – ein Symbol des Unendlichen; er symbolisiert den Lauf eines Geschehens, das zu seinem Ausgangsort zurückkehrt. In seiner Mitte, im Schnittpunkt aller Achsen, stehen im »Parsifal« die zentralen Aussagen der Handlung, deren unmittelbarste (Kundrys Kuß – in der Mitte des Mittel-Aufzugs) den Scheitelpunkt des Werkes markiert. Im Kuß vollzieht sich Parsifals Wandlung zum Erlöser; jede Wandlung zielt auf Erlösung, und um diese kreist alles Geschehen. Das Zentrum ist gleichzeitig auch Ruhepunkt, der Ort, an dem Amfortas, Kundry und Parsifal ihre handlungstragenden bzw. -erläuternden »epischen« Monologe singen, und es ist ausschließlich diesen drei Protagonisten vorbehalten. Der einleitende große Bericht Gurnemanz' führt in die Handlung ein, erläutert, was geschehen ist und macht verständlich, was geschehen wird. (Er erreicht den Zuschauer aus dem Segment III, das später für Parsifals Wandlung von Bedeutung wird.) Der kreisförmige Grundriß erleichtert es dem Regisseur, die Beziehungen der handelnden Personen untereinander und ihre jeweilige Position im Geschehen zu zeigen, dazu ihr Handeln in aktübergreifende Relationen zueinander zu setzen. Die sehr prägnante »Lichtregie« erhellt zwischen Hell und Dunkel die Bedeutung aller Konstellationen.

Im äußeren Bild offenbart sich das innere: Nacheinander finden sich im Zentrum: der getötete Schwan, für den Parsifal Mitleid empfindet, danach der todessehnsüchtige, todkranke Amfortas, dessen Leid Parsifal (noch) nicht versteht, dann der Gral, dessen Erlösungskraft zum Leben beiden (Amfortas und Parsifal) verschlossen bleibt. Im weiteren Geschehen nimmt diesen Platz Kundry ein, deren Kuß Parsifal »welt-hellsichtig«, »mit-leidend«, »durch Mitleid wissend« um das Leid des Amfortas macht, schließlich der Speer, Mittel der Erlösung, und Parsifal selbst, Mittler der Erlösung, der neues Leben aus und mit dem enthüllten Gral spendet. Die rechte Hälfte der Bühne bleibt – die Gralsszenen ausgenommen – weitgehend im Dunkel; Kundry kommt aus ihm im I. und im III. Aufzug, auch der noch unwissende Parsifal zu Beginn. In dieses Dunkel wird Amfortas zu Bade getragen (das ihm keine Erlösung bringt), und in dieses Dunkel verbannt Parsifal Kundry und Klingsor.

Die linke Hälfte der Bühne, besonders das publikumsnahe Segment III, zeigt die dem Licht nähere Seite des Spiels: Vorn links führt Gurnemanz die Knappen in das Geschehen ein; von links, aus dem Licht, erscheinen die Gralsritter (I. Aufzug, 1. Bild), dort sieht Parsifal staunend der ersten Gralszeremonie zu, und dorthin wird er von Gurnemanz fortgejagt (I. Aufzug, 2. Bild); hier läßt sich Parsifal von den Blumenmädchen umwerben und von dort dann zu Kundry in das Zentrum locken. Von gleicher Stelle betet Parsifal vor dem zurückgebrachten Speer (III. Aufzug, 1. Bild), und auf der Lichtschiene, die von links die horizontale Mittelachse der Bühne erleuchtet, tritt er zum Schluß mit dem Speer zwischen den Gral und Amfortas (III. Aufzug, 2. Bild).

Wieland Wagners »Parsifal-Kreuz« (erläutert in: Programmheft »Parsifal«, Bayreuth 1952 – wiederabgedruckt in: Programmheft »Parsifal«, Bayreuth 1973) ist der Versuch einer Deutung des »Parsifal«, dessen Dramaturgie der Regisseur auf zwei sich kreuzende Stränge konzentriert: im vertikalen spiegelt sich, vom Schnitt- und gleichzeitigen Höhepunkt (Kuß Kundrys) aus gesehen, symmetrisch die Beziehung Parsifal/Kundry mit den beiden Eckpunkten Schwan (Parsifal und Herzeleide vereinigt) und Taube (Speer und Gral vereinigt), im horizontalen treffen sich zwischen der »weißen« Magie Titurels und der »schwarzen« Klingsors Amfortas und Kundry wiederum im Kuß.

Hans Schüler bezieht in seine Deutung die den Kreis in vier gleiche Teile trennenden Horizontal- und Vertikalachsen mit ein. Im Schnittpunkt beider Achsen steht – wie in Wieland Wagners »Parsifal-Kreuz« – Kundrys Kuß. Sein Konzept macht architektonisch stilisierte Grundgedanken bühnenwirksam sichtbar, realisiert Abstraktes.

Schülers konsequent durchsichtige Inszenierung verlangt von den Darstellern ein hohes Maß an schauspielerischem Können. Sie stellt ebenso hohe Anforderungen an den Zuschauer. Sänger, die diesem Anspruch gerecht werden wollen, müssen weit mehr den inneren als den äußerlichen Ausdruck beherrschen. Der Regisseur fordert von den Protagonisten, daß sie ihre großen Berichte (Gurnemanz und Amfortas im I. Aufzug, Kundry im II., und wieder Gurnemanz, nach ihm Parsifal und Amfortas im III.), der epischen Struktur ihrer Texte entsprechend, ruhig-erzählend vortragen, so, daß man ihnen zuhört. (Dramatik, wie sie Klingsor und Kundry zu Beginn des II. Aufzuges zu zeigen haben, ist weitaus leichter darzustellen.) Schüler folgt bei seiner Konzeption sehr genau der Musik, d. h., er berücksichtigt nahezu jede motivische Nuance. Bei ihm sollte die Geste die Musik »auslösen«, d. h., der Sänger muß immer um einiges »voraushören«, denn Bewegung soll durch die nachfolgende Musik Sinn erhalten. Daß das sehr viel schwieriger ist, als gleichzeitig zur Musik oder nach dem musikalischen Verlauf zu agieren, das musikalische Geschehen bloß gestisch »nach«zuvollziehen, liegt auf der Hand. Trotz aller werkimmanenten Annäherungen an christliche Riten sah Hans Schüler den »Parsifal« nicht als musikalisierte und dramatisierte Religion oder »Kunstreligion«, die Gralsszene nicht als Ritus und das Ganze weniger als theatralisierte Fortsetzung der im »Ring« aufscheinenden Mythologie, sondern als episch-dramatischen Erlösungsbericht, als Summe des Gesamtwerks Richard Wagners und seiner theatralischen Kunst.

(Günter Klötz stellte für diese Beschreibung und Analyse den Regie-Klavierauszug Hans Schülers zur Einsichtnahme und Auswertung freundlicherweise aus seinem Privatbesitz zur Verfügung. Gespräche mit ihm vermittelten wesentliche Einsichten. Dafür ist ihm sehr zu danken.)

Wilhelm Herrmann, Mannheim

VON UNGER BIS COX
Die Galerie der Mannheimer Heldentenöre

Im Jahre 1875 griff Richard Wagner in die Karriere und, wie man mit Recht hinzufügen darf, in das Leben eines am Mannheimer Hof- und Nationaltheater engagierten Tenorsängers ein. Auf der Suche nach geeigneten Darstellern für die ersten Bayreuther Festspiele 1876 hatte der Komponist den Dirigenten Hans Richter in die Rhein-Neckar-Stadt entsandt mit dem Auftrag, ihm über die künstlerischen Qualitäten Georg Ungers zu berichten und über dessen Eignung für eine der Rollen in der Tetralogie »Der Ring des Nibelungen«, deren erste zyklische Interpretation unter Richters Stabführung mit den Uraufführungen von »Siegfried« und Götterdämmerung« man auf dem Grünen Hügel schon vorzubereiten begonnen hatte. Die Folge davon war das Angebot Wagners an Unger, den Loge im »Rheingold« zu verkörpern, verbunden mit der Bitte, sich auch mit der Rolle des Siegmund in der »Walküre« vertraut zu machen.

Damit begannen die Beziehungen zwischen der Mannheimer Bühne und den Bayreuther Festspielen, was die Verpflichtung von Heldentenören anbelangt. Allgemein bestanden sie schon seit 1871, als Emil Heckel, der Mannheimer Musikalienhändler, zur finanziellen Unterstützung des Bayreuth-Projekts den ersten Wagner-Verein gegründet hatte. In der Folgezeit führten sie, weil Heckel dem das Mannheimer Theater leitenden Dreierkomitee angehörte, zur wechselseitigen Verpflichtung von Bühnenkünstlern und -vorständen.

Die Mannheimer Wagner-Rezeption hatte spät und schleppend eingesetzt, weil Kapellmeister Vincenz Lachner, engagiert von 1836 bis 1872, seinen starken Einfluß aufbot, die Bühnenwerke des Komponisten vom Repertoire fernzuhalten. Um »Tannhäuser« und »Lohengrin« kam er nicht herum, doch die Erstaufführungen beider Opern (1855 bzw. 1859) erfolgten jeweils ein rundes Jahrzehnt nach den Uraufführungen. Die »Meistersinger« gingen 1869, im Jahr nach der Münchner Bühnentaufe, gegen Lachners erbitterten Widerstand erstmals in Szene; denn inzwischen gehörte Heckel der Theaterleitung an und verfügte im Bunde mit seinem künstlerischen Oberleiter Julius Werther über soviel Macht, dem allmählich müde werdenden Dirigenten Paroli zu bieten. So wurden schnell auch die frühen Wagner-Opern »nachgeholt«: 1870 »Der fliegende Holländer« und 1872 »Rienzi«.

In allen diesen Premieren sang die Heldentenorrollen einschließlich des »Holländer«- Erik Josef Schlösser, engagiert von 1850 bis 1876, ein Sänger, der aus Anhänglichkeit an Mannheim ehrenvollere Angebote ausschlug und auswärts nur als Gast demonstrierte, was das Nationaltheater an ihm besaß. Er war, wie viele Opernsänger im 19. Jahrhundert, aus dem Handwerkerstand hervorgegangen, zuerst Küfer, dann Chorsänger gewesen und bewahrte sich »bis ins Alter die jugendliche Frische einer gepflegten und schmelzreichen Stimme«, »während schon wegen seiner plebejisch ungünstigen Erscheinung sein Stolzing der Jugend von damals geradezu als Karikatur erschien«[1]. Man darf vermuten, daß Mannheim bei der

Verpflichtung Georg Ungers 1874, also noch während Schlössers Engagement, die Absicht hatte, einen Nachfolger behutsam an größere Aufgaben heranzuführen.

Daß dieser Plan nicht reifen konnte, dafür sorgte, wie eingangs gesagt, Richard Wagner. Bevor der 1837 in Leipzig geborene Unger nach Mannheim kam, hatte er Theologie studiert, 1867 in seiner Vaterstadt als Sänger debütiert und jedes Jahr sein Engagement gewechselt. Dasjenige in Mannheim dauerte von April 1874 bis April 1875; in der Rolle des Tannhäuser gastierte er auf Anstellung und verabschiedete er sich. Dazwischen lernten ihn die Opernbesucher als Lohengrin und Erik, als Florestan in »Fidelio«, als Max im »Freischütz«, als Manrico im »Troubadour« und als Vasco da Gama in Meyerbeers »Afrikanerin« kennen.

Im Juni 1875 erschien Unger in Bayreuth. Er hatte, vermutlich zögernd, Wagners Angebot akzeptiert, bei den Festspielen im folgenden Jahr mitzuwirken, und zwar unter der Bedingung, bis dahin kein Engagement mehr abzuschließen. Allerdings hatte er eines mit Düsseldorf abgeschlossen. Doch das regelte Wagner mit an Unverfrorenheit grenzender Resolutheit. Er schrieb nach Düsseldorf, Unger werde, jede juristische Konsequenz einkalkulierend, in Bayreuth bleiben.

Bald nach Ungers Ankunft in Bayreuth war von Loge und Siegmund nicht mehr die Rede. Dem Sänger wurde eine größere, ja eine Jahrhundertaufgabe zugewiesen: Er sollte in den Uraufführungen von »Siegfried« und »Götterdämmerung« den Siegfried verkörpern. Ganz wohl war Wagner bei dieser Entscheidung nicht. Er hatte sich mit zwei anderen Bewerbern um diese Rolle vergeblich abgequält, und Ungers Fähigkeiten als Sänger und Darsteller boten um jene Zeit keine sichere Erfolgsgarantie. Dennoch glaubte man in Bayreuth, das Defizit durch gründliche Schulung ausgleichen zu können. Julius Hey, Spezialist für die Einübung des Wagnerschen Gesangsstils, übernahm die Pflege der Stimme, und auf den Proben zu den ersten Bayreuther Festspielen, bei denen Unger neben den beiden Siegfrieden den Froh im »Rheingold« verkörperte, hatte der Dessauer Ballettmeister Fricke seine liebe Not mit der unbeholfenen Gestik des Sängers.

Als alles vorüber war, stand eines fest: Der Modell-Siegfried war das nicht gewesen. Wagner riet Unger, mit den Stimmübungen fortzufahren und ein diesem zugesichertes Engagement in Frankfurt am Main nicht anzutreten. Unger gehorchte und fragte erst nach Monaten brieflich bei dem in Italien zur Erholung weilenden Wagner an, was nun aus ihm werden solle. Der Komponist stellte ihm eine Wiederverwendung bei den Bayreuther Festspielen 1877 (die dann nicht stattfanden) in Aussicht und gab endlich Ungers Wunsch nach, wieder an einer regulären Bühne tätig zu sein. Ja, er vermittelte ihm sogar ein Engagement am Leipziger Theater und nahm ihn vorher noch nach London mit, wo mit einer Reihe von Konzerten das finanzielle Defizit der Festspiele 1876 abgedeckt werden sollte. Aus unbekannten Gründen kam es hier zu einer Trübung des persönlichen Verhältnisses zwischen beiden; Wagner fing an, andere vor Unger zu warnen, und behauptete, dessen Stimme sei »in gänzlichen Zerfall geraten«[2]. Diese Einschätzung war entweder falsch oder erheblich übertrieben; denn dagegen spricht das zwei Monate später beginnende Engagement Ungers am Neuen Leipziger Stadttheater während der Spielzeit 1878/79. Wagner hatte es in einer Art Tauschhandel durchgesetzt: Wenn man den Sänger verpflichte, lasse er über die Aufführungsrechte an seinem »Ring des Nibelungen« mit sich reden. Leipzig erfüllte sogar die Bitte des Komponisten, Unger

»nicht alles Repertoirezeug sofort wieder durchdreschen«[3] zu lassen, sondern ihn als Wagner-Spezialisten zu verwenden, fast aufs Wort. Denn von den 33 Auftritten des Sängers in der genannten Spielzeit erfolgten 31 in Wagner-Partien. Der Siegfried von Bayreuth wurde nun auch der Siegfried von Leipzig. Zwölfmal trat er in »Siegfried« auf, 13 Mal in »Götterdämmerung«; die lokalen Erstaufführungen beider Werke fanden am 21. und am 22. September 1878 statt. Außerdem sang er viermal den Loge und zweimal den Tannhäuser[4]. Und noch einmal verkörperte Unger beide Siegfried-Rollen als erster in einer anderen Stadt, 1880 und 1882 am Kölner Stadttheater: »Die Aufführungen waren von ganz besonderem Interesse, da in ihnen der vom Leipziger an das Cölner Stadttheater übergesiedelte Bayreuther Vertreter des Siegfried, Georg Unger, die Titelrolle inne hatte«[5]. Seine letzen Lebensjahre – er starb 1887 – verbrachte Unger wieder in Leipzig, diesmal ohne Engagement.

Nach Schlössers Ausscheiden (1876) herrschte in Mannheim lange die Meinung, die Heldentenöre seien im Aussterben begriffen. Denn bis 1882 hatte man nur zwei Jahre lang, von 1878 bis 1880, einen Fachvertreter von »anständigem Durchschnitt«[6], Alexander Hesselbach, dem 1879 bei der Doppelpremiere von Wagners »Rheingold« und »Walküre« an zwei aufeinanderfolgenden Tagen die Aufgabe zufiel, den Loge und den Siegmund zu verkörpern. Joseph Gum, ein Jahrzehnt in Mannheim tätig (1877-1887), sprang, ehrgeizig oder gutwillig, das sei dahingestellt, immer wieder in die Bresche, obwohl seine »multifunktionale« Tenorstimme im heldischen Fach am wenigsten heimisch war. Das Ende dieser Not wurde mit der Verpflichtung von Ludwig Goetjes (1882-1893), dem ersten Mannheimer Siegfried (1884 in »Siegfried«, 1885 in »Gotterdämmerung«) und Tristan (1888), herbeigeführt. Rollenbilder zeigen ihn als massigen, wenig heldischen Typus. Als Darsteller »höchst konventionell, war er ... frei von den landläufigen Sängeruntugenden und besaß einen echten, warmen, nach der Höhe zu vorsichtig verwendeten Heldentenor, den die Mannheimer sehr schätzen lernten«.[7]

Als Goetjes ging, kam ein Debütant, der den Beruf des Bierbrauers aufgegeben hatte, sich mit dem Tamino in der »Zauberflöte« einführte, bald darauf aber auch schon den Lohengrin sang: Ernst Kraus, dem nach seinen drei Mannheimer Jahren (1893-1896) sofort der begehrte Sprung nach Berlin, der Endstation seines Wirkens, gelang. In den ersten zehn Jahren des neuen Jahrhunderts galt er als der Bayreuther Heldentenor schlechthin (Erik, Stolzing, Siegmund, Siegfried) und wurde als einziger deutscher Sänger mit Enrico Caruso verglichen. Neben ihm als Anfänger engagierte Mannheim 1894/95 als erfahreneren Fachkollegen Adolf Bassermann aus der bekannten Mannheimer Familie, die dem Nationaltheater noch zwei andere Künstler schenkte: Adolfs Bruder Albert, einen der bedeutendsten deutschen Schauspieler (1887 als Eleve) und beider Onkel August (Schauspieler 1887-1893, Schauspielregisseur 1890-1893 und Intendant 1895-1904).

Die beiden auf Kraus folgenden Heldentenöre verlor das Mannheimer Nationaltheater durch Tod. Hermann Krug (1896-1903) war Oboist gewesen, bevor er Sänger wurde, eine grundmusikalische Begabung mit einer Stimme, die »im Lyrischen spröd und herb, im dramatischen Ausdruck dagegen, ohne durch Glanz des Materials zu bestechen, oft überzeugend«[8] war. Vorbehalte sind auch im Urteil über Friedrich Carlén (1903-1907) festzustellen: »... ein guter Wagnergestalter vor allem, trotz eines mehr lyrischen Grundzuges der Stimme, dessen sichere Gesangskunst die Mängel an Individualität und Stimmglanz zu ersetzen strebte«[9].

1904 debütierte ein knapp Zweiundzwanzigjähriger, wie Kraus, in Mannheim mit dem Tamino. Er war dem Kaufmannsstand entlaufen und als Statist mit dem Theater in Berührung gekommen, dem sich ganz zu widmen ihm wegen seiner schönen Stimme von Fachleuten geraten wurde. »Nach vielen Irrfahrten«, wie er selbst schrieb[10], kam Fritz Vogelstrom nach Mannheim, wo er als Mitglied eines in Wirtshäusern auftretenden Gesangsquartetts auffiel, so daß seine »Entdeckung« nur noch eine Frage der Zeit sein konnte. Das Nationaltheater nahm sich seiner an, ließ ihn ausbilden und endlich auftreten. Seine Stunde schlug, als Carlén gestorben war und er in dem neuen Intendanten Carl Hagemann einen Förderer fand, der gewillt war, gegen jeden Widerstand auf ihn zu »setzen«. Opposition gab es von seiten der Theaterkommissioin, so daß Hagemann, wie in seinen Memoiren zu lesen, »das Engagement auf mehrere Jahre nur auf Grund der Kabinettsfrage durchsetzen konnte«[11]. Wie untrüglich sein Instinkt gewesen war, bewies der schnelle Aufstieg Vogelstroms, der schon 1909 bei den Bayreuther Festspielen Lohengrin und Parsifal sang und den Mannheim 1912 an die Dresdner Hofoper verlor. Am Abschiedsabend, an dem er den Pedro in »Tiefland« verkörperte, erlebte er die heute sprichwörtlich gewordene Ehrung buchstäblich: Ihm wurden die Pferde ausgespannt.[12] Eines verbindet Vogelstrom und Jean Cox: beide sind die einzigen Heldentenöre, die *während* ihres Mannheimer Engagements bei den Bayreuther Festspielen mitwirkten.

In das Jahr 1915 fiel die letzte Mannheimer Wagner-Erstaufführung, die des »Parsifal« (der ja dreißig Jahre für Bayreuth reserviert gewesen war). Die Titelrolle sang Walther Günther-Braun, Vogelstroms Nachfolger bis 1920 und Heldentenor der Mannheimer Dirigentenära Wilhelm Furtwängler (1915-1920). Auf Grund seiner hervorstechenden Gestaltungsprinzipien und -fähigkeiten ist man geneigt, in der Rolle des Parsifal sein Leistungsoptimum zu vermuten. Denn er war weniger der strahlende Typus des Helden, »dagegen ein so verinnerlichender und geradezu psychologisch gestaltender Darsteller von solcher Schärfe und Sicherheit der musikalischen und dramatischen Zeichnung, daß er seinesgleichen an der Mannheimer Bühne in vielen Jahrzehnten nicht hatte«[13].

Die beiden Heldentenöre, die das Mannheimer Theater 1920 verpflichtete, waren, was ihr Lebensalter anbelangt, nur acht Jahre voneinander entfernt, standen jedoch an unterschiedlichen Punkten ihrer Karriere. Alfred Färbach, der bis 1926 blieb, hatte bereits an sieben Bühnen gesungen, die alle respektables Provinzniveau aufwiesen, und entsagte nach seinen sechs Mannheimer Jahren als Achtundvierzigjähriger dem Bühnensängerberuf, um sich fortan der Gesangspädagogik zu widmen. Gunnar Graarud dagegen, der einer norwegischen Arztfamilie entstammte, befand sich auf dem aufsteigenden Ast seiner Laufbahn. Nach einem Jahr Kaiserslautern und zwei Jahren Mannheim gelang ihm der Aufstieg an Bühnen der Weltstädte Berlin, Hamburg und Wien. Bei ihm fiel alles zusammen, was den Heldentenor von Geblüt ausmacht: eine Stimme voller Kraft und Wohllaut, eine ausgesprochen schöne Erscheinung und künstlerische Intelligenz. Tristan, Froh, Siegmund, Siegfried und Parsifal waren seine Rollen bei den Bayreuther Festspielen in den Jahren 1927 bis 1931.

Wie Fritz Vogelstrom in einem Mannheimer Ensemble mit klangvollen Namen (etwa der beiden »Bayreuther« Lilly Hafgren-Waag und Wilhelm Fenten sowie des heute noch unvergessenen Heldenbaritons Hans Bahling) gestanden hatte, so mußte sich Färbachs Nachfolger Adolf Loeltgen (1926-1930) im Bühnenalltag ständig gegen so außergewöhnliche Kräfte wie

Gertrud Bindernagel, Erna Schlüter, Margarete Klose, Margarethe Teschemacher und Siegfried Tappolet behaupten. Zudem sang Bahling immer noch in Mannheim, und der Tenor Theo Herrmann stieß als Debütant hinzu. Im Falle Loeltgens wiederholte sich noch einmal der im 19. Jahrhundert geläufigere Berufssprung vom Handwerker zum Bühnenkünstler. Er war Modelltischler gewesen und hatte sich »unter größten Schwierigkeiten und Entbehrungen eine vielseitige Bildung angeeignet«[14], bevor er die Bühne betrat, zunächst an der Dresdner Staatsoper, dann in Breslau, Berlin und Wien, schließlich in Mannheim, wo er die letzten Triumphe seiner Laufbahn feierte, vor allem in der Wagner-Rolle des Tristan, die er rund 200mal verkörpert hat. Praktisch-pädagogisch und als wissenschaftlicher Schriftsteller befaßte er sich in der Folge mit Stimmbildungsproblemen und dehnte diese Tätitkeit bis in den medizinisch-therapeutischen Bereich aus »als Helfer für kranke Menschen, denen er das Heilmittel ›Richtigatmen‹ empfahl«.[15]

Ihn löste der offenbar glücklose Gustav Wünsche ab, der nach einer Spielzeit (1930/31) Mannheim verließ. Der neue Heldentenor hieß Erik Enderlein, der von 1921 bis 1928 am Stadttheater Hamburg engagiert gewesen war (wo zeitweilig mit ihm Gunnar Graarud wirkte), 1927/28 auch an der Städischen Oper Berlin auftrat und in den folgenden Jahren als begehrter Gastspielkünstler keine feste Verpflichtung mehr einging, ausgenommen die beiden Mannheimer Jahre von 1931 bis 1933. Was er auch physisch zu leisten vermochte, enthüllte der zum 50. Todestag des Komponisten am Nationaltheater veranstaltete Richard-Wagner-Zyklus mit acht Werken. In 18 Tagen trat Enderlein sechsmal auf: als Stolzing, Lohengrin, Siegmund, als Siegfried in »Siegfried« und »Götterdämmerung«, schließlich als Tannhäuser. Im »Rheingold« wurde er geschont und nur für »Tristan« ein Gast verpflichtet.

Sieben Jahre stand dann Erich Hallstroem (1933-1940) in der Gunst des Mannheimer Opernpublikums, ein Sänger, der vorher in Graz und Königsberg engagiert gewesen war, später nach Kassel ging, zum Kriegsdienst eingezogen wurde und wegen hierbei erlittener schwerer gesundheitlicher Schäden erst 1947 seine nun ausschließlich mit Gastspielen bestrittene Laufbahn fortsetzen konnte. Schon in Mannheim war er, wie sein Nationaltheater-Intendant Friedrich Brandenburg bezeugt, ein »viel gefragter Ideal-Siegfried, Lohengrin und Siegmund«[16]. Auch stand er im Zentrum der »ein Höchstmaß an künstlerischer Gestaltung«[17] erreichenden »Tristan«-Inszenierung von 1936, mit der der neuverpflichtete, in Bayreuth bereits erprobte Generalmusikdirektor Karl Elmendorff seine Mannheimer Wagner-Interpretationen einleitete.

Als Hallstroem nach Kassel ging, kam von dort, um ihn zu ersetzen, Georg Fassnacht, ein gebürtiger Schweizer, der in Mannheim heimisch wurde. Er »bezwang durch die Leidenschaft seines Singens, durch Intensität, durch Volumen . . . – das Sich-Aufsparen, das Gemessene, die Zurückhaltung waren nicht Fassnachts Sache«[18]. In sein Engagement (1940-1954) griff die Zeitgeschichte ein, fördernd und hemmend. Fassnacht war der Siegmund des Mannheimer »Walküre«-Gastspiels an der Großen Oper in Paris, 1941, als Frankreich von deutschen Truppen besetzt war. Er sang den Max in der »Freischütz«-Aufführung vom 5. September 1943, der die Zerstörung des historischen Nationaltheater-Gebäudes durch Bomben folgte. Er mußte zurückstehen, als das Ensemble im Schwetzinger Rokokotheater eine vorläufige Bleibe fand, wo des intimen Bühnenraumes wegen Wagner und Verdi nicht gespielt werden konnten. Im Schauburg-Kino, dem Mannheimer Nachkriegsbehelfstheater, wirkte er 1946 als Tristan in der ersten Wagner-Inszenierung nach dem Neubeginn mit, 1951 dann als Siegfried in »Siegfried«, der ersten experimentellen Mannheimer Wagner-Inszenierung nach andersgearteten Versuchen zur Zeit des frühen Expressionismus.

Die bewußte Reduzierung der Wagnerschen Werke im Repertoire der letzten Schauburg-Jahre, die 1956 endeten, führte dazu, daß das Fach des Heldentenors einstweilen unbesetzt blieb. Erst 1956 wurde im Hinblick auf das im folgenden Jahr einzuweihende neue Nationaltheater-Gebäude auf dem Goetheplatz Hasso Eschert verpflichte, der schon an namhaften deutschen Bühnen aufgetreten war und Erfahrungen bei Gastspielen im Ausland gesammelt hatte. Die erste Wagner-Premiere im neuen Haus sah ihn als Parsifal; die Inszenierung von 1957 ist bis heute konserviert worden. Es war Escherts beste unter nicht immer auf gleichem Niveau stehenden Leistungen, und 1958 zog er davon, ohne daß man gleich Ersatz für ihn gefunden hätte. Als Gäste oder mit Teilverträgen füllten die Lücke Wolfgang Windgassen, Ernst Kozub und, ab 1959, dem Jahr des Engagements von Jean Cox, Walter Geisler. Wie bekannt, begann Cox als Italienischer Tenor und wurde allmählich an die großen Wagner-Partien herangeführt. Zwölf Jahre lagen zwischen der ersten, Erik (1960), und der letzten, Tannhäuser (1972).

Was Cox für Mannheim und für das internationale Opernwesen bedeutet, wird an anderen Stellen dieser Schrift gewürdigt. Deshalb wäre nur noch einzugehen auf die Mannheimer Heldentenöre, die neben Cox verpflichtet wurden, weil das Nationaltheater ihn mit wachsendem Ruf und Ruhm nicht ständig für sich allein haben konnte. Connel Byrne (1966-1969) wird als Sänger »mit gutem Stimm-Material, aber keiner entsprechenden Ausstrahlungskraft«[19] charakterisiert, Jon Andrew (1972-1975), gebürtiger Neuseeländer, als »erstaunenswerte Naturbegabung«, der es, »abgesehen vom allzu schlechten Deutsch an der entsprechenden Schulung und Gesangskultur«[20] gemangelt habe. Um Karl Walter Böhm (1975-1978) wob sich schnell die Aura eines aufgehenden Sterns, nicht zuletzt wegen der Schlagzeilen, die er machte, als Herbert von Karajan ihn 1976 als Lohengrin für die Salzburger Osterfestspiele verpflichtete. In Mannheim schien es freilich bisweilen, als wolle Böhm zu schnell zu viel. Das gelassene Hineinwachsen in die großen und anstrengenden Fachpartien – das hätte er von Jean Cox lernen können.

Anmerkungen

1) Ernst Leopold Stahl: Das Mannheimer Nationaltheater. Ein Jahrhundert deutscher Theaterkultur im Reich. Mannheim/Berlin/Leipzig 1929. S. 54.
2) Richard Wagner an Angelo Neumann; Bayreuth, 30. 7. 1878.
3) Richard Wagner an den Leipziger Kapellmeister Josef Sucher; Bayreuth, 31.1.1877.
4) Für die Angaben zu Ungers Leipziger Engagement 1878/79 bin ich Professor Lieselotte Blumenthal aus Leipzig zu herzlichem Dank verpflichtet.
5) Carlos Droste: Wagners »Siegfried« und seine Darsteller. In: Bühne und Welt. XI. Jg. (1908/09). S. 892

6) Stahl, a. a. O., S. 100

7) Ebend., S. 106 f.

8) Ebend., S. 196.

9) Ebend., S. 197.

10) Vgl. Friedrich Wild: Bayreuth 1909. Handbuch für Festspielbesucher. S. 19 f.

11) Carl Hagemann: Bühne und Welt. Erlebnisse und Betrachtungen eines Theaterleiters. Wiesbaden 1948. S. 70.

12) Vgl. Fritz Vogelstrom – Tradition und Gegenwart. Zur Verleihung der Ehrenmitgliedschaft und zum 80. Geburtstag (anonym). In: Nationaltheater Mannheim. Bühnenblätter 1962/63. Nr. 112, S. 1ff.

13) Stahl, a. a. O., S. 317.

14) und 15) Deutsches Bühnen-Jahrbuch, 77. Jg. (1969). S. 154.

16) Friedrich Brandenburg: Das Theater eines Lebens. 12 Bilder einer »Revue« aus acht Lebensjahrzehnten. (Manuskript). S. 151.

17) Ebend., S. 110.

18) K. H. (Kurt Heinz): Mannheims Heldentenor von 1940 bis 1954. Zum Tod des einstigen Nationaltheater-Mitgliedes Georg Fassnacht. In: Mannheimer Morgen vom 26.4.1966.

19) Herbert Meyer: Das Nationaltheater Mannheim 1929-1979. Mannheim/Wien/Zürich 1979. S. 237.

20) Ebend., S. 276.

Julius Hey

SIEGFRIEDPROBE (BAYREUTH 1875)

Julius Hey (1832 - 1909) war Schüler von Friedrich Schmitt (1812 - 1884), dem Verfasser der »Großen Gesangsschule für Deutschland« (1852), die er auf Anregung Richard Wagners schrieb; 1864 wurde Hey durch die Vermittlung Ludwigs II. mit Wagner bekannt, der ihn dann 1875/76 als »gesangstechnischen Beirat« der ersten Festspiele nach Bayreuth berief. Die Erfahrungen seiner »Stilbildungsschule« für den Vortrag deutscher musikdramatischer Werke faßte er in seinem vierteiligen pädagogischen Werk »Deutscher Gesangsunterricht« (1884/85) zusammen.

Das Kapitel »Siegfriedprobe« aus »Richard Wagner als Vortragsmeister 1864 - 1876. Erinnerungen von Julius Hey, hg. v. H. Hey« (Leipzig 1911) ist hier als Wiederabdruck aufgenommen, da Hey authentisch Ideen und Überlegungen Wagners zur Figur seines Siegfried mitteilt und sehr anschaulich die gesangstechnischen, darstellerischen und psychologischen Aspekte schildert, die bei der erstmaligen Einstudierung der Siegfried-Partie von Bedeutung waren und wohl auch – in großen Zügen – heute noch sind.

Aus Zeitungsberichten und persönlichen Mitteilungen erfuhr man, daß der Bau der Festspielbühne in Bayreuth nunmehr finanziell gesichert und seine Vollendung schon soweit vorgeschritten sei, daß – nach den beendigten Vorproben mit den Sängern – am 1. August die Gesamtproben mit Orchester im Festspielhause stattfinden könnten. – Hervorragende Bühnensänger: Franz Betz, Albert Niemann, Hill, Scaria, Gura, waren gewonnen, andere mit bemerkenswertem Stimmaterial, die Wagner auf seiner Entdeckungsfahrt gehört hatte, für die Besetzung der kleineren Rollen gesichert. Die männlichen Hauptrollen waren somit in den Händen bewährtester Künstler. Einige von ihnen hatten sich auf dem Gebiet des Wagnerschen Musikdramas bereits erhebliche Verdienste erworben. Anders verhielt es sich mit der Besetzung der Hauptrolle des *Siegfried*, die einem bis dahin noch gänzlich unbekannten Anfänger, *Georg Unger* vom Hoftheater in Mannheim, überwiesen war. Man erzählte sich, Wagner habe die Wahl wegen der männlichen Wohlgestalt getroffen; denn die Stimme sei unzureichend. Für die Münchener Wagnergemeinde war das keine geringe Überraschung; man hatte darauf gerechnet, Heinrich Vogl werde den Siegfried singen, Schlosser den Mime und Kindermann den Hagen. Man gefiel sich in der Annahme, der Meister werde vorzugsweise Mitglieder der Münchener Oper zu den Festspielen berufen. –

Da erhielt ich am 3. Juni 1875 von Wagner folgende Zuschrift:
»Geehrter Herr und Freund!
Sobald Ihnen dies irgend durch die Geneigtheit der Ihnen vorgesetzten Behörde ermöglicht werden dürfte, ersuche ich Sie, sobald und so lange wie möglich den Studien zur Aufführung meiner, für das nächste Jahr bestimmten, Bühnenfestspiele als Gesangs-Rath- und That-Kundiger beizuwohnen. Sie wissen, welchen Wert ich Ihrer Assistenz beimesse und zweifeln daher nicht an der herzlichen Dringlichkeit meiner Bitte.
Hochachtungsvoll der Ihrige
Richard Wagner.«

Gerne wäre ich Wagners Ruf sofort gefolgt, aber meine Anwesenheit war bei den Schlußprüfungskonzerten an der Königlichen Musikschule kaum zu entbehren, so daß ich Wagner um Aufschub bitten mußte. Der Meister aber schrieb mir ungeduldig am 22. Juni 1875:
»Geehrtester Herr!
Ich ersuche Sie, es möglich zu machen, schnell für einige Zeit zu mir zu kommen. Ich gebrauche Ihre Hilfe zur sachgemäß geleiteten Correctur eines Sängers, welcher mir wichtige Dienste zu leisten verspricht, an welchem aber hierfür eine eingehende Gesangs-Kur ausgeübt werden muß. Ich wüßte Niemand wie Sie hierfür!
Alles Übrige findet sich! Auf geneigten Bescheid harrend
Ihr hochachtungsvoll ergebener
Richard Wagner.«

Unter dem Vorbehalt seitens des Musikschuldirektoriums, daß ich zu den letzten größeren Schüleraufführungen mich jedesmal in München einzufinden hätte, um meinen Platz in der Lehrerkorona geziemend einzunehmen, erhielt ich für den ganzen Rest des Schuljahres Urlaub. Am 27. Juni traf ich in Bayreuth ein und verblieb dort, vor und nach den Ensembleproben, bis Ende September. Hier fand ich reichlich Gelegenheit, den genialen Künstler in der ganz einzigen Art der Übertragung seiner musikdramatischen Werke auf die realistische Bühnendarstellung durch alle Höhen und Tiefen seiner vielgestaltigen Schöpferkraft auch nach dieser Seite hin bewundern zu lernen. Wie er es verstand, die Sänger zur glücklichen Lösung ihrer Aufgaben hinzuleiten, dessen mußte man Zeuge sein. Er sprach, sang, mimte wie der bühnengewandteste Schauspieler. Alle seine Körperbewegungen waren – selbst im äußersten Affekt – vom sichersten Schönheitsgefühl beherrscht. Seine zielbewußte Anleitung, die er suggerierend auf alle Darsteller (gleichviel, ob männliche oder weibliche Rollen) übertrug, waren eben der Ausfluß, oder richtiger das Zubehör seiner überströmenden Schaffensfülle, – die Emanation seines künstlerischen Wesens überhaupt, das mit unfehlbarer Sicherheit sich der zutreffenden Ausdrucksmittel für die dramatische Darstellung bei klarer Erkenntnis der zu ihr führenden Wege bediente. Vom ersten poetischen Entwurf eines Werkes bis zur letzten mimisch-plastischen Körperhaltung des Darstellers (für Wagner ein rhythmisch-zugehöriger Bestandteil innerhalb des Ganzen), vom wirkungssicheren Paukenschlag im Orchester bis zur stimmungsreichen Bühnendekoration, alles übersah und beherrschte er mit streng kritischem Auge und Ohr; nicht das Geringste entging seinem scharf ausgeprägten Stilgefühl, wenn es galt, ein wirkungsvolles Bild in den Bühnenraum zu stellen! –

*

Die Schilderung meiner Erlebnisse und Eindrücke von den Vorproben 1875 bis zu den Aufführungen 1876 entnehme ich den Aufzeichnungen meines Tagebuchs und den damals an meine Frau nach München gerichteten Briefen, die alle bemerkenswerten Tagesgeschehnisse in unmittelbarer Darstellung enthalten, und die ich deswegen in ihrer ursprünglichen Form dort einfügen will, wo sie ein anschauliches Bild jener für mich lehrreichen und denkwürdigen Zeit geben. Die mannigfache Bereicherung, die mir durch den unmittelbaren Gedankenaustausch mit dem rastlos tätigen Manne zufloß, wuchs in meine gesangspädagogischen Anschauungen naturgemäß hinein und ward so zur Richtschnur für die Durchführung der von Wagner übermittelten Grundsätze eines »deutschen Gesangsunterrichts«.

*

Liebe Caroline![1]

. . . Ein gar köstlicher Morgen! Ich genieße die angenehme Nachwirkung des unvergleich-lichen Abends, den ich gestern bei Wagner verlebte! Um 4 Uhr traf ich hier ein, zog mich um und ging nach »Wahnfried«. Der Meister war nicht zu Hause. Er hatte den schönen Nachmit-tag zu einem Spaziergang mit Frau Cosima benützt. Zurückgekehrt, schickte er zu mir, mich auf 8 Uhr abends zu sich bittend. – Unser Wiedersehen war ein überaus herzliches; er breitete mir die Arme entgegen und drückte mich aufs herzlichste an sich! Auch die Gattin war um einige Grad wärmer, als sie sonst zu sein pflegte. Es schien ihn wohltuend zu berühren, daß ich seinem dringenden Ruf so rasch gefolgt und hierher geeilt war. Er meinte, ich könne gleich bleiben, und zwar bis zum 15. August. – Leider geht's nicht. Könnte ich's doch beim Ministe-rium durchsetzen, mir längeren Urlaub zu erwirken. – Wagner stellte mir eine Tätigkeit in Aussicht, wie sie in optimistischen Augenblicken, wenn ich meine Reformpläne erwog, gar manches mal vor meinem geistigen Auge aufgetaucht war. Er wünscht mich bei seinem gewal-tigen Unternehmen als *Assistent* zur Seite zu haben; ich soll für ihn – so setzte er es im Kreise der Anwesenden auseinander – diejenige Ergänzung bilden, deren er *durchaus* bedürfe, um mit Erfolg die Neugestaltung unserer trostlosen Opernverhältnisse durchzuführen. Kannst du Dir vorstellen, wie es mich schmerzte, ihm bedeuten zu müssen, daß ich bloß auf drei Tage zu ihm gekommen sei! Er war ganz unglücklich darüber und möchte am liebsten mich zu einem Gewaltstreich gegen meine Vorgesetzten bestimmen. Ich setzte ihm jedoch auseinander, daß dies nicht durchzuführen sei, ohne meine Stellung in München an der Musikschule zu verwir-ken. Das sah er denn auch ein. Es handelt sich also nicht bloß um den Siegfried (den ich ge-stern gehört und gesehen habe), sondern noch um andere Mitwirkende, die er meiner Leitung bedingungslos unterstellen möchte. Er sieht mit vollster Deutlichkeit, daß ein Zusammenwir-ken, wie er es verlangt, nicht zu ermöglichen ist, wenn jeder auf seine Art singt und nicht ange-wiesen wird, sich stilgemäß einzufügen. Freilich läßt sich in so kurzer Zeit das nicht erreichen, was eine planmäßig geleitete Opernschule so leicht erzielen kann; deshalb ist sein Bestreben darauf gerichtet, sobald als möglich eine solche ins Leben zu rufen. Da teilte er mir denn die überraschende Nachricht mit, daß er nach *Wien* berufen sei, um in diesem Sinne zu wirken!! Richters Anstellung als erster Kapellmeister dort ist sein Werk. Im Herbst begibt er sich auf einige Monate dorthin, um mit der Inszenierung seiner Opern: ›Holländer‹, ›Tannhäuser‹ und ›Lohengrin‹ den Anfang zu machen. Außerdem hält er Wien zur Gründung einer Opernschu-le für den geeignetsten Ort. – Ein unbemessener Jammer erfaßt Einen, wenn man sich verge-genwärtigt, was aus München hätte werden können, wenn es in seiner bornierten Selbstver-blendung diesen genialen Geist, diesen Initiator auf dem Gebiete der dramatischen Kunst, nicht von sich stieß! –

Was nun den Siegfried betrifft, so scheint mir die Wahl – dem äußeren Anschein nach – keine unglückliche. Der Sänger heißt Unger – war zuletzt in Mannheim engagiert, hat gesang-

---

[1] Die Frau des Verfassers.

lich so gut wie nichts gelernt, besitzt aber eine ziemlich kräftige Tenorstimme mit gaumigem Tonansatz und ist ein wahrer Koloss! Fast größer noch als Niemann, dazu eine bühnengünstige Korpulenz; sonach körperlich ein Siegfried, wie er besser nicht gedacht werden kann. Tonansatz und Sprachbehandlung müssen freilich sehr korrigiert werden. Obgleich er mit den Kinnladen übertrieben arbeitet, versteht man nur wenig von dem, was er singt. Er sang gestern einige kleine Fragmente, die mir noch kein Urteil gestatten. Heute haben wir um 11 eine eingehende Stimmprobe, und nachmittags von 5 - 7 eine weitere, gemeinschaftlich mit Wagner. Dann bin ich beim Meister zum Abendessen, und später findet sich – so höre ich – alles, was sich hier an Künstlern aufhält, in Wahnfried wieder ein. Dieses Künstlerasyl ist ganz zauberhaft. Ich glaube nicht, daß man ein so stimmungsvolles zum zweitenmal sieht. Doch davon bald mündlich.

. . . Ich hoffe es doch durchzusetzen, daß Frau Vogl die Sieglinde zu singen bekommt, obgleich die Nielsen sich erboten hat. Fräulein Weckerlin ist übrigens für die Schwertleite in Aussicht genommen; bei ihr war von der Sieglinde keine Rede. – Zwei Kinderlieder habe ich unterwegs komponiert und hoffe mit den übrigen auf der Heimreise noch fertig zu werden. –

Nun leb' wohl und auf baldiges Wiedersehen! . . .

*

Vor der Probe, die Wagner für Unger auf vormittags 11 Uhr anberaumt hatte, damit ich mir ein Urteil über dessen Stimme und allgemeine Veranlagung bilden könnte, fand ich mich zu einer vorläufigen Besprechung bei ihm in Wahnfried ein. Sogleich richtete er die Frage an mich: welchen Eindruck ich gestern Abend von Unger und seiner Stimme erhalten hätte? Ich konnte eine ausweichende Antwort damit entschuldigen, daß das wenige, was ich von ihm gehört, ein abgeschlossenes Urteil unmöglich gestatte. Daß sein Tonansatz fehlerhaft sei, darauf habe er mich doch selbst aufmerksam gemacht.

»Gewiß, jeder, der ihn hört, wird um diese peinliche Empfindung nicht herumkommen. Darum eben habe ich Sie gerufen und will Ihnen auch gleich sagen, welche Eigenschaften ich von meinem Siegfriedsänger unbedingt verlange, soll er mich befriedigen: ein von Natur widerstandskräftiges Organ, das bei freier, unbehinderter Tongebung die notwendige Ausdauer besitzt – reiche Modulationsfähigkeit bei gründlicher Behandlung des Sprachgesanges, also höchste Deutlichkeit! Ein frisches und zugleich wohlbedachtes Erfassen (natürlich individuell aus sich heraus) des im Aufblühen begriffenen jugendlichen Kraftmenschen; ich möchte sagen: ein durchaus verwandtschaftliches Innenempfinden, das sich mit der Aufgabe auf das natürlichste deckt. Möglichstes Verständnis für meine Stilbesonderheit des gesanglichen Vortrags, im Gegensatz zu meinen früheren Werken, die Unger kennt und bereits, wenn auch nur mangelhaft, gesungen hat. Endlich eine ausreichende geistige Veranlagung, die ein tieferes Erfassen der Aufgabe ermöglicht. Außerdem ist es wünschenswert, daß der Sänger natürliches Talent für die mimisch-plastische Darstellung seiner Rolle besitzt. Ein ausdrucksvolles Mienenspiel versteht sich von selbst. Ein mächtiger, kraftstrotzender Körperbau muß auf den ersten Blick die göttliche Abstammung des Knaben verraten, der sich zu idealer Mannesgestalt entwickeln soll.«

Von den Eigenschaften, die der Meister von dem Darsteller seines Siegfrieds verlangte und die er klipp und klar an den Fingern herzählte, erfüllte, seiner eigenen Schätzung nach, Georg Unger nur die zuletztgenannte, die freilich hervorragend. –

»Ich kann mir nicht helfen, aber ich habe das Vertrauen in Ihre Kunst der Tonbildung, daß es Ihnen gelingen müßte, Ungers entgleistes Organ wieder in die rechten Wege zu leiten und durch längeres, unausgesetztes Studium der Stimme die unerläßliche Frische und Ausdauer beizubringen. Denken Sie nur, welch seltenes Naturspiel von ganz unbemessener Wirkung – Albert Niemann als Siegmund und Unger als Siegfried!« –

Unser Gespräch wurde durch die Ankunft Ungers unterbrochen. Des Meisters Gruß klang wie ein freundlicher Nachhall des zuletzt Gesagten. »Nehmen wir einiges aus Tannhäuser und Lohengrin; die stellen durchaus verschiedene Anforderungen an Stimme und Vortrag. Fangen wir gleich mit dem Venusberg an.« – Nach dem ersten Preisgesang (Des-dur) unterbrach Wagner den Sänger. »Wie es zwischen Ihrem tiefen e und dem hohen ges aussieht, wissen wir nun; daß Sie gemütlich Sächsisch und dazu verwischte Figuren singen, haben wir auch gehört. Nun mal ein *anderes* Gesicht! Also: Inbrunst im Herzen, wie kein Büßer noch sie je gefühlt.« Unger begann, kam aber überhaupt nicht weiter; denn – ihn kurzerhand unterbrechend – verlangte Wagner »die volle Darbietung seines gesanglichen Ausdrucksvermögens« auf dem unscheinbaren Wörtchen ›je gefühlt‹.

Unger hatte einen häßlichen Ton, einen Gaumenlaut von unbeschreiblicher Beschaffenheit gebracht. Der Meister glaubte nun, durch öftere Wiederholungen müßte der Sänger den richtigen Tonansatz erzwingen können. Daß dies eine Unmöglichkeit war, sah er bald ein. Zunächst wählte Wagner noch einige Stellen aus, die zwischen Singen und Sprechen die Mitte hielten. Sie ließen keinen Zweifel, daß auch nach dieser Seite hin so gut wie nichts geschehen war. – Nun sollte ich noch die Beschaffenheit des hohen Stimmregisters kennenlernen. In der sogenannten Romfahrtserzählung befinden sich zwei Stellen mit dem hohen A. Die gewaltsame Gaumenpressung abgerechnet, gelangen sie Unger nicht übel. Er konnte seine Lungenkraft zu Hilfe nehmen, die sich hier vollkommen siegreich erwies und ihm zu einem mächtigen, wenn auch gefesselten Stimmklang verhalf. Dem Ton fehlte eben das durchsichtige, schlackenfreie Gepräge – er verriet zu sehr seinen Ursprung, die Kehle des Sängers. Jene Kontinuität sprachgesanglicher Phrasierung – für den Vortragsstil Wagners so überaus wichtig – war für ihn ein Gebiet, das er bisher noch nie betreten hatte.

Zum Glück war Unger ein verständiger, gebildeter Mann, der auf Grund seiner bisher kaum bemerkenswerten Bühnentätigkeit noch nicht dünkelhaft genug war, um die seiner Leistung anhaftenden Grundgebrechen nicht einzusehen. Nach übersichtlicher Darlegung seines Zustandes (wobei mich Wagner wirksam unterstützte) und einigen sogleich vorgenommenen praktischen Versuchen mit seinem Organ, schien bei ihm das Verständnis für meine Stimmdiagnose zum Durchbruch zu kommen. Auch entging mir nicht, wie er allmählich Vertrauen zu mir gewann. Meine Andeutungen, wie ein gaumiger Tonansatz zu bekämpfen sei, dann die einschlägigen Übungen, die ich ihm sprechend und singend vormachte, erfaßte er sofort mit ungestümem Eifer. Diese Wahrnehmung erregte augenscheinlich des Meisters Wohlgefallen:

»Auf Ihren rastlosen Fleiß und Künstlerehrgeiz muß ich mit aller Bestimmtheit rechnen können! Sie haben, wie Sie sehen, viel, sehr viel zu lernen, denn Sie stehen erst *vor* dem Anfang wirklicher Künstlerschaft. Der erste entscheidende Schritt: ob Sie das, was ich mit Ihnen vorhabe, wirklich zustande bringen, muß durch die gründlichste Aneignung der Elemente Ihrer Kunst nun erst geschehen, und die Zeit hierfür ist knapp bemessen. Was wir eben hörten, waren Fragmente aus meinen früheren Werken; heute Nachmittag kommt das Neue, Entscheidende dran – Ihre eigentliche Aufgabe. Da müssen Sie nun sorgen, daß uns Hey nicht davonläuft. Ohne den können wir unser verwegenes Vorhaben nicht zu Ende führen. Wir halten die Probe bei Rubinstein[1] in der Ziegelgasse, dort sind wir ungestört. Also auf Wiedersehen um 5 Uhr!«

Unger verabschiedete sich. Ich wurde aus begreiflichen Gründen noch »für einen Augenblick« zurückgehalten. – »Nun Sie unsern Sänger gehört haben, wünsche ich Ihr unumwundenes Urteil zu hören, und – ob ich mit Bestimmtheit auf Ihre Beihilfe rechnen kann. Noch ist der Kontrakt nicht unterschrieben.«

»Gewiß und unbedingt dürfen Sie dies! – In der Stellung, die Sie mir übertragen wollen, halte ich es aber für meine Pflicht, Sie auf die Möglichkeit eines Fehlschlagens Ihrer auf Unger gesetzten Hoffnungen hinzuweisen.«

»Dünkt Ihnen mein Vorhaben denn aussichtslos?«

»Das nicht – aber jedenfalls sehr gewagt.« Darauf gab ich Wagner ein möglichst anschauliches Bild von der stimmlichen Unzulänglichkeit Ungers und machte ihn auf die Schwierigkeiten aufmerksam, die in Ungers fehlerhaftem Tonansatz ihren Ursprung hatten. Vor allem schien es mir zweifelhaft, in der kurz bemessenen Zeit Unger auf die Höhe der Leistunsfähigkeit zu bringen, die Wagner von seinem Siegfried erwartete und verlangen mußte. – Wahrhaft rührend war es, Zeuge zu sein, wie dieser alles beherrschende Geist sich veranlaßt sehen konnte, seine Überredung in die liebenswürdigste und eindringlichste Form zu kleiden, um mein Interesse für Unger zu erwecken. Meine Bedenken: Unger erschiene mir, abgesehen von der Beschaffenheit seines Stimmaterials, für die darstellerischen Forderungen des Siegfried nicht hinreichend temperamentvoll, setzte er entgegen, daß Ungers Darbietung sicher auch des Temperamentes nicht ermangeln würde, wenn er erst zur uneingeschränkten Beherrschung seines Stimmorgans gelangt sei. – Es wurde Besuch angemeldet. Er reichte mir die Hand und mit widerstreitenden Gefühlen verließ ich das Künstlerheim des Meisters. Daß ich seine Hoffnungsfreudigkeit nicht teilen konnte, empfand ich schmerzlich. Mußte man es nicht für ein gewagtes Spiel halten, das er da begonnen hatte? Und um welchen Einsatz handelte es sich! Aber auf die Möglichkeit des Mißlingens ging er garnicht ein, obwohl ihm – wie man sich wohl denken kann – von verschiedenen Seiten namhafte Sänger, wie Schott-Berlin, Schrötter-Braunschweig, empfohlen waren.

Nachmittag 5 Uhr hatten wir die erste »*Siegfried*probe« mit Unger, wobei der Meister den Mime sang. Sie fand im Zimmer Joseph Rubinsteins, in der Ziegelgasse, statt. Mit diesem gewandten »Wagnerspieler« hatte Unger bereits begonnen, einzelnes der Siegfriedpartie vor-

---

[1] Joseph R., 1847-84, Pianist.

zustudieren. Wagner wollte mir einen möglichst sicheren Überblick über Ungers Stimmvermögen und damit die Anhaltspunkte für die vorzunehmende Stimmkorrektur verschaffen; ich sollte mich über Mittel und Wege schlüssig machen, die notwendig wären, um einen möglichst raschen Erfolg zu erzielen. Diese Probe des ersten Siegfriedaktes bleibt mir unvergeßlich. Wagner markierte nicht bloß Mimes Stichwörter, sondern sang die Partie den ganzen Akt hindurch mit voller Stimme. Und *wie* sang er seinen »Schulmeister Mime«! Ungers gaumiger Gesang hörte sich gequält, farblos, ganz nebensächlich an, während der Vortragsmeister durch eine unvergleichlich charakteristische Ausdrucksweise – man vergesse nicht, daß er eine »Stimme« im landläufigen Sinne garnicht besaß! – ohne »Gangeln und Gehen« eine Gestalt schuf, von so scharfer, fest umrissener Ausprägung, wie sie von der Bühne herab vielleicht niemals erlebt werden wird! Dabei immer darauf bedacht, Unger auf das von ihm Gewollte innerhalb der Siegfriedpartie hinzuweisen und belehrend und anregend auf ihn einzuwirken. Von unmittelbarer Wirkung konnte das ja freilich nicht sein, aber immerhin überraschten uns im Verlauf der Probe Töne und Wortbildungen, die des Meisters Eingebung deutlich erkennen ließen.

»Singen Sie heute unbefangen drauf los – und ganz wie Ihnen der Schnabel gewachsen ist – damit unser Freund ein richtiges Bild Ihres Zustandes erhält und weiß, welchen Weg er mit Ihnen einzuschlagen hat.«

So begann denn Wagner mit dem vorletzten Takte des B-moll: ›... und schmählt doch, schmied ich ihm nicht!‹ Das erste ›Hei ho‹ war frei und kräftig, aber das zweite, auf der gleichen Note mißglückte schon und die folgenden: ›Hau ein! Friß ihn, den Fratzenschmied ...‹ waren sämtlich kraftlos und halsig. Das bis zum hohen C aufsteigende jubelnde Gelächter schlug schon beim F in die machtlose Fistelstimme um und verfehlte seine Wirkung. – Die 15 Takte der folgenden Stelle: ›Nach beßrem Gesellen sucht ich ...‹ wurden mehrmals wiederholt, weil Wagner den naiv heiteren Ausdruck vermißte; am Schluß des heftig beschleunigten $^6/_8$-Taktes wurde das hohe A zu einem Aufschrei, der selbst Unger entsetzte.

»In der letzten Übungsstunde ist Ihnen die Stelle ungleich besser geglückt,« ermutigte der vertrauensselige Meister den Sänger. Später gelang einiges wieder besser, zum Beispiel: ›vieles lehrtest Du, Mime‹ – »Brav! Recht gut,« rief Wagner einige male dazwischen. Aber die lebhaft gesteigerte Stelle, ›... beim Genick möcht ich den Nicker packen ...‹ mißlang total. Wagner belehrte nun Unger, wie der Sänger schon durch die Plastik der Sprachbehandlung eine wesentliche Steigerung, Abrundung für die beabsichtigte Phrasierung der mit dem Text verbundenen gesangsmelodischen Motive zu erzielen vermöchte: indem er beide dramatische Ausdrucksmittel zu einer sich völlig durchdringenden Einheit verschmilzt. Der Darsteller müsse unausgesetzt darauf bedacht sein, durch eine vollkommene Sprachplastik die dramatische Wirkung der Sinnakzente ins Ungemessene zu steigern. Diese Gesichtspunkte wären für ihn bei der Konzeption seiner Werke immer maßgebend und würden darum bei ihrer Ausführung zu einer unerläßlichen Forderung. – Unser Novize hörte zwar die »Botschaft«, allein ihm fehlte vorläufig zwar nicht der »Glaube«, aber das Verständnis für das klar Dargelegte. –

Des weiteren suchte ihn Wagner zu belehren, wie es zu ermöglichen sei, mittels dieser melodischen Sprachplastik rein *musikalische* Wirkungen zu erzielen. Er bewies das mit dem eigenartigen Vortrag der Stelle: ... ›Das ist Dir kind'schem Sproß der kundig sorgende Mime

– das *muß* er Dir sein . . .‹ Hier verband sich der Komponist und Sänger zu einer untrennbaren Einheit. Und aus dieser Verschmelzung einzigster Art erwuchs – ohne mimische Beihilfe – ein solcher Realismus dramatischer Ausdrucksweise, wie er wirksamer nicht gedacht werden kann. Das waren Lichtblitze in dem dämmerigen Zustand eines Sängers, der bisher von alledem keine Ahnung hatte. Und wie manches noch ungeschriebene »Schulgesetz« tauchte bei dieser Unterweisung auch vor meinen Blicken auf!

Es war mir nicht entgangen, wie es den Meister bedrückte, daß Unger nicht gleich nach den ersten Takten die Eigenart dieses göttlich-gesunden Knaben zu erfassen vermochte, die doch in den schärfsten Umrissen – so recht zum Zugreifen – vor ihm stand. Wagner schien vorauszusetzen, Siegfrieds kindlich-kluge Betrachtungen *müßten* ein kongeniales Nachempfinden und Nachbilden bei dem Sänger wecken, müßten ihm die Wege für die weitere dramatische Entwicklung des jungen Helden weisen. Dabei rechnete er wohl selbst auf eine nachhaltige Belebung seiner Hoffnungen? – Wagners Gesicht glich einem aufgeschlagenen Buch. Offen und unverhüllt war für Eingeweihte alles abzulesen, was in seinem überreichen Innern – diesem rastlos wogenden Meer von Gedanken und Tonempfindungen – vor sich ging. Seine Lippen glichen ausdrucksvoll gezeichneten Initialen, die den beobachtenden Blick immer zuerst auf sich lenkten. Wie in verhaltenem Unmut hatte es vorübergehend um diese Wetterverkünder gezuckt; ein leichter Wolkenschatten, der über die sonnige Halde seiner Hoffnungen glitt. – Augenscheinlich wollte er den flüchtigen Innenvorgang vor Unger verbergen, denn das folgende bezog sich wieder auf das rein Stimmtechnische des sprachgesanglichen Vortrags. Er ließ sich absolut keine Verstimmung anmerken, obwohl alles weitere sich als unzureichend erwies und selbst den Begleiter Rubinstein, der sich in das Werk schon vollständig eingelebt hatte, zu eigenmächtigen Unterbrechungen und öfteren Wiederholungen veranlaßte.

Die späteren, ungeduldig drängenden Fragen Siegfrieds nach seiner Herkunft gelangen besser. Die Mime gewaltsam abgerungene Beantwortung wurde wieder zu einer künstlerischen Offenbarung des Wagnerschen Vortrags. Wir schwelgten förmlich. Welche überraschende Einblicke in die Sonderheit seines dramatischen Schaffens! Trotz der fehlenden Stimme ließ die Art, wie Wagner dies gesanglich gestaltete, nicht den kleinsten Bruchteil des dramatischen Ausdrucks unerschöpft in der Partitur zurück. Klar und deutlich ließ sich aus dem zielbewußten Künstlerwillen heraus der Entwicklungsgang des Kunstwerkes in seiner organischen Gliederung verfolgen: von der ersten allgemein poetischen Empfindungskonzeption bis zur musik-dramatischen Vollendung, herausgewachsen aus der unzertrennlichen Einheit von *Wort und Ton.*

Des Meisters heiteres Geplauder, das die kurze Pause ausfüllte, bezweckte augenscheinlich, unsern Tenoristen, der sich in gedrückter Verfassung befand, aufzurichten und zu ermutigen. In liebenswürdigstem Zuspruch wies er auf alle einzelnen Stellen hin, die geglückt waren und Hoffnung verhießen, »daß er alles werde lernen können«. Wie ein junger Student auf der Fuchs-Mensur nach dem ersten blutig verlaufenen Gang, so stand der hoch aufragende Recke, halb kampffreudig, halb zaghaft, tief aufatmend am Flügel. – Nun ging's an die *dritte* Szene. Rubinstein übertrug das erregt säuselnde Orchester wundervoll. Wagner hatte sich links von ihm postiert und markierte die unheimliche Baßtuba auf dem Klavier. Vor dem Einsatz Siegfrieds: ›Heda! Du Fauler!‹ gab's ein lustiges Intermezzo. Bei Mimes zweitem angstvollen Anruf: ›Fafner‹ schlug unserm Meister auf dem hohen A die Stimme um, was eine äußerst komische Wirkung hervorrief. Er selbst lachte unbändig – Rubinstein brach ab – und wir drei stimmten herzhaft ein! »Ein Ambos ist nicht da – wohin soll ich mich verkriechen?« rief Wagner. – Als hätte die heitere Szene unsern Unger wohltuend aufgerüttelt, ging das folgende (bis auf die hohen Töne, die häufig den Abschluß der Redesätze bilden) wirklich auffallend besser. Wagner hatte ihn ins Schlepptau genommen; man konnte deutlich bemerken, wie dem Sänger die Gegensätzlichkeit zwischen den beiden unbeschreiblich lebensvollen Gestalten nun doch allmählich zum Bewußtsein kam. Das war's ja auch zunächst, worauf Wagner hinarbeitete! Er meinte, daß damit für den Anfang schon viel erreicht wäre. Denn zu allererst müsse vom Siegfried-Sänger das besondere, ureigenste Wesen des Heldenknaben mit gleichsam verwandtschaftlichem Empfinden erfaßt sein, bis die eigene Individualität innerhalb dieser durchaus notwendigen Verschmelzung in der Darstellung selbst zuletzt vollständig aufginge. Eine gewaltige Forderung, die unser Dichterkomponist unbedenklich hinstellte. Die Berechtigung hierzu schöpfte er aus den folgerichtigen Entwicklungsgesetzen seiner realistischen Kunst. Für sie bleibt eben der Darsteller immer der wesentlichste Bestandteil des Kunstwerks. Er befand sich also im Recht, wenn er die höchsten und idealsten Anforderungen als etwas ganz Natürliches, Unentbehrliches seinen Sängern gegenüber geltend machte. Daraus erwuchs zugleich seine Würdigung und Anhänglichkeit an solche, die er als gleichsam zugehörige Teile seiner Werke betrachtete, – wie ehemals Tichatschek, später Schnorr, Betz, Niemann, Scaria, Lilli Lehmann u. a. – während er im Verkehr mit anderen, die ihm ein zu geringes Verständnis entgegenbrachten, kalt und ablehnend blieb. Sein so rasch gefaßtes Interesse für Unger erschien mir darum rätselhaft. Vielleicht war für ihn der Umstand entscheidend, *Siegfried* – den Liebling unter seinen Nibelungengestalten – sich gleichsam »aus dem Ei« herausbilden und erziehen zu wollen, weil ihm die fertigen, »bestrenommierten« Sänger für das Feld seines Lehramtes, wie seiner Schulzwecke überhaupt, nicht geeignet erschienen. Jedenfalls wurde mir in jener ersten Probe schon reichlich klar, daß, falls es gelänge, seinem Zögling eine gesunde widerstandskräftige Stimme beizubringen, alles übrige durch Wagners unvergleichliche Anleitung zu erreichen sein möchte.

So gelangten wir endlich zu den Schmiedeliedern, die für meine Stimmdiagnose wertvoll sein mußten. Doch ward uns vorher noch ein Lichtblick zuteil, der in das unbehaglich Vorausgegangene plötzlich und ganz unvermittelt fiel: . . . ›Des Vaters Stahl fügt sich wohl mir, ich selbst schweiße das Schwert!‹ – »Sehr gut!« rief Wagner freudig erregt, »ganz prächtig – das schmeckt nach Siegfried!« Und wahrlich, ich teilte seine Freude. Die unverfälschte Natur war vorübergehend zum Durchbruch gekommen – damit wuchs unser Hoffen.

In lebendiger Erinnerung bleibt mir Wagners gesangliche Ausführung der Rufe Siegfrieds: ›Hei-a-ho! Ha-Ha! Ha-hei-a-ha!‹ Er wollte nämlich, daß dieses melodische Motiv, mit den abwärts gleitenden drei Noten (a-f-h) einem fröhlichen Juchzer (wie man ihn in den bayrischen Bergen häufig hört) verwandt sein müsse; ein regelrechter Kunstgesang wäre hier garnicht am Platze. Er machte uns das mit einer erstaunlichen Sicherheit vor und überzeugte uns so von der beabsichtigten Wirkung dieser jauchzenden Empfindungsäußerung des frisch hantierenden Heldenknaben.

Die Steigerung des Stimmvolumens bis zum Schlusse des Aktes, wie sie der dramatische Bühnenvorgang verlangt, war unter den gegebenen Verhältnissen natürlich nicht zu ermöglichen. Statt einer aufsteigenden Entfaltung des Klangvermögens gings abwärts bis zu völliger Erschöpfung. Nach dem letzten Ausruf: ›So schneidet Siegfrieds Schwert!‹, den Unger mit dem äußersten Aufgebot noch hervorbrachte, empfand man es wie eine wohltätige Erlösung aus dem qualvollen Zustand stimmlicher Überanstrengung. Dagegen war Wagner – trotz immerwährenden Sprechens und Singens – frisch und »stimmhaft« geblieben. Mit 62 Jahren! Rührend liebevoll, fast zärtlich sprach er nun auf Unger ein, dankte ihm für seine »Opferwilligkeit und den Entschluß, sich mit ihm verbinden zu wollen«. – Dann kam auch ich an die Reihe. Er ahnte nicht, wie jämmerlich mir zu Mute war. Sein freundlicher Zuspruch setzte volle Hoffnung in das Gelingen der mir überwiesenen Aufgabe. Ich empfand seine Worte wie eine ungeheure Last, die mich fast niederdrückte. Welche Arbeit war da zu bewältigen! Und konnte man mit Bestimmtheit auf einen Erfolg rechnen? Kaum! Und Wagner? Er war ganz und gar im Gleichgewicht seiner Vertrauensseligkeit geblieben.

Wir verließen die improvisierte »Schmiede« und traten auf die Straße, um den Meister heimzugeleiten. – Beim Anblick der kleinen beweglichen Gestalt blieb es unbegreiflich, wo er diesen Kräftebestand, den er zum Vollzug seines energischen Künstlerwillens brauchte, hernahm. Welch ungeheurer Verbrauch des Lebensstoffes, und trotzdem diese unglaubliche Ausdauer der Körperkräfte bei intensivster Anspannung der Nerven, die selbst nach den längsten und angestrengtesten Proben niemals erholungsbedürftig erschienen. Bei ihm trug eben alles das Gepräge des Unerschöpflichen; er war wie der frische Bergquell auf sonniger Höhe, der oben den durstigen Wanderer erquickt und unten im Tal lustig die Mühle treibt.

Wir nahmen den gesprächigen, lebhaft gestikulierenden Meister in unsere Mitte. Ihm zur Seite der gliedermächtige Unger, der ihn reichlich um eines Hauptes Länge überragte. Ein köstliches, mir unvergeßliches Bild! Wir zwei andern links und rechts, die ganze Breite der engen Ziegelgasse nahezu einnehmend, so wanderten wir auf Wahnfried los. Unsere Plauderei drehte sich um nichts geringeres als – um Ungers leibliches Wohl! Der Meister erkundigte sich angelegentlichst, ob Unger mit seiner Naturalverpflegung zufrieden sei und ob ihm die Bayreuther Kost (jeden heiligen Sonntag Gänsebraten und Kartoffelklöße) »stimmzuträglich« dünke? Vor allem aber: ob seine Bettstelle auch lang genug sei, sich rücksichtslos darin auszustrecken usw. Als jungem Menschen und Kapellmeister sei ihm weniger die Kürze als vielmehr die zu *große* Bettlänge verhängsnisvoll geworden. Am Fußende des Bettes habe er trotz Einlegens von Kleidungsstücken bei dem strengen Winter in Riga niemals eine warme Stütze für seine kalten Füße gefunden. »Wer von uns beiden ist nun besser dran?« – Unger hingegen erzählte einiges von zu kurzen Betten aus seiner Leipziger Studentenzeit. Die lebendige Darstellung, so gleichgültig der Gegenstand an sich schien, mochte dem Meister doch behagen, denn es folgten seinerseits sprühend witzige Erinnerungen und Einfälle, die fröhliches Gelächter hervorriefen. –

Vor der Gartenpforte der Villa angelangt, wollte sich Unger mit bekümmerter Miene verabschieden. Diese Wahrnehmung veranlaßte Wagner, sich noch einmal an ihn zu wenden. Auf dem ganzen Heimweg hatte er durch sein heiteres Geplauder die gedrückte Stimmung Ungers aufzubessern sich augenscheinlich die größte Mühe gegeben. Er hatte die Lösung seines Kontraktes mit dem Theaterdirektor Scherbarth in Düsseldorf für 1875/76 zur Sprache gebracht. Dieser hatte die Anfrage Wagners bezüglich eines evtl. Verzichts auf den Sänger kurz ablehnend beantwortet:

»Um uns den Mann geneigt zu machen, wollen wir ihm eine glänzende Entschädigung in Aussicht stellen. Im Herbst des nächsten Jahres werden wir unsere Bayreuther Aufführungen im Festspielhaus zu Düsseldorf wiederholen. Als ersten Siegfried Deutschlands mag er Sie dann als sein ausschließliches dem Theaterfundus gehöriges und unveräußerliches Requisit betrachten! Bei unseren künftigen Aufführungen erhalten wir Ihre Mitwirkung dann leihweise von ihm. Sollte er sich bockbeinig zeigen und die Düsseldorfer Konkurrenz für unser Bayreuth überhaupt gefährlich werden, dann bleibt uns immer noch das letzte Mittel: der König von Bayern erhebt Scherbarth in den erblichen Adelsstand und wir übertragen ihm die oberste Geschäfts- und Bühnenleitung bei den Festspielen, die wir dann, aus preußischem Patriotismus, nach Berlin verlegen! Na, na, – nicht einmal diese schönen Aussichten sind imstande, Sie aufzuheitern?« Er faßte Unger unter den Arm. »Wir haben Ihnen heute wohl zuviel zugemutet? Denken Sie, daß wir beinahe drei Stunden gearbeitet haben! Daß Sie abgerackert sind, ist sehr begreiflich. Im allgemeinen möchte ich aber wiederholen, was ich Ihnen schon am ersten Tage Ihres Hierseins sagte: daß mir Ihre ganze Lebensanschauung und was damit zusammenhängt, zu schwerfällig und schwarz gefärbt erscheint, daß sie eine heitere, sonnige werden muß. Aus dieser freudig schaffenden Empfindungssphäre dürfen Sie dann überhaupt nicht mehr heraus, weil sie die helle Tonart für alle Ihre Lebensäußerungen bleiben muß. Kein trüber Mollakkord! Ein tatkräftiger Übermut muß Ihnen in allen Muskeln kribbeln! Die frische, urgesunde Lebensfreudigkeit Siegfrieds darf Ihnen niemals abhanden kommen! Denken Sie nur nicht, daß Lebensgepflogenheit und Bühnendarstellung zwei Dinge sind, die mit einander nichts zu schaffen haben. Meines Erachtens müssen sie beim darstellenden Künstler in möglichster Übereinstimmung anzutreffen sein. Daß Sie sich übrigens meine Lehren schon zu Herzen genommen, konnte ich in unserer letzten Übungsstunde wahrnehmen. Was meinen Sie, lieber Rubinstein?« Der bestätigte es, konstatierte aber für heute einen unverkennbaren Rückfall.

Unger und Rubinstein verabschiedeten sich und bevor wir noch das Haus erreicht hatten, fragte mich Wagner, was ich *nunmehr*, nachdem ich Unger als *Siegfried* gehört hatte, von seiner Wahl hielte. Ich wiederholte ihm meine schweren Bedenken und machte ihn nochmals darauf aufmerksam, daß die Zeit für eine gänzliche Umgestaltung des verfahrenen Organs zu kurz bemessen sei. Aber alle meine Einwände fruchteten nichts. Wagner blieb nach wie vor bei seiner Meinung, daß es mir gelingen müsse, aus Unger »seinen Siegfried« zu machen. Nein zu sagen, war diesem Manne gegenüber ganz unmöglich! Das gab's nicht. Es läßt sich nicht beschreiben, wie seine faszinierende Persönlichkeit auf alle, die in seinen Bannkreis traten, Licht, Wärme und Kräftezuwachs ausstrahlte. Da gab es keinen Widerspruch mehr. Und endlich – der unerschütterliche, fatalistische Glaube an seinen Stern, der um jene Zeit trotz äußerer Hindernisse helles Licht verbreitete. –

Während des ganzen Abends verblieb Wagner in seiner sorglos heiteren Stimmung. Selbst als die Frage der Loge-Besetzung zur Erörterung kam, verließ ihn sein unversiegicher Humor nicht. »Freund Fischer, unser Hofkapellmeister in spe, will durchaus Vogl hier haben.

Aber auch von anderer Seite werde ich auf den Sänger verwiesen. Nun habe ich »Kanzleidirektor Fischer« zum Theateragenten mit Diätenbezug ernannt, und ihm vorläufig eine persönliche Anfrage in Tutzing[1] gestattet. Das Ehepaar Vogl scheint ja nicht abgeneigt, da die Besetzung der Sieglinde doch auch noch in der Schwebe ist.« Um meine Meinung befragt, konnte ich ihm mit vollster Überzeugung zu der Wahl raten. –

Wagner hat sich später der Mitwirkung Vogls aufrichtig gefreut, nachdem es ihm gelungen war, durch seine zwingende, unwiderstehliche Anleitung den ebenso intelligenten als musikalischen Sänger in den Rahmen seines Kunstwerkes einzuordnen, und ihn mit dem für die Partie des Loge maßgebenden Vortragsstil vertraut zu machen.

Für den folgenden Vormittag hatte Wagner noch eine Probe mit Unger angesetzt, weil ich mit dem Nachmittagszug nach München zurück mußte. Um 10 Uhr holten wir den Meister ab, der sich unterwegs nahezu ausschließlich mit Unger beschäftigte.Dieser befand sich augenscheinlich wieder in gedrückter Gemütsverfassung, aus der ihn Wagner herauszureißen suchte.

»Glauben Sie mir, lieber Unger, jeder gedrückte, beklommene Gemütszustand übt den übelsten Einfluß auf Tongebung und Vortrag eines Sängers aus. Wie kann er in einem solchen Seelenzustand einen freudig-hellen, schmetternden Ton hervorbringen? Glückt es wirklich einmal, dann klingt es nach Heuchelei und Unnatur und bleibt schließlich wirkungslos. Fassen Sie Mut und vertrauen Sie nur unserm vortrefflichen Basilio! (dabei gab er mir einen leichten Rippenstoß). Durch ihn werden Sie das, was Not tut, schon erlernen. Ich vermute, daß er ernstlich vorhat, aus Ihnen zuerst einen Sprechkünstler wie Devrient, und unmittelbar darauf einen alle überragenden (dabei fuhr er mit der Hand über Ungers Klapphut hinaus) Wagnersänger für Bayreuth und die fränkische Umgebung zu machen.«

Wir waren in Rubinsteins Wohnung angelangt. Sofort begann die Probe mit der zweiten Szene des Siegfried. ›Wir sind zur Stelle, bleib hier stehen –‹ hub Wagner an. Unger: ›Hier soll ich das Fürchten lernen?‹ setzte das C leise an, schwellte aufs schönste bis zum Des und betonte beim Worte »lernen« die aufsteigende Sexte der Schlußsilbe. »Lieber Freund, drei Fehler auf einmal!« unterbrach Wagner. Das »hier« setzen Sie mittelstark, mit verwunderter Neugierde ein, während das »Fürchten« eine hervorstechende Betonung keinesfalls erhalten darf, denn das ist ihm noch etwas völlig Unbekanntes; was man darunter zu verstehen hat, weiß er noch gar nicht. Endlich ist die stark betonte Endsilbe beim »lernen« ganz unzulässig. Hierfür werden Sie Ihren Geschmack zu bilden haben.« – Wagner brachte ihm die Stelle durch mehrmaliges Vorsingen wirklich bei. Das folgende erschien ihm weniger wichtig; etwas kindlich Verdrossenes sollte zum Ausdruck kommen. Hier, in der frischen Morgenfrühe, die junge Brust vom Waldeszauber ahnungsvoll geschwellt, möchte er den verhaßten Mime los sein. ›Nun sollst Du, Mime, mich meiden‹ – bis dahin: ›Dich endlich werde ich da los‹ – – wünschte Wagner eine fast gleichwertige Betonung aller Silben, allmähliches Anwachsen der Stimme bei gleichzeitiger Tempobeschleunigung. Mit Mimes Einsatz: ›Glaube, Liebster . . .‹ tritt wie-

---

[1] Tutzing am Starnberger See.

der das frühere, ruhige Zeitmaß ein. – Das folgende ging überraschend gut bis auf die lässigen Wortbildungen, und zwar an Stellen, die einer besonders energievollen Ausgestaltung bedurft hätten. –

Doch wohin geriete ich, wollte ich von den vielen feinen und zugleich kindlich einfachen Zügen, die der Meister in die Ausdrucksweise Siegfrieds zu legen verstand, ausführlich berichten.

Mimes eindringliche Schilderung vom »wilden Wurm«, die Jung-Siegfried Angst einflößen soll, berührt diesen nicht im geringsten; er verbleibt (bis auf seinen Ärger über Mimes Gegenwart) in unerschütterlicher Gemütsruhe.

»Als ob Sie, ein kraftstrotzender Thomasschüler, bei Ihrer ersten Wanderung durch die sächsische Schweiz von einem redseligen Sachsen vor gefährlichen Stellen beim Aufstieg zum ›Kuhstall‹ gewarnt worden wären – und dem Manne dann herzhaft ins Gesicht lachten, so ungefähr muß der Eindruck sein, den Mimes abschreckende Schilderung auf Siegfried macht. Erst bei dem kampfesfreudigen Ausruf: ›Nothung stoß ich dem Stolzen ins Herz . . .‹, erst von da ab müssen Sie den sieghaften Ton des ersten Aktes, beim Beginn des Schmiedens wiederfinden. Dieser Ton muß glänzen und mit elementarer Wucht gebracht werden. Merken Sie also auf Mimes Stichwort: ›Jetzt kommt Dir das Fürchten wohl an?‹«

Rubinstein hämmert wie närrisch drauf los – der übermäßige Dreiklang des F-dur erdröhnt, daß die Saiten klirren – Wagner schreit einen Augenblick vorher: »Los« und gerät in eine verzweifelte Aufregung, als Unger das »Nothung« verspätet einsetzt und recht gaumig dazu. »Also gleich noch einmal und ganz genau mit dem Taktniederschlag, sonst ist die Wirkung beim Teufel!« Die Stelle wurde noch einigemale wiederholt, aber auf den glänzenden Ton warteten wir vergeblich. Also ging's weiter, und der unermüdliche Meister sang jene Stelle: ›Dann dankst Du mir, der Dich führte, gedenkst, wie Mime Dich liebt‹ ganz einzig schön. – Auch das weitere und letzte dieser Szene brachte Wagner wieder unbeschreiblich charakterisch. Dieses ›oh! – brächten beide sich um!‹ bleibt mir unvergeßlich. Die Hauptmerkmale dieser Stelle hatte übrigens Schlosser bei späteren Proben dem Meister glücklich abgelauscht.

Das folgende Selbstgespräch Siegfrieds gelang dem Sänger im allgemeinen recht gut. Des Meisters Zufriedenheit wuchs mit jedem Takt und seine eingestreuten »recht gut« übten eine belebende Wirkung auf Unger aus. Indessen blieb unser »Schulmeister« unzufrieden bei der Stelle: ›. . . Gerade so garstig, grießig und grau, klein und krumm, höckrig und hinkend‹; er wollte die konsonantische Alliteration viel schärfer ausgeprägt haben. Auch das ›Fort mit dem Alb‹ mißlang vollständig, und für die zart gebundenen Töne des folgenden fand Unger die bezeichnende Klangfarbe nicht. Wagner verlangte eine »süß-bebende Stimme«, was unsern Sänger zu einem häßlichen Tremolieren verleitete, gegen das sich der Komponist energisch auflehnte. – Wir waren endlich bei der Stelle angelangt, welche zu den intensivsten Empfindungsäußerungen zählt, die aus einer vereinsamten Kindesseele wonne-schmerzlich sich losringen, und hier durch eine musikalische Ausdrucksgewalt ohnegleichen zu höchster dramatischer Wirkung gelangt. ›. . . Ach, möcht ich Sohn meine Mutter sehen‹. Hier offenbart sich Wagners Genialität ganz unmittelbar, sie läßt uns in eine neue, ungeahnte Welt sprachmelodischer Empfindungsäußerung blicken. Man wird auf dem gesamten musikdramatischen Gebiet keine Parallele finden, die an dieses Klagelied der Sehnsucht auch nur heranreicht, das man als den

Höhepunkt Wagnerscher Stilbesonderheit betrachten darf. Damit in engstem Zusammenhang stehen des Meisters gesteigerte Ansprüche an seine Sänger. Nicht zuletzt appelliert er an des Darstellers Intelligenz, lebendige Nachempfindung, warmes Gemüt, Phantasie, liebevolle Vertiefung in das besondere Wesen des Kunstwerks und – vollendete Gesangskunst *als das nur scheinbar untergeordnete Mittel* zur Erreichung höchsten Kunstzweckes. »Von einem erlernten Kunsthandwerk darf man bei der Darstellung nichts mehr merken« – hörte man ihn seinen »Künstlern« gegenüber oft wiederholen.

Das Zwiegespräch Siegfrieds mit dem Waldvogel bot wieder manches Belehrende. »Geben Sie Ihrer Stimme hier eine kindlich-neugierige Klangfarbe; sie muß – wie soll ich nur sagen – gleichsam in einer höheren Registerlage klingen. Alles hell und freundlich, anmutig plaudernd.« – Über das »Pfeifenschnitzen« wurde hinweggegangen. Erst von da ab: ›Heida! so höre nun auf mein Horn‹ korrigierte Wagner wieder. Der frische Anruf, ebenso das folgende, das dem Meister lange nicht »flink und munter« genug dünkte, veranlaßte Wiederholungen. Nun aber kam die prächtige Szene zwischen Siegfried und Fafner, die mit neuen Anforderungen Wagners an das Stimmorgan Ungers verknüpft war. Er verlangte, es müsse schon bei Beginn der Szene einen übermütig kecken und womöglich sieghaften Klangcharakter zum Ausdruck bringen! Der Ton sollte »wie der blinkende Nothung im hellen Sonnenschein« wirken, blieb aber hier eine »Waffe in der Lederscheide.« Was half da Wagners Anfeuerung, seine Ermunterung und alle Wiederholungen, bis er schließlich seine Ungeduld nicht mehr meistern konnte. Unger gab sich alle erdenkliche Mühe, es ihm recht zu machen; er arbeitete sich ab, daß ihm die dicken Schweißtropfen auf der Stirn standen – aber man verlangte von ihm etwas, was er nicht besaß, was nach der stimmtechnischen Seite hin noch ganz außerhalb seiner Vorstellung lag und wofür ihm noch nicht einmal das notdürftigste Verständis aufgegangen war. – Die Gegenrede Siegfrieds mit dem sterbenden Fafner: ›Mit Dir mordlich zu ringen, reiztest Du selbst meinen Mut‹ gab Wagner wieder Gelegenheit, Unger auf die zutreffende Ausführung der lautsymbolischen Ausdrucksweise und die Wichtigkeit der Erkenntnis des lautsymbolischen Zusammenhanges zwischen Wort und Ton zu verweisen. Des Meisters eingestreute Bemerkungen waren das Wertvollste bei unserem onomatopoetischen Diskurs, weil sich hierbei sein sicherer Künstlerinstinkt so herrlich offenbarte. Auf das anregendste sprach er von der Ausbeute, die er aus dem Schöpfungsquell der Natur häufig entlehnt habe. Daß er z. B. Rhythmus und Intervallfolge des »Waldvogels« durch hierauf abzielende Beobachtungen erlauscht zu haben vermeinte.

Es folgte nun die Szene zwischen Siegfried und Mime, die durch des Meisters unvergleichliche Mitwirkung sich meinem Gedächtnis unauslöschlich eingeprägt hat! Ihm war es gegeben, diese Notenzeichen sprachrhythmisch so lebensvoll zu gestalten, daß es schien, als entstünde des Sängers freibildende Vortragskunst ganz von selbst, und die genaueste Befolgung des Vorgeschriebenen sei Nebensache. Daß indessen die zutreffende Übertragung des Kunstwerkes aus der Partitur in die tönende Welt der dramatischen Darstellung noch ganz anderer Mittel bedarf als nur der strengsten Wiedergabe eben dieser »Noten«, dafür erbrachte des Meisters Vortragsart den überwältigenden Beweis. Jede Schilderung bliebe da ein mißlungener Versuch und für die Belehrung völlig nutzlos; hier bestand der Gewinn im unmittelbaren Hören und besonders darin, daß es, obgleich entlehnt und nachgeahmt, gleichwohl individueller Besitz des Darstellers wird. – Ich bedauerte schmerzlich, daß Schlosser, der erste Mime Bayreuths, dieser intimen Probe nicht beiwohnte; hier hätte er unvergleichlich mehr profitiert, als bei den späteren Gesamtproben, bei denen sich Wagner mit den einzelnen Darstellern weniger befassen konnte.

Übrigens war es belehrend und erfreulich zugleich wahrzunehmen, wie des Schülers Leistung vor unseren Augen wuchs, und das Verständis für die dramatische Situation sich mehr und mehr vertiefte. Während des Zwiegesprächs mit Mime, das an das Stimmtechnische nur geringe Ansprüche stellt, hörten wir stellenweise Töne und Wortbildungen, ja selbst Satzphrasierungen, die Wagners Suggestion deutlich erkennen ließen. Daran schloß sich eine Auseinandersetzung, die für den Siegfriedsänger überaus belehrend war, und mich im höchsten Grade interessierte.

Nach Wagners eigener Bezeichnung handelte es sich um »ein neu Hinzugekommenes« im Charakter Siegfrieds, das seinem Empfinden bis dahin völlig fremd geblieben war: Des Waldvogels Lied mußte ihm *Mißtrauen* gegen Mime einflößen. Aus dessen ungeschickter Art, das gegen seinen achtlosen Zögling gerichtete verbrecherische Vorhaben durch heuchlerische, fürsorgliche Zudringlichkeit zu verhüllen, merkt Siegfried, daß die Warnung des Waldvogels begründet war, daß der Zwerg ihm nach dem Leben trachte, um in den Besitz des Hortes zu gelangen. Also muß er sich entschlossen wehren, muß gegen den tückischen Mime auf der Hut sein.

Die Etappen dieser beschleunigten Innenentwicklung des »trotzigen Kindes« wollte Wagner in vollster Erkenntnis – also gesanglich in den schärfsten Umrissen – zum Ausdruck gebracht sehen. Hierfür gab er folgende Anleitung: »Der um sich greifende Zustand des »Mißtrauens« ist die Wurzel, aus welcher die von mir gewollte Grenzbestimmung zwischen sorgloser Knabenhaftigkeit und ernst-bewußter Willensäußerung entspringt, die durch den plötzlich geweckten Selbsterhaltungstrieb zu entschlossener Gegenwehr bis zur Vernichtung des Gegners sich steigert. Denn Siegfrieds instinktiver Widerwille gegen Mime, der ihm von jeher innewohnte, geht folgerichtig in Ekel, Haß und Abscheu über, woraus sich, im Zustand der Notwehr, die unaufhaltsame Vernichtungsnotwendigkeit seines Todfeindes ergibt. Ruhig und überlegen wendet er sich an Mime: ›Daß Du mich hassest, hör ich gern; doch auch mein Leben muß ich Dir lassen?‹ – Mimes Heuchelei wird psychologsich der reine Rösselsprung. Er leugnet darauf los, verwickelt sich aber dabei immer mehr und platzt endlich mit seinen bösen Absichten heraus – während er sich's angelegen sein läßt, sie vor dem »dummen Buben« zu verhüllen . . . ›So willst Du mein Schwert, und was ich erschwungen, Ring und Beute mir rauben?‹ – Diese und die vorhergehende Frage sollten dem Klang und ihrem Ausdruck nach zum Vorausgegangenen des Mime im äußersten Gegensatz stehen. Für die wirksame Umwandlung seines jugendlichen Helden verlangt Wagner eine vornehme Gemessenheit, Zurückhaltung im gesanglichen Ausdruck, jedoch eine scharf ausgeprägte Artikulation, während der verschlagene Mime mit seiner häßlichen Aufdringlichkeit den Eindruck eines Halbbetrunkenen macht, in dessen Kopf sich ein einziger Gedanke wälzt, der, wenn auch im Zickzack, auf die Ausführung seines Planes losgeht. Mit heuchlerischer Freundlichkeit reicht Mime dem Erschöpften seinen selbst gebrauten Trank: ›Hier nimm, und trinke Dir Labung . . .‹ Siegfried: ›Einen guten Trank hätt ich gern, wie hast Du diesen gebraut?‹ . . . Diese scheinbar so einfache Frage wurde wieder zu einer Quelle der Belehrung für den Sänger. Die Betonung sollte eine »lauernd verhaltene«, das ihr innewohnende Mißtrauen deutlich zum Ausdruck gebracht sein. Die letzte Frage Siegfrieds: ›Im Schlafe willst Du mich morden?‹ wurde durch des Meisters einschlägige Erklärung für Unger zu einer äußerst schwierigen Aufgabe, die schlechterdings nicht gelingen konnte. Mit gleichsam verschleierter Stimme sollte die entscheidende Frage einsetzen, sich aber schon im dritten Takt zu freier Tongebung durchringen, um endlich, anwachsend bis *zur letzten Note,* mit einem *tief erregten* Stimmklang abzuschließen. Diese Tonfärbung bezeichnete Wagner als einen »neuen Zuwachs«. Die Auffindung dieses »Timbres« übertrug er mir in der witzigsten Form. Unger bedurfte wieder einer Erheiterung, denn das Schlimmere, seinem kehligen Organ Widerstrebende, stand ihm noch bevor.

Die letzten zehn Takte Mimes, diese immer eindringlichere Betonung, die den Beutegierigen das Gelingen seiner Tat in unmittelbarer Nähe erkennen läßt, diese brutale Zudringlichkeit, die des teuflischen Werkes als schon vollbracht mit hellem Gekicher sich erfreut, während das versetzte Schwertmotiv Siegfried mächtig zum Todesstreich ausholen läßt – das alles spielte sich durch des Meisters Vortragsweise so unglaublich lebensvoll ab, daß selbst Siegfrieds ›Schmeck Du mein Schwert, ekliger Schwätzer!‹ – das stimmlich ja leider nicht »in der Sonne blitzte« – unsern genialen Mime-Sänger nicht aus seiner vortrefflichen Stimmung brachte.

»Nun, Verehrtester, hängen Sie Ihr Schwert wieder ein, und fahren wir fort: Neides Zoll zahlt Nothung.« Von hier ab tritt der Siegfried des ersten Aktes in der Klangfärbung des Organs und auch zum Teil in der Ausprägung des Vortrags bemerkenswert zurück. Ein ruhiger Ernst beherrscht ihn bis zu der Stelle: ›Linde Kühlung erhielt ich unter der Linde‹, wo er sich ermüdet unter dem Baum ausstreckt. Bei dem jugendlichen Helden hat das eben Erlebte einen natürlichen Rückschlag bewirkt. Er hat ganz neue, tiefgehende Eindrücke innerlich zu verarbeiten. Sein junges Empfinden kann sich nicht weiter mit den ihn umgebenden Rätseln beschäftigen; aus den fremdartigen Eindrücken kehrt seine Natur ins Gleichgewicht zurück, und im Gefühl völliger Vereinsamung wendet er sich wieder an den Genossen in luftiger Höhe – der soll ihm die Fragen beantworten, die sein sehnsuchtgeschwelltes Innere bewegen, ›soll ihm das Rechte raten‹, und ihm sagen, wo ›der gute Gesell‹ zu finden ist, nach dem ihm verlangt, den er sich noch immer ›nicht hergeblasen hat‹; er plaudert mit dem freundlichen Vöglein von der liebeleeren Vergangenheit in der Gemeinschaft mit Mime, und daß er ihn gar erschlagen mußte. Er möchte wissen, was nun mit ihm werden wird. ›Nun sing! Ich lausche dem Gesang!‹ –

Da tritt nun die plötzliche Wandlung seines Wesens, jene neue Entwicklungsphase ein, die der Sänger zu vollem Ausdruck zu bringen hat. Der Waldvogel hat ihm verkündet, wo er Brünnhilde »das herrlichste Weib«, die Braut, finden wird. Er hat die Kunde kaum vernommen, und schon flammt sein junges Blut wie eine Lohe zu heißer Wallung auf. Als ein »Neues« gewahren wir, wie das schlummernde – seither unterdrückte – Gefühl der Liebe mit elementarer Gewalt, jugendlich ungestüm hervorbricht; keine Furcht und Gefahr kennend, alles mit sich fortreißend! ›Was jagt mir so jach durch Herz und Sinne? Sag es mir, süßer Freund!‹ Ein Sehnsuchtstaumel mächtig aufquellender Liebe hat ihn erfaßt, wohin das drängt, weiß er garnicht. Der stark erregte Vortrag beruhigt sich nur vorübergehend da, wo Siegfried die letzte Frage an den gefiederten Freund richtet: ob er das Feuer durchbrechen und die Braut erwecken wird? ›Brünnhild erweckt ein Feiger nie: nur wer das Fürchten nicht kennt!‹ Und indem er sich selbst als den erkennt, dem das beschieden sein wird, ergreift er des Waldvogels Motiv mit *heller, jauchzender Stimme* – ›der dumme Knab', der das Fürchten nicht kennt, mein Vöglein, der bin ja ich.‹

Meine Zeit war zu Ende. Ich mußte an die Abreise nach München denken. Unger war ohnehin ermüdet, was dem Meister ganz und gar nicht gefiel, da er nicht an die Möglichkeit glauben mochte, sich in der Wahl seines Siegfriedsängers geirrt zu haben. Der Verlauf unserer Probe schien jedoch gleichwohl seinen fatalistischen Glauben etwas erschüttert zu haben. Er bedauerte, daß ich dienstlich nach München zurück müsse, da er gerne noch das sehr wichtige »Duett« des dritten Aktes durchgenommen hätte. So aber mußte ich ihm versprechen, mich sobald als möglich wieder in München frei zu machen, da die Arbeit mit Unger keinen Aufschub duldete. Ich verabschiedete mich und ging, von Unger begleitet, zur Bahn. –

In München angelangt, unternahm ich sogleich Schritte, vom Direktorium der Musikschule mir einen längeren Urlaub, womöglich für den ganzen Rest des Schuljahres, auszuwirken. Den erhielt ich unter der Bedingung: für die Dauer desselben eine Vertretung zu beschaffen. – War mir meine eingeschränkte Tätigkeit an der Königlichen Musikschule längst schon verleidet, so war das Bayreuther Intermezzo, mit dem Ausblick auf ein gemeinsames Schaffen mit dem Meister, um so weniger geeignet, die Unlust an meiner maschinenmäßigen Beschäftigung zu verringern. Die Mehrzahl meiner Kollegen betrachteten das Bayreuther Unternehmen mit kühler Gleichgültigkeit und einer Zweifelsucht, wie man sie ausgeprägter bei den Stammgästen des Hofbräuhauses nicht antraf. –

Am 3. Juli hatte ich Wagner melden müssen, daß ich vorläufig noch nicht abkommen könnte, weil es mir noch nicht gelungen war, eine passende Stellvertretung zu finden. Sobald dies geglückt wäre, würde ich sofort in Bayreuth eintreffen. Am 5. schon erhielt ich die dringende briefliche Mahnung, alles im Stich zu lassen und sofort zu kommen. Er würde schon sorgen, daß mir keine Ungelegenheiten aus dem Schritte erwüchsen. . . . »Bayreuth ist jetzt viel wichtiger, als die Münchener Musikschule . . .«

Ohne noch Gelegenheit gefunden zu haben, dem Direktor die Dringlichkeit meiner Abreise klarzumachen, erhielt ich am 6. Juli vom Meister ein Telegramm: ». . . Ihre Gegenwart ist unumgänglich notwendig. Kommen Sie sogleich. Richard Wagner.«

Ich fand also endlich einen Gesanglehrer der Friedrich Schmittschen Schule, der sich bereit erklärte, meine Vertretung zu übernehmen. Am 9. früh reiste ich nach Bayreuth wieder ab. Gegen 3 Uhr dort angelangt, eilte ich gleich zu unserem geliebten Meister. Er umarmte und küßte mich aufs herzlichste und gab seiner Freude rührenden Ausdruck.

»Sie werden sich freuen, von mir zu hören, wie fleißig Unger ist. Zweimal habe ich noch mit Rubinstein den zweiten Akt Siegfried durchgenommen und ich glaube schon eine Verbesserung seiner Vokalbildung verspürt zu haben. Er scheint mir wirklich ein prächtiger Kerl. Sein Fleiß gefällt mir; ich sehe, daß er Ernst macht und mit Gründlichkeit lernen will. Nach der Szene mit dem Waldvogel war er aber wieder ermüdet; wenn das nur nichts auf sich hat!« –

108

Er hatte Unger schon Tags zuvor auf heute Nachmittag um 6 Uhr bestellt, um gemeinschaftlich den dritten Akt Siegfried durchzunehmen. Ich bat ihn jedoch, statt dieser Probe mir den Sänger für heute allein zu überlassen, um mit ihm die notwendigen Mittel und Wege bezüglich seiner Stimmkur festzustellen. Das geschah. Nach zweistündiger, intensiver Arbeit unternahmen wir einen Spaziergang ins Freie.

*

Bayreuth, den 11. Juli 1875.

Abends waren wir beim Meister in Wahnfried. Er eilte sogleich auf uns zu und wünschte Bericht über unsere »erste Lektion«; während wir noch plauderten, schob sich das Ehepaar Vogl durch die Portière. Beide traten an Wagner heran und begrüßten ihn ehrerbietigst, einige Worte des Dankes für die ihnen widerfahrene Auszeichnung an ihn richtend, über die er im Austausch einiger Worte rasch hinweg ging, da er von anderen Ankömmlingen attackiert wurde. Vogl schien meine Anwesenheit nicht sehr sympathisch zu sein, und ich mußte ihm erklären, wozu mich der Meister nach Bayreuth gerufen hatte. Wager war hinzugetreten, um sich mit mir wegen Ungers Separatstudium und der Gesamtproben zu verständigen, und sprach dabei die Hoffnung aus, mit meiner Schulmeisterroutine müßte ich Unger bis zum 1. August die Partie des Siegfried soweit beigebracht haben, daß er bei den Orchesterproben wenigstens musikalisch korrekt mitwirken könnte. – »Das ist ein Ding der Unmöglichkeit!« warf Vogl lebhaft ein, »das bringt weder Professor Hey noch sonst ein Mensch fertig; wissen Sie, Meister, ich kenne die Partie des Siegfried ganz genau, *denn ich habe sie studiert (!)* und weiß die kolossalen Schwierigkeiten zu beurteilen! Ich wiederhole, es ist unmöglich!« – »Lassen Sie unsern vortrefflichen Hey da sorgen. Seit ich bei dem Sangesmeister in München in die Schule gegangen bin, habe ich gewaltigen Respekt vor seiner Zucht bekommen und denke mir, daß er hält, was er verspricht!« – bemerkte Wagner mit Humor. Vogl machte eine sauersüße Miene und schwieg. Bald darauf begann die erste Szene (Rheintöchter) des »Rheingold«. Sie dauerte bis 8 Uhr. Dann wurde ein kalter Imbiß genommen und in den Garten gegangen, wo die Herren rauchten, während die Damen plaudernd promenierten, bis es gegen 9 Uhr zum Musizieren wieder in den Musiksalon ging. – Der Baritonist Hill aus Schwerin sang mit Frau Sadler-Grün ein Duett aus »Joseph« und die Vogls folgten der Aufforderung Wagners, einen Teil des zweiten Aktes aus Tristan zu singen. Leider ist aber der sonst ziemlich große Musiksaal mit Teppichen belegt, somit für die Tragfähigkeit der Stimmen äußerst ungünstig. Vogls Stimme klang dann auch gaumiger denn je; die Stimme seiner Frau, sonst etwas scharf und schneidend in der Nähe, erfuhr durch die Raumbeschaffenheit eine wohltuende Dämpfung, sie klang schön und ausgiebig. – Dem Meister war offenbar daran gelegen, beide in diesen Partien kennen zu lernen. Die Leistung der Frau fand seine freundliche Zustimmung; Vogl gegenüber verhielt er sich äußerst reserviert. Dieser entschuldigte sich, daß er »nicht besonders bei Stimme« sei, obwohl ich ihn nie anders gehört habe.

Das Denkwürdige des Abends bestand aber in etwas ganz anderem. Der Meister wünschte die Fortsetzung der abgebrochenen Tristan-Szene und hielt nun Umfrage bei den anwesenden Sängern, wer von ihnen den König Marke übernehmen würde? Da sich keiner hierzu entschließen konnte, setzte er sich zur Linken des Begleiters an den Flügel und – sang den Marke selbst! Woher er diese – eigentlich mit halber Stimme gesungen – Töne nahm, war unbegreiflich. Die rührende Klage des ins Herz getroffenen Freundes im Königsmantel – eine Rezitation, die den atemlos Lauschenden unmittelbar in die Seele drang. Ich möchte wohl wissen, ob einem der im Kreise sitzenden Stimmgewaltigen die Frage nach dem eigentlichen Ursprung dieses tönenden Wunders kam, das wie eine vom Augenblick geborene Improvisation aus Wagners bewegtem Innern quoll. Wer dachte bei diesem Vortrag noch an die Notenzeichen der Partitur? Diese dienten, so schien es, nur dazu, die Uferlinien anzudeuten, in die der Stimmungsgehalt der Tondichtung sich unmittelbar ergoß, um zu einem Strom höchster dramatischer Wirkung anzuschwellen. Das Erlebte war wohl geeignet, den Künstlern Stoff zum Nachdenken und gründlicher Selbstkritik zu geben.

*

Am nächsten Morgen um 9 Uhr holte ich Unger aus dem Bett und begann mit ihm die Fortsetzung des gestrigen Studiums. Gegen 10 Uhr erschien der Meister, augenscheinlich verwundert, uns schon in reger Tätigkeit zu sehen. – Wir gingen an den dritten Akt Siegfried. Der Beginn der zweiten Szene (Wanderer und Siegfried) verlangt leicht flüssigen, gut gebundenen Sprachgesang – das Wort deckt sich mit der melodischen Linie ebenso charakteristisch wie ungezwungen, mithin für Unger keine leichte Aufgabe. Für diese plaudernde Art des Vortrags fehlte ihm noch alles. Nach Wotans erster Frage, von der ab allmählich eine gesteigerte Betonung eintritt, wurde es schon besser; minder gelang die Stelle: ›Einen Felsen such ich, von Feuer ist er umwabert‹ usw. Die folgende Antwort auf Wotans Frage, auch sein Erlebnis mit dem von ihm getöteten »Wurm« gelang gut. Der Meister schien erfreut und wurde es noch mehr, als Unger das weitere mit gesteigerter Energie der Tongebung zustande brachte. Selbst einzelne Stellen, die Ungers Sprachgesang bei lebhafter Wortfolge in ein bedenkliches Licht rückten, vermochten des Meisters Vertrauensseligkeit nicht zu erschüttern. Er ging über bedeutsame, aber unzureichend gesungene Stellen hinweg und seine Korrekturen berührten nur noch die Ausprägung des Vortrags in bezug auf Klarstellung der Motive innerhalb des dramatischen Vorgangs. Undeutliche Wortbildungen und unreine Vokalisation, die er bei den vorausgehenden Proben häufig gerügt hatte, überging er, verweilte aber plötzlich bei jener Stelle, die zum Schwierigsten des Sprachgesanglichen zu rechnen ist: . . . ›Drum sprich, sonst spreng ich Dich fort!‹ Hier machte der Meister Halt und ließ den Sänger den Satz einigemale mit kräftiger Betonung, zuerst langsam, dann allmählich rascher, mit schärfster Artikulation *sprechen*, während die Begleitung, rhythmisch gut ausgeprägt, die melodische Linie auf dem Instrument auszuführen hatte! Eine Vorschrift, die den genialen »Gesangspädagogen« verriet und zugleich geeignet war, Wagners Grenzbestimmung zwischen Sprache und Gesang in helles Licht zu setzen.

Nachdem die weiteren Stellen ohne wesentliche Korrekturen durchgenommen waren, folgte eine Pause, die Rubinstein mit der großartigen Verwandlungsmusik zur dritten Szene ausfüllte. Er hatte uns hinauf ›auf den felsigen Saum der Höhe‹ gespielt. Die letzten vier Takte, vor dem zarten Eintritt des Gesanges: ›Selige Öde auf wonniger Höh'...‹ summte der

Meister, die Violine gleichsam nachahmend. – Unger hatte kaum begonnen, als ihn Wagner auch schon unterbrach: »Lieber Freund, das ist nicht der richtige Ton, den Sie anschlagen; hier muß ein ahnungsvolles Erstaunen, eine freudige Überraschung über diese ihm völlig neue Welt, die sich plötzlich vor ihm ausbreitet, zum Ausdruck kommen. Diese überwältigende Empfindung spricht sich in einem leise verhaltenen Stimmklang aus. Gleichsam zaghaft sieht er Wunder um Wunder sich folgen, die seine Sinne gefangen nehmen und bald ganz verwirren.« Tatsächlich brachte der Meister diesen »verhaltenen Stimmklang« zustande, als er Unger den Anfang des Monologs belehrend vorsang.

Die Wechselwirkung der Eindrücke zwischen dem berauschenden Ausblick in diese einsame, wonnevolle Welt und dem Erblicken Brünnhildens – die verzagte Annäherung an dieses schöne Menschenbild, das da vor ihm liegt, die plötzliche Überraschung mit dem erschreckten Ausruf: ›Das ist kein Mann!‹ – das alles erregte augenscheinlich des Meisters Zufriedenheit.

Hatte Wagner bei den lebhaft erregten Gesangsstellen häufige Unterbrechungen veranlaßt, um Ausstellungen an der konsonantischen Artikualtion zu machen, so legte er von da ab: ›. . . Süß erbebt mir ihr blühender Mund‹ usw. das Hauptgewicht auf die *vokale* Seite des Vortrags.

»Hätten Sie doch Tichatscheks Stimmklang in seiner Jugend einmal gehört! Wie der Mensch eine vokale Linie ohne Unterbrechung herzustellen wußte! Z. B. das Gebet im 5. Akt Rienzi: ›Mein Herr und Vater, o blicke herab, senke Dein Auge aus Deinen Höhen . . .‹ – wie er diese einfache melodische Linie ausführte, daß sie wie eine italienische Vokalise klang! Ich werde das nie vergessen.« Er setzte sich ans Klavier, begleitete die angeführte Stelle mit einfachen Akkorden, und suchte, indem er auf das Ausdrucksvollste mit zarter Stimme sang, sich über die besondere Art der *vokalen* Phrasierung mit Unger zu verständigen. –

So wurde der Meister nicht müde, beim Aufsuchen und Bekämpfen all der Hindernisse, die mir Ungers Wahl als eine so bedenkliche erscheinen ließen, in rastloser Tätigkeit selbst Hand anzulegen. Wagner war immer der Meinung gewesen, ein *stimmbegabter* Mensch, der gesunde Lungen, gut gebildete Stimmbänder und eine robuste Körperkonstitution habe, müsse imstande sein, jederzeit zu singen, selbst mit schlechtem Tonansatz. Aber als der »reckenhafte« Mann wiederum sichtlich ermüdet vor ihm stand, sah er seinen Irrtum ein. So also beendeten wir die Probe und begleiteten den Meister nach Hause.

Als ich mit Unger wieder allein war, eröffnete ich ihm rückhaltlos meine Bedenken. Er war sich der kritischen Lage, in der wir uns befanden, wohl bewußt und erklärte, seine ganze Tatkraft aufbieten zu wollen, um das in ihn gesetzte Vertrauen Wagners vor aller Welt zu rechtfertigen. Dabei leuchtete ein Strahl aus seinen Augen, der mich freudig überraschte. Es schien, als wäre eine Krisis im Anzug, ein Erwachen seiner schlummernden Geisteskräfte. Die Umwandlung aus dem Opernsänger gewöhnlichen Schlages zum bewußten Darsteller des idealen Kunstwerks schien sich tatsächlich vorzubereiten.

Wolfgang Sawallisch, München

JEAN COX' ERSTER SIEGFRIED (ROM 1968)

Es muß für einen Sänger, dem die Gnade einer außergewöhnlich stimmlichen Begabung zuteil wurde und der seine beruflichen Meriten unter der schrecklichen Bezeichnung »Heldentenor« verdient, ein Höhepunkt in seiner Karriere sein, zum ersten Male die Partien des Siegfried erarbeiten und auf der Bühne singen zu können. Nicht nur erfordert allein die zeitliche Beanspruchung beider Partien ein Höchstmaß an Kraft und vollkommener stimmtechnischer Souveränität, auch – und im besonderen – gilt es, den größten Helden der deutschen Sage, in dem ein Großteil nicht nur des Opernpublikums das Makelloseste, »Hehrste« und mit seinem Tod das Erschütterndste zu erleben vermeint – es gilt also, ihn von Figur und Gestaltung her zu erfassen, sich mit der Persönlichkeit zu identifizieren, ihn glaubhaft zu machen. Das hört sich wesentlich leichter an als es in der Tat ist. Es bedarf einer ungeheuren Konzentration, Text und Musik zu beherrschen, und beide Partien erfordern höchsten physischen Einsatz.

Im Jahre 1968 konnte ich in Rom mit Orchester und Chor des italienischen Rundfunks Wagners Tetralogie ungekürzt an acht Abenden konzertant aufführen. Spitzensänger standen zur Verfügung, die ihre Partien viele Male bereits auf der Bühne gesungen hatten. Nur die Besetzung des Siegfried machte Schwierigkeiten, »gesungene« Tenöre waren nicht greifbar. Jean Cox wurde verpflichtet mit der sich für ihn ergebenden einmaligen Möglichkeit, sich in großer Ruhe zum ersten Mal im Konzertsaal diese Partien zu erarbeiten. Sicher nach außen ungewöhnlich, einen Siegfried im Frack zu singen, aber im Ergebnis faszinierend.

Cox kam fabelhaft vorbereitet zur ersten Klavierprobe. Mit außerordentlicher Konzentration und einem erstaunlich richtigen Gefühl für Aussage und Deklamation der deutschen und speziell Wagnerschen Sprache konnte er sich in Einzelheiten vertiefen und mit Nachdruck Phrasierungen erarbeiten, die oftmals bei gleichzeitiger Aufmerksamkeit für szenische Anweisungen etwas ins Hintertreffen geraten. Wir konnten auch – begünstigt durch die vorgesehene aktweise Aufführung der Götterdämmerung, sowie der Trennung des 3. Aktes Siegfried von den beiden vorhergegangenen – viel mehr auf die stimmlichen und stimmtechnischen Notwendigkeiten eingehen und vorerst ohne die für eine zusammenhängende szenische Aufführung nötige ökonomische Beschränkung arbeiten.

Ich glaube, daß Jean Cox sich bei dieser Gelegenheit die Partien besonders gut angeeignet und »in den Hals gesungen« hat. Ein unbestrittener Vorteil, den er dann in den Folgejahren für die Bühnenpraxis großartig genutzt hat. Sein »Jung-Siegfried« ist ein Muster an kluger Disposition, überlegener Gestaltung und bester Deklamation. Unsere Zusammenarbeit in Rom war auch geprägt von seinem Willen, es wirklich so gut wie möglich zu machen, von geradezu fanatischem Eifer erfüllt, in die Welt des »Helden« einzudringen. Bei sprachlich schwierigen Formulierungen aus der Feder Wagners ließ er nicht nach, durch eindringliche Übersetzungen sich Klarheit zu verschaffen, wie Wort und Ton so und nur so sein mußten.

Niemals auch nur eine Frage, die nicht begründet und berechtigt gewesen wäre. Niemals aber auch ein Nachlassen von Aufmerksamkeit und bereitwilliger Aufnahme helfender Ratschläge. So wurde die Einstudierung dieser beiden Partien zu einem Musterbeispiel für eine beglückende Zusammenarbeit von Sänger und Dirigent. Ich glaube auch, daß Cox in den Jahren nachher in die szenische Wiedergabe des Siegfried sehr viel hat einbringen können, was ganz organisch von Anfang an vor allem in stimmtechnischer Hinsicht gewachsen und bei ihm ohne weitere Überlegung zur Selbstverständlichkeit geworden war. Jean Cox hat meines Erachtens den richtigen Weg beschritten, der notwendig ist, nun für viele Jahre der wirkliche Protagonist in diesen Partien sein zu können: Nicht zu früh überhaupt mit der Bewältigung des Siegfried zu beginnen und ohne Hast und »Zwang« durch ganz natürliches Wachsenlassen für Gesang und Gestaltung eine Überlegenheit zu erlangen, die allein befähigt, ohne Substanzverlust sich ganz am Abend auszugeben. Der Erfolg ist auf seiner Seite.

»RING« IN MÜNCHEN

Die Inszenierungen von Günther Rennert 1969 und 1974-76

Günther Rennert hat den »Ring« während seiner Münchener Zeit zweimal inszeniert. Die erste Inszenierung legte er als geschlossene Arbeit (Premieren aller vier Stücke der Tetralogie innerhalb einer Woche) vor. Dabei stützte er sich weitgehend auf seinen Hamburger Entwurf, den er mit Helmut Jürgens, der auch die Bühnenbilder für München erstellen sollte, bereits Anfang der 50er Jahre erarbeitet hatte. Johannes Dreher entwickelte das Konzept nach dem Tode von Jürgens mit Rennert für München weiter. Die musikalische Betreuung, die Joseph Keilberth (der noch, im Einvernehmen mit dem Regisseur, die Solisten ausgesucht hatte) übernehmen sollte, lag nach dessen Tod in den Händen von Lovro von Matacic. Die Neuinszenierung (1974 bis 1976 vorgestellt) unterschied sich in ihrer Grundkonzeption nicht von der früheren. Für das Bühnenbild zeichnete Jan Brazda, Dirigent dieser Produktion war und ist Wolfgang Sawallisch.

In den Mittelpunkt seiner Dramaturgie stellte Günther Rennert die menschlichen Konflikte, deren überzeitliche Dimensionen er mit einer äußerst differenzierten, individualisierenden Personenregie verdeutlichen wollte. 1974 verzichtete er weitgehend auf Kulissen und Versatzstücke, um die Erzählung, d. h. die psychologische Motivation der handelnden Personen und die sich daraus ergebende Kosequenz des Handlungsablaufs, noch klarer herauszuarbeiten. Von Brazdas Projektionen versprach er sich eine Aufhellung der jeweiligen psychologischen Situation, während er 1969 Licht nur zur Vermittlung von Stimmungen einsetzte. Nach wie vor war Rennerts Regie keine des Lichts, sondern eine der Personen und ihrer Situationen, die der Phantasie der Zuschauer und Zuhörer genügend Spielraum zu freien Assoziationen einräumen wollte, deren Sinnzusammenhänge an erster Stelle aus der musikalischen Aussage in ihrer ganzen Vieldeutigkeit zu entschlüsseln seien.

Grundsituationen, wie sie sich im Abstieg der Götter und im Aufstieg der Menschen darstellen, wollte Rennert als realistische Aktionen zeigen und zugleich für den mythischen Hintergrund transparent halten. »Die realen Schauplätze (Hütte, Esche, Felsenjoch etc.) werden gleichsam als Chiffren, knapp, formelhaft und stilisiert angedeutet. Gleichzeitig aber verwenden wir – und damit dem dynamischen, stimmungshaften Psychogramm der Musik entsprechend – irreale Schauplätze, die in stetem Wechsel begriffen sind: bewußt vieldeutig, vielschichtig und optisch überlagernd.« (Günther Rennert, Über das Versagen an der Liebe, in: Musica, Oktober 1977, S. 407). »Beidem, der Tiefe des Mythos wie der konkreten, dramatischen Situation hat eine »Ring«-Inszenierung sich zu stellen. . . . Ich versuche ein mytholoisches Geschehen für uns heute zu erzählen, allgemeine Sachverhalte in ihrer Gültigkeit für jeden Einzelnen zu zeigen und besonders an den ›Schaltstellen‹ des tragischen Geschehens interpretierend Stellung zu nehmen. So bekenne ich mich zu einer neuen Gegenständlichkeit der mythischen Orte, auf denen wesentliches, wesenhaftes Geschehen im Spannungsfeld von

Günther Rennert probt mit Jean Cox. „Götterdämmerung", München 1976.

Psychologie und Archetypik sich vollzieht.« (Günther Rennert, Zum Münchner »Ring« 1969, in: Programmheft der Bayer. Staatsoper 1969). Damit setzt Rennert sich von Statuarik und Stilisierung, Abstraktion und Symbolik Wieland Wagners ab; auch wenn beide den »Ring« auf einer Scheibe spielen lassen: diese war bei Wieland Wagner kleiner, elliptisch, eine abstrakte Bühnenform – bei Rennert war sie größer, rund, eine reine Spielfläche.

Günther Rennert forderte »eine Spielweise, die die Mitte hält zwischen individueller Charakterisierung und typischer, ja archetypischer Allgemeingültigkeit.« (Programmheft Bayer. Staatsoper) Die Arbeit mit seinen Sängern verlief zügig: mit wenigen, intensiven Worten erläuterte er die jeweilige Spielsituation; gestisch und mimisch zwang er ihnen nichts auf; er wußte sich auf jede Persönlichkeit einzustellen, bevorzugte besonders den Typ des Komödianten. Er ging von der natürlichen menschlichen Bewegung aus, nicht im Sinne naturalistischer Drastik, sondern realistischen Ausdrucks.

In Jean Cox begegnete Rennert eine Sängerpersönlichkeit, die ihn zunächst verblüffte. Cox reagierte auf Rennerts direkte, lebhaft schildernde Ansprache zurückhaltend. Die Temperamente schienen verschieden. Es brauchte eine gewisse Zeit bis zur gegenseitigen Verständigung. Wenn Cox unbeteiligt schien, war das Zeichen intensivster Bewußtmachung des gerade Aufgenommenen, eine Art Selbstschutz, um sich in höchste Konzentration zu versetzen. Er agierte nicht aus dem Augenblick, d. h. er hörte erst einmal zu, überlegte, fragte wenig, verarbeitete alles für sich – und setzte dann Rennerts Intentionen in die gewünschte Darstellung um. Cox merkte sich jede Einzelheit. Mit absoluter Präzision führt er sie noch nach Jahren aus. Es ging schon damals von ihm eine Sicherheit aus, die seine Partner mitriß. Da er die Partie des Siegfried bei seinem Bühnendebut (voraufgegangen war 1968 die konzertante Aufführung des »Ring« in Rom unter Wolfgang Sawallisch) ungekürzt beherrschen wollte, wurden für ihn alle Striche aufgemacht. Sein hohes psychologisches Einfühlungsvermögen befähigt ihn, den Siegfried vollkommen nach Rennerts Vorstellungen zu verkörpern: als eine durchaus positive Figur, deren negative Wirkung in der »Götterdämmerung« erst aus der Situation entsteht, in der sie sich befindet.

Besonderen Wert legte Rennert auf die Schlüsselszenen des Werkes, die er gelegentlich in die Bühnenmitte verlegte, so daß die Protagonisten der jeweiligen Situation auch optisch in den Mittelpunkt gerückt wurden. Er arbeitete lange an diesen »Schaltstellen«; als Beispiele seien genannt: Siegfrieds Vergessen des Brünnhilden-Erlebnisses nach Hagens Trank (»Götterdämmerung«, I. Aufzug) und Mimes erfolgloser Versuch, Siegfried das Fürchten beizubringen: zur Musik des »Feuerzaubers« agiert Mime äußerst bemüht, kann aber Siegfried, dessen Sehnen durch diese Musik motiviert wird, nicht mit seinen Worten erreichen. Rennert läßt Mime den Text als dramatische Aktion realisieren, während er Siegfried aus der musikalischen Motivik führt. So macht er schon zu diesem Zeitpunkt offensichtlich, daß die Kluft zwischen Mimes Wollen und Siegfrieds Fühlen unüberbrückbar ist.

Die Musik war für Rennert Ausgangspunkt seiner Arbeit. Sie trägt das Innenleben der handelnden Personen, ist »das gesetzgebende Element« (Günther Rennert/Jan Brazda, Perspektiven der »Ring«-Inszenierung, in: Theaterarbeit an Wagners Ring, hg. v. D. Mack, München 1978, S. 85). »Ich bin . . . der Ansicht, daß der ›Ring‹ primär ein musikalischer Kosmos ist, daß seine Dramaturgie nach musikalischen Gesetzen entwickelt ist, daß seine Konflikte und stimmungsbetonten Bilder in erster Linie die Visionen eines Musikers sind, und daß selbst die Texte aus primär musikalischen Vorstellungen entstanden sind.« (in: Musica, S. 404).

Entscheidende Situationen erarbeitete Rennert taktweise, verwies stets auf die motivischen Details wie auf die übergeordneten musikalischen Zusammenhänge. Die Regieanweisungen Richard Wagners befolgte er ihren Intentionen nach, legte sie aus, übersetzte sie – exakt an den vorgeschriebenen Stellen. Er folgte immer dem Autor, dabei behielt er stets den großen Bogen im Auge: »Die Kolossalwirkung des Wagnerschen Musiktheaters – und ganz besonders der ›Ring‹-Tetralogie – beruht darin, daß einzelne Handlungsmomente nie für sich bestehen, sondern, wie eine angeschlagene Saite, stets den gesamten Resonanzkörper des tönenden Handlungsgebäudes zum Schwingen bringen.« (in: Theaterarbeit an Wagners Ring, S. 86)

(aufgezeichnet nach einem Gespräch mit Karl Erich Haase und Ronald H. Adler in München am 10. 11. 1981)

(bh und gh)

Dietrich Mack, Thurnau

NOT TUT EIN HELD ?
Fragmentarische Bemerkungen zur Dramaturgie des Siegfried

>>Kaum bist du Herr vom ersten Kinderwillen,
so glaubst du dich schon Übermensch genug.<<
Goethe, Zueignung, 1784

Helden appellieren an das Gefühl, fordern Glauben und Bewunderung. »Es ist gut für ein Land, Helden zu haben, zu denen man aufblicken kann« (John Ford), ist nicht nur ein Western-Topos. In Brechts »Galilei« sagt Andrea Sarti: »Unglücklich das Land, das keine Helden hat.« Galileis Korrektur: »Unglücklich das Land, das Helden nötig hat.« zieht diese Fabel convenu in Zweifel: Helden sind nicht der Maßstab für das Glück, sie verweisen auf die Not eines Landes. Ihre Taten haben gestischen, nicht emotionalen Charakter, entlarven die sie hervorbringenden Umstände. Darum tritt bei Brecht die Wertung von Galileis Widerruf als Verrat oder Heldentat zurück hinter der Frage nach den Ursachen der Situation. Zugespitzt: Heldentaten sind Formen der Gesellschaftskritik.

*

Dieser Funktion widerspräche Wagner nicht; bereits im »Nibelungen-Mythos« 1848 hat Siegfried, der Held, die Aufgabe, die Schuld der Göttergesellschaft zu tilgen: Unglücklich das Land der Lichtalben, das einen Siegfried nötig hat. Ausgespart bleibt, wenigstens zunächst, der in Galileis Replik angemeldete methodische Zweifel, das Infragestellen einer Konvention. Denn mit welcher verbalen Glorie hat Wagner seine Lieblingsfigur umgeben; ihn den schönsten seiner Lebensträume, den vollkommensten Menschen, den von ihm gewünschten, gewollten Menschen der Zukunft genannt, ihn mit griechischen, germanischen, vor allem aber märchenhaften Attributen ausgestattet und ihm Epiteta in verschwenderischer Fülle verliehen: ein helläugiger, blühender, thöriger Knabe wird zu einem starken, kühnen, schönen, hehren, kindischen, rosigen, seligen, lachenden und liebensfrohen Helden, der somit Wecker des Lebens, siegendes Licht, Lust und Hort der Welt, Leben der Erde ist. – Je chaotischer die Situation, desto erlösender die Helden.

*

»Begreifen wir unter ›Held‹ überhaupt den ganzen, vollen Menschen, dem alle rein menschlichen Empfindungen – der Liebe, des Schmerzes und der Kraft – nach höchster Fülle und Stärke zu eigen sind, so erfassen wir den richtigen Gegenstand, den der Künstler in den ergreifend sprechenden Tönen seines Werkes sich uns mitteilen läßt« – so schrieb Wagner über Beethovens heroische Symphonie im Februar 1851, vier Monate bevor er den Text zum heroischen Lustspiel »Der junge Siegfried« beendete. Nur fünf Jahre später, die Schopenhauer-Lektüre liegt dazwischen, schrieb Wagner an seinen Freund August Röckel (23. 8 1856) vom ›schmerzlosen Dasein‹ Siegfrieds, den er mit den Begriffen einer hellenistisch-optimistischen Welt gestaltet habe. Distanz zum Heroischen?

*

Wagners eigner Kommentar könnte weitgehend Hegels ästhetischem Kanon der attischen Tragödie entnommen sein: Schuldlos trägt Siegfried die Schuld der Götter. Sein Charakter entwickelt sich nicht, ist in sich geschlossen, selbständig, unvermittelt, unwillkürlich, substantiell. Subjektivität und Inhalt des Wollens sind – genau wie Hegel es formuliert – unauflöslich. Siegfried ist nicht durch Sorge und Furcht sich selbst entfremdet, nur einmal streifte ihn die Furcht (III. Akt »Siefried«, Liebeskuß). Die Szene mit den Rheintöchtern zeigt seine natürliche Unfähigkeit zur Kommunikation und sein unwillkürliches Wissen, daß der Tod besser sei als ein Leben in Furcht. Leporello in Mozarts »Don Giovanni« könnte diese Szene kommentieren: »pur-chè porti la gonella voi sapete quel che fà.« Hier wie dort: Moralische Kategorien versagen, der Augenblick ist alles. Siegfried – wie Don Giovanni – ändert sich nicht, er zerbricht. Der Sinn dieses Pathos bleibt ihm dunkel. Sinn stiftet die Musik in ihrem strengen Parallelismus von Todesgesang und Erweckung Brünnhildes, Erinnerung und Vorwegnahme in einem.

*

»Die letzte, vollständigste Entäußerung seines persönlichen Egoismus, die Darlegung seines vollkommenen Aufgehens in die Allgemeinheit, gibt uns ein Mensch nur mit seinem Tode kund, und zwar nicht mit seinem zufälligen, sondern seinem notwendigen, dem durch sein Handeln aus der Fülle seines Wissens bedingten Tode« – schrieb Wagner in »Das Kunstwerk der Zukunft«. Der Tod trifft Fasolt, Hunding, Mime oder Gunther in dem Augenblick, in dem sie ihr vermeintliches Ziel erreicht haben, für Siegfried ist er Inhalt, Offenbarung des Lebens, oder mit den Worten Ernst Blochs: Meißel der Tragödie. Dieser Meißel hat nur einen Sinn: »daß wissend würde ein Weib!« So wird der Tod ein letztes und erstes zugleich, Sühneopfer und Aufgang einer neuen Welt. »Götterdämmerung« als Mysterienspiel?

*

Siegfried muß wie ein Tor handeln, um erfolgreich zu sein, und er scheitert, weil er wie ein Tor handelt. Erst der reine Tor Parsifal wird noch rechtzeitig weise, um – wie Brünnhilde – das Ende zu vollziehen. Siegfried aber kommt nicht zum Bewußtsein seiner Lage, »ein Schleier ist über ihm« (Tagebuch Cosima Wagners, 4. 7. 1873), und doch hängt das Schicksal der

Welt von ›dieser göttlichen Einfalt und Einzigkeit des furchtlosen Einzigen ab‹ (Brief Wagners an König Ludwig II, 23. 2. 1869). Retten Toren die Welt?

*

Pathos und Utopie dieses Helden, »dessen herrliche Gestalt aus Papierschutt und Büchertrümmern in heitrer Lebenskraft meiner sehnsüchtigen Phantasie aufstieg« (Wagner im Vorwort zu der beabsichtigten Herausgabe von »Siegfrieds Tod«), entlarven sich als Pessimismus und Irrationalität – ein Wunschheld. Und nochmals: »Kraft meiner Sehnsucht entworfen« schrieb Wagner das heroische Lustspiel vom jungen Siegfried, als dessen Ermordung längst beschlossene Sache war. Sehr griechisch wirkt diese Heiterkeit zum Tode. Doch Siegfried geht nicht an einem tragischen Konflikt zugrunde, sondern an tödlichen Tugenden: an Furcht- und Bewußtlosigkeit. Er eignet sich nicht, wie es die faschistische und marxistische Ästhetik versucht hat, zur Metaphysik des Scheiterns oder, platter, für Dolchstoßlegenden. Er ist weder ein Über- noch ein Herrenmensch, sein Schwert heißt Nothung und nicht, wie Bernhard Diebold schon 1928 bemerkte, Hurra. Blonde Perücke, Blauäugigkeit, Heilsgeschrei und Schwertergerassel sind verzichtbare Requisiten. Ihm schadet – auch szenisch –, was teutonisch, schwer, kraftmeierisch und bärenhäuterisch ist; ihm nützt, was leicht, lässig, spielerisch, improvisiert, illusionistisch ist.

*

So erinnert Siegfried, getarnt mit stofflichen und formalen Parallelen zur griechischen Tragödie, vor allem an Kleists Marionettentheater. Er ziert sich nicht, ist im Schwerpunkt seiner Bewegung, ganz Gegenwart fegt er kräftig und radikal hinweg, was ihn reizt: Mimes solipsistische Gelehrtheit, Fafners Unproduktivität – »Siegfried und Fafner bezeichnen wir als Kasperl und das Tier, das ihn happen will, R. sagt, es ist derselbe Typus« (Tagebuch Cosima Wagners, 15. 10. 1870) – und Wotans sich nur auf Trotz gründende Autorität. Nur in der Tierwelt, und Siegfried ist wie ein Teil davon, sieht Wagner ein Analogon zum Göttlichen, genau wie Kleist im Bild vom Bären. Bewußtsein tilgt die Unschuld, unendliches und fehlendes Bewußtsein berühren sich, Gott und Gliedermann.

*

Mit Vorliebe verwendet Wagner den Begriff »unwillkürlich«, nicht nur für Siegfried, der personifizierten Unwillkür, sondern für das Ideal seiner Kunst als gemeisterte Improvisation: »Der Improvisator wie der Mime muß ganz dem Augenblick angehören, an das, was nachkommt, gar nicht denken, ja, es gleichsam nicht kennen. Das Eigentümliche meiner Kunst z. B. ist, daß ich jede Einzelheit als Ganzes betrachte und mir nicht sage, da dies oder jenes nachfolgen wird, mußt du es so und so machen, etwa so und so modulieren, ich denke, das andre wird sich schon finden, anderswie wäre ich verloren; und doch weiß ich, daß ich unbe-wußt einem Plane gehorche« (Tagebuch Cosima Wagners, 1. 9. 1871).

*

Siegfried stellt vor eine ähnliche Problematik wie Lohengrin. Beide bereiten einer kriti-schen Rezeption, die hinter die heldischen Konventionen blickt, Schwierigkeiten. Bei Lohen-grin ist es der »verräterische Heiligenschein«, bei Siegfried die naive Kraft, umschläglich ins Brutale.
»In keinem Phänomen kommt das Verhältnis zwischen praktischer Rücksichtslosigkeit und idealistischer Moral prägnanter zum Ausdruck als in dem Nebeneinander zartester Rück-sichtsnahme, harmloser Gutmütigkeit und zynischer Härte, das nicht bloß dem Individuum, das Macht gewinnt, sondern auch den Ideal- und Phantasiegestalten dieses Zeitalters eigen-tümlich ist.« (Max Horkheimer, in: »Egoismus und Freiheitsbewegung«, S. 227).

*

In der Nachfolge Adornos ist vielfach auf den Antisemitismus als den Widerspruch zwi-schen Verhöhnung des Opfers und Selbstdenunziation hingewiesen worden. Was Siegfried mit Mime tut, hätte dieser genauso mit ihm getan. Werkimmanent ist Siegfried vollkommen im Recht. Mime ist kein Philanthrop, der Waisenknaben aufzieht. Auch für ihn ist Siegfried ein Requisit zur Macht, Mord ist einkalkuliert. Er darf, wie Beckmesser, nicht zur Karikatur wer-den, sonst werden es Siegfried und Stolzing auch. Gegenspieler. Dennoch: Mime zu verhöh-nen und zu verspotten auf Grund einer physischen Überlegenheit, ist keine Heldentat. So tö-tet Siegfried Mime gemäß poetischer Gerechtigkeit, aber die Tat erschreckt durch ihre Beiläu-figkeit. Wagner hat dies wohl gespürt. Während der Vorproben 1875 erklärt er diese Tat aus-drücklich als eine sich aus instinktiver Abneigung eskalierende Notwehr. Daß Wagner auch einer anderen Sprache fähig war, beweist, wie ich glaube, Siegfrieds furchtbarste Tat in der »Götterdämmerung«: »Ein Aar kam geflogen« – Siegfried zerfleischt Brünnhilde, mythische Faktizität des Tödlichen.

*

Man kann den Unterschied von Brünnhilde und Siegfried als den von Mythos und Mär-chen bezeichnen. Mythos zielt auf Totalität, hat Verantwortung; das Märchen auf Singularität. Der Märchenheld ist verantwortungs-los im Sinne eines Naturzustandes. Siegfrieds ›Natur‹ trägt charismatische Züge, aber von Anfang an auch den Keim des Untergangs in sich. Darum geht Wagners Hoffnung über ihn hinaus. Im 2. Teil von »Oper und Drama« definiert er das Gefühl als ›den unbewußten Tätigkeitstrieb des Erfahrenden‹, Verstand als ›die Rechtferti-gung des Gefühls‹ und die Synthese ›Gefühlsverständnis‹ als ideale Haltung seinem Werk ge-genüber. Diese Konstruktion korrespondiert mit der berühmten von Musik und Drama, auf-gehend in die musikdramatische Szene. Personalisiert: Siegfried steht für Gefühl, Musik (läßt sich von ihr nicht distanzieren), Brünnhilde für Verstand, Drama. Ziel ist die Vereinigung, die Aufhebung der Gegensätze; im »Ring« nur möglich im Tod.

*

In seiner 11. These gegen Ludwig Feuerbach schreibt Karl Marx: »Die Philosophen haben die Welt nur verschieden interpretiert; es kommt aber darauf an, sie zu verändern.« Damit ist nicht die Antithese von Denken und Handeln gemeint, sondern die von theoretischem und – so könnte man in Bezug auf Siegfried hinzufügen – praktischem Solipsismus auf der einen Seite und gesellschaftlichem Handeln und Verändern auf der anderen. Dies leistet Siegfried nicht, und so ist die These von Siegfried als Sozialrevolutionär unhaltbar. Ohne Zweifel hat Wagner dies erkannt, geht in seiner Anthropologie über die Figur Siegfrieds hinaus. Erst Brünnhilde hätte das Recht, Marx' These abzuwandeln: Die Götter haben die Welt nur verschieden mit Verträgen verwaltet, es kommt aber darauf an, sie zu verändern. Über die Mittel läßt Wagner keinen Zweifel: Es sind nicht die Heldentaten, sondern die Liebe. – Unglücklich das Land, das Helden nötig hat.

*

Gegen Ende seines Lebens notierte Wagner einen Gedanken, der so gar nicht zum Klischee vom reichsdeutschen Wagner paßt: »Vom Heldentum hat sich uns nichts als Blutvergießen und Schlächterei vererbt, – ohne allen Heroismus, – dagegen alles mit Disziplin« (»Entwürfe, Gedanken, Fragmente«, Leipzig 1885, S. 120). Wagners Hoffnung gilt dem schmerzlosen Dasein Parsifals, seiner letzten Fiktion vom Helden, eine aus Naivität, Erkenntnis und Tat gestaltete Synthese von Siegfried und Brünnhilde: »Noch einmal vernehmen wir die Verheißung, und – hoffen!« (Erläuterungen zum Vorspiel »Parsifal«, 12. 11. 1880)

Diese Bemerkungen führen Gedanken aus, die erstmals für die Bayreuther Programmhefte 1973 skizziert wurden.

Jean-Pierre Ponnelle, München

JUGEND AUF DER BÜHNE

Der französische Philosoph Montesquieu hat einmal gesagt: »Wie schön ist es, General zu sein – wenn ein General 50 ist, sagt man, daß er noch jung ist.« Wenn man Jean Cox auf der Bühne sieht, könnte man auf die Idee kommen, Montesquieus Satz auf Tenöre zu übertragen.

Als ich mit Jean Cox, anläßlich einer neuen Inszenierung des »Siegfried«, zusammen arbeitete und die lästigen Nebenaspekte des Berufs eines Regisseurs – wie technische Verwandlungen, Beleuchtungsfehler etc. – mich nicht zu sehr in Anspruch nahmen, nahm ich diese Gelegenheit wahr, darüber nachzudenken: Was ist Jugend auf der Bühne?

Wenn man davon ausgeht, daß »echte« junge Leute aufgrund technischer Unzulänglichkeiten und mangelnder Bühnenerfahrung nicht in der Lage sind, die schweren Partien, speziell im Wagner-Repertoire, zu singen und darzustellen, muß die »Jugendlichkeit« von reiferen Künstlern künstlich hergestellt werden.

Was heißt »künstlich«? Die Theater-Requisitenkammern und Maskenbildnerei-Trickschubladen ermöglichen vieles. Doch ist das Resultat für mich – wie die Reklamen »vorher – nachher«, an deren Glaubwürdigkeit ich zweifle – nichts anderes als ein totes Photo. Eine Perücke bedeckt nur eine Glatze, macht den Darsteller nicht jünger. Ein Taillenkorsett erlaubt ihm, höchstens ein paar Nummern an seinem Hosenmaß zu sparen, gibt ihm dadurch aber keine junge Silhouette – geschweige denn ein »ach so junges Verhalten« auf der Bühne. Ich habe persönlich noch nie junge Leute auf der Bühne so hüpfen sehen wie die »alten Flöhe«. Diese künstliche Fassade ist wirklich nur eine Fassade – das Publikum läßt sich, speziell im Zeitalter des Films und des Fernsehens, nicht täuschen. Höchstens die Kollegen sagen zum jugendlich Gerafften »Du siehst so jung aus«. Man weiß, daß die Kollegen auch nicht immer die Wahrheit sprechen.

Was ist es also, dachte ich mir in Stuttgart beim »Siegfried«, was Jean Cox auf glaubwürdige Weise so jung erscheinen läßt?

Ich habe mehrmals das Wort »künstlich« gebraucht. In dieser Bezeichnung ist auch das Wort »Kunst« enthalten. Wo liegt die Kunst, einen Menschen darzustellen, der jünger ist als man selbst? Wenn man davon ausgeht, daß Jugend ein Altersabschnitt zwischen Kindheit und Erwachsensein und dementsprechend eine Verhaltensweise ist, glaube ich, daß Jean Cox' Geheimnis mehr oder weniger so formuliert werden kann: jede Handlung auf der Bühne wird bei voll-männlichem Bewußtsein vollbracht, nur, daß dem Darsteller das dadurch Erreichte wie etwas vollkommen Neues, noch nie Erlebtes vorkommt. Mit anderen Worten, die Grundnaivität der Kindheit ist noch voll vorhanden. Dieser permanente Genuß am Neuen, diese Lust am Spiel macht den homo ludens, und sein Spiel wird zur Lust des Zuschauers.

Diese unverbrauchte, kindliche Freude, gemischt mit der kühlen Intelligenz des Erwachsenen, konnte ich in Jeans Augen genau verfolgen, da ich auch fest davon überzeugt bin, daß Augen wie Radarsender einer Persönlichkeit sind. Pegelt man sich auf Jeans Augensendungen ein, folgt alles wie selbstverständlich nach, d. h., die Bewegungen, die Haltungen, der Körper als solcher – auch wenn es unserem Freund manchmal passiert, ein Bäuchlein zu tragen, das nicht den Normen eines Jung-Siegfried entspricht.

Ich bin Jean sehr dankbar, mich das gelehrt zu haben und wünschte – egoistischerweise –, von ihm ein bißchen zu profitieren. Ich hörte, daß er jetzt Geburtstag feiert in einem Alter, wo man Daten ungern aufzählt. Er weiß doch sicher und getrost, daß es für ihn sinnlos ist, solche Daten zu zählen, wo es für ihn keine Zahlen gibt.

Ich wünschte, ich könnte mitfeiern.
In diesem Sinn, Freund »Jean-Siegfried«!

Brigitte Heldt, Kasendorf

HOMO LUDENS

Betrachtungen über den Sinn des Spielens – gleichzeitig ein Beitrag zu Wagners Siegfried

> ». . . der Mensch spielt nur, wo er in voller Be-
> deutung des Worts Mensch ist, und er ist nur da
> ganz Mensch, wo er spielt.«
> (Friedrich Schiller)[1]

Menschliches Streben richtet sich auf Wesentliches, Wahres, Sinnvolles – die ersehnte Empfindung ist: dauerhafte Harmonie, Glück.

Die Realität zeigt dem Menschen bei seinen Versuchen, solche Vorstellungen zu verwirkli-chen, das Unvollkommene, Flüchtige. Er stößt auf Zweckmäßigkeiten und die Notwendigkeit, sich durch Entscheidungen festzulegen. Seine Phantasie aber breitet Möglichkeiten aus, die er, schöpferischer Lust folgend, »durchspielt«, so oft und wie er will.

Mit der Einbildungskraft verbindet sich der Wunsch zu spielen, der Gebundenheit an das Reale etwas Transzendentales entgegenzusetzen: einer frei gewählten Tätigkeit nachzugehen, dem Bedürfnis nach Bewegung nachzugeben, sich in einen angenehmen Zustand zu versetzen – und dabei nach selbstgestellten oder freiwillig übernommenen Regeln sich zu verhalten. Dieser Frei-Raum ist abgegrenzt gegen das Alltägliche, liegt außerhalb von Zwang, Angst oder Sorge und ist als visionäre Spiel-Sphäre – nicht primär notwendig als realer Ort – für die Spiel-Atmosphäre von Bedeutung.

Nicht die Spiele, die allein oder mit Partnern unternommen, an Ort und Zeit gebunden, in nur scheinbarem Gegensatz zu Arbeit und Lebensernst stehen und zu deren Bewältigung dienen sollen, nicht alle jene Verformungen des Spiels, die zum Zwecke der Zerstreuung und des Zeitvertreibs während der sogenannten Freizeit – der arbeitsfreien Zeit – betrieben wer-den und Vergessen als fragwürdige Problem-Lösung versprechen, sollen hier betrachtet wer-den.

Man meidet, um der seelischen Vereinsamung zu entgehen, die Einsamkeit – ein Trugschluß: Zwanghaftes Miteinander wird zur Maske für ein Nebeneinander; der Mensch ist unfähig zur Partnerschaft mit sich selbst und mit anderen. Die Gelassenheit fehlt meist im menschlichen Umgang – ein Symptom für die Unterdrückung individueller innerer Freiheit. Gesellschaft und Spiele erscheinen zwar begehrenswert, aber die gesellschaftlichen Spielregeln engen gera-de die persönlichen Ansprüche ein und verneinen den Freiraum als Refugium zur Individua-tion.

---

[1] Friedrich Schiller, Über die ästhetische Erziehung des Menschen in einer Reihe von Briefen (1793), 15. Brief, in: Schillers Werke, hg. v. Ch. Christiansen, Hamburg 1925, Philosophische Schriften, S. 194

Unsere Gesellschaft pervertiert das Spielen, und, je mehr Spiele sie »erfindet«, desto weiter entfernt sie sich vom Spiel schöpferischer Phantasie; der Mensch entfremdet sich seiner selbst. Glück hängt in solchen Spielen vom Zufall ab, auf den man durch Regeln Einfluß zu nehmen sucht. Das aggressiv-verspannte Kampfgebaren, das nur die Polarisierung von Gewinn und Verlust im Auge behält, folgt den Maximen des homo faber, der das Leben »nicht als Gestalt, sondern als bloße Addition«[1] versteht.

Die Wesensmerkmale des homo ludens sind, aus anthropologischer Sicht, denen des archaischen Menschen verwandt, der sich als Teil des Universums empfand: Spielen war Ausdruck seiner Geist-Natur-Identität. Als ein Urphänomen bildet es die Keimzelle kultureller Entwicklung. Homo ludens kann als ein Topos für eine archetypische Seinsform des Menschen gesehen werden, die das seinem Wesen immanente Schöpferische als ein zeitloses Spiel gleichgewichtiger Kräfte chiffriert.

Der Mensch erfährt sich als sinnliches und geistiges Individuum, er ist durch das Gefühl gebunden und durch den Verstand frei: Das Bewußtsein von seiner Doppelnatur und seinen aus ihr resultierenden mehrdimensionalen, ambivalenten Verhaltensweisen aber vermittelt ihm die Einsicht, daß er etwas verloren hat, was ursprünglich als Einheit, als Zustand der Ungeschiedenheit zwischen Intuition und Reflexion vorhanden war und seinem ganzen Wesen – dem ganzen Menschen – entsprach und was er durch eben die Bewußtwerdung seiner selbst gebrochen hat. Das Bedürfnis zu spielen wächst aus der Sehnsucht, diese Ganzheit wiederherzustellen, sie im Spiel – in der Verschränkung von Daseinsgebundenheit und Freiheit – zurückzugewinnen. Sichtbarer Ausdruck wiedergefundenen Gleichgewichts zwischen Emotionalem und Rationalem ist das natürlich-anmutige freie Spiel.[2]

Die Reflexion ist während des unmittelbaren, unwillkürlichen Spielens aufgehoben; sie kann es, als retardierendes Moment, aber auch sublimieren. Voraussetzung dafür, daß der spielende Mensch nicht sich ernst nimmt, sondern das Spielen selbst ernst nehmen kann, ist die Fähigkeit zur Lösung vom Ich, zu Selbstvergessen. Dabei darf auch die Vergänglichkeit der Zeit nicht aus dem Bewußtsein verdrängt, sondern sie muß vergessen werden, will man zum Augenblick sagen »Verweile doch . . .«. Dann erst wird sich echter Spielgenuß einstellen. Spielen heißt also, die Fähigkeit haben und bewahren, sich eine eigene, von Zeit und Ort unabhängige Welt zu erschließen und in dieser die »schwebende Mitte des Ernstheiteren« als »die Seelenhaltung, die wir mit homo ludens bezeichnen«[3], einzunehmen. Ob es sich hierbei um real vollzogene Tätigkeiten und Bewegungen, um bloße Imagination oder um die Verbindung von beidem handelt, ist für das Gefühl des Gelingens – und nicht des Gewinnens – bloß sekundär, da Spielen zweckfrei und von eigenem inneren Sinn ist. Es entsteht nicht ohne das Vorgefühl in-

---

[1] Max Frisch, Homo faber, Frankfurt 1968, S. 212

[2] vgl. Friedrich Schiller, Über die ästhetische Erziehung des Menschen in einer Reihe von Briefen, a. a. O., S. 143-247, und Heinrich v. Kleist, Über das Marionettentheater (1810), in: W. Müller-Seidel (Hg.), Kleists Aufsatz über das Marionettentheater, Studien und Interpretationen, Berlin 1967, S. 9-16

[3] Hugo Rahner, Der spielende Mensch, Einsiedeln [7]1952, S. 34

nerer Spannung und Ungewißheit, die es zu lösen gilt, nicht, ohne sich zuvor den Reiz des Wagnisses, verschiedener Verlaufsformen und Ausgänge auszumalen.

Spielfreude äußert sich wesentlich in Merkmalen, die Jugend – wie Reife an kein objektives Alter gebunden – ausstrahlen: in Natürlichkeit, Initiative, Spontaneität, schöpferischer Produktivität, die als mühelos empfunden wird. Sie verbindet sich mit Neugier und Abenteuerlust und mit Konzentration in einem dynamischen Prozeß, der in ein Pendeln zwischen souveränem Annehmen einer Herausforderung und scheu-verhaltenem Sich-Hingeben an eine Verzauberung mündet. Die Selbstfindung oder -verwirklichung wird getragen von der Illusion eines gänzlich freien Neubeginns: alles ist noch offen, noch nicht eingeschränkt durch voraufgegangene Entscheidungen; es läßt sich immer wieder von vorn beginnen, mit immer wieder neuen Möglichkeiten – und ohne Konsequenzen für das reale Leben. »Spielen ist illusionäre Paraphrase der menschlichen Selbstverwirklichung.«[1] Es »hat im Verhältnis zum Lebensgang und zu seiner unruhigen Dynamik, dunklen Fragwürdigkeit und forthetzenden Zukunftsweisung den Charakter beruhigter ›Gegenwart‹ und selbstgenugsamen Sinnes – es gleicht einer ›Oase‹ angekommenen Glückes in der Wüstenei unseren sonstigen Glückstrebens und tantalischen Suchens. Das Spiel *entführt* uns.«[2]

Neigung und Fähigkeit zum Spiel sind – noch ungebrochen – beim Kind, als Ausdruck der Sehnsucht nach Wiederherstellung der zerbrochenen Einheit besonders beim Künstler vorhanden. Selbst ein Sehender, will er der Welt einen Teil der unendlich vielen Möglichkeiten des Lebens sichtbar machen. Er weiß um das Ideal vom ganzen Menschen und auch darum, daß er es nur in der Spiel-Welt findet. Sie ist die Sphäre, in der die Kunst den Zwiespalt zwischen Verstand und Gefühl zu lösen, die Spaltung zwischen gebrochener künstlicher und ungebrochener natürlicher Welt in der harmonischen Verbindung der Kontraste aufzuheben vermag. Als eine Welt des ästhetischen Scheins ist sie für den Künstler Mittel zur Vergegenwärtigung von Wesentlichem, Wahrhaftigem. Aber es reicht nicht aus, wenn er sich – als Spielender sich selbst genug– in eine »Oase des Glücks« entführen läßt, sondern er muß sich dazu in Distanz zu dem verhalten, was er darstellt. Er muß das Spiel spielen, sich in bewußter Selbsttäuschung in die Sphäre des »als ob . . .« versetzen, die Illusion beschwören, um die Wahrheit zu zeigen.

Spielbewußtsein bedeutet Zerstörung der Illusion. Weil der Künstler das Spiel so ernst nimmt, daß er es als das einzig mögliche Ausdrucksmittel seiner Aussage erkennt, muß er sich von dem bloßen Spielen, d. h. aus selbstvergessener Entrückung lösen und ein weiteres Spiel zwischen seinem Verstand und seinem Gefühl beginnen: Seine Erkenntnis liegt darin, daß er seine Einschränkungen und seine Unvollkommenheit in der realen Welt akzeptiert, aber einen Ausgleich zwischen seinem endlichen Vermögen und den unendlichen Möglichkeiten im Spiel – und nur dort – erreichen kann.

---

[1] Eugen Fink, Spiel als Weltsymbol, Stuttgart 1960, S. 79
[2] ders., Oase des Glücks, Gedanken zu einer Ontologie des Spiels, Freiburg i.B./München 1957, S. 23

Aus dieser verstandes- wie gefühlsbedingten Brechung entsteht jene ernst-heitere Souveränität, jenes lächelnde Darüberstehen, das die »romantische Ironie« kennzeichnet. In ihrem Schutz erträgt der romantische Künstler das Leiden an der Welt, sie ist die »*Stimmung*, welche alles übersieht und sich über alles Bedingte unendlich erhebt, auch über eigne Kunst, Tugend oder Genialität«, ist »klares *Bewußtsein* der ewigen Agilität, des unendlich vollen Chaos«[1], und sie ist das *Mittel*, den Abstand zwischen Erreichtem und angestrebtem Ideal (der Idee) fühlbar zu machen, »um so wenigstens eine Ahnung zu geben von dem Unendlichen, das er erreichen wollte«[2]. Im Bewußtsein zwischen Erinnerung und Ahnung stilisiert die romantische Kunstauffassung das klassische Ideal vom Gleichgewicht zwischen Geist und Natur, zwischen Wollen und Handeln zur Utopie einer kosmischen Harmonie.

Die Spielform des Dramas legt Spielwelt, -gegenstand und -verlauf fest, den Ablauf des Spiels und damit den Grad seiner Verwirklichung bestimmen die Darsteller; Spielraum im engeren Sinn ist die Bühne. Die künstlerische Aussage bezieht Darsteller und Zuschauer aufeinander, der Autor stellt die Beziehung her. Über die Nachahmung von Realität hinaus wird eine neue Dimension von Wirklichkeit sichtbar: Die schöpferisch gestaltende Phantasie des Künstlers will nicht bloß das Reale mimetisch spiegeln, sondern es in seinem Sinngehalt deuten, will nicht das Abbild, sondern das Sinnbild – das gilt für den Autor wir für die Darsteller, die nicht eine Handlung mit verteilten Rollen nachspielen, sondern als Teile eines Ganzen Verborgenes aufdecken sollten. So verbindet sich Fertiges mit Werdendem.
Während des Schaffensprozesses ist für den Autor die Schein-Welt des Spiels imaginär, für den Darsteller wird sie real, beide müssen einen Standort zwischen Distanz und Identifikation finden. Der Zuschauer bleibt – im Bewußtsein der Schein-Welt, in der das Tragische wie das Komische, in der alle menschlichen Leidenschaften sich begeben – stets in Distanz, wobei er sich gleichzeitig der Hingabe an das Gefühl wie auch der Reflexion überlassen kann; er hat mithin den höchsten ästhetischen Genuß.

Der Schauspieler ist handelnde Person in der Scheinwelt, indem er sich mit der Rolle identifiziert; er ist Darsteller einer Rolle in der realen Welt, indem er sich seine Identifikation bewußt macht und sich dadurch von der Rolle distanziert. Als dritte Dimension kommt für ihn hinzu, daß ihm seine Spiel-Scheinwelt vom Standpunkt der Gegenwärtigkeit eine irreale, vom Standpunkt der Vergegenwärtigung aber eine reale ist, da sie ihm die Möglichkeit öffnet, sich mittels der Maske in den ganzen Menschen zurückzuverwandeln. Das Spiel wird ihm so zur eigentlichen Wirklichkeit, d. h., er kann nur er selbst sein, indem er ein anderer wird. »Wo ist dein Selbst zu finden? – Immer in der tiefsten Bezauberung, die du erlitten hast.«[3] Wie dicht liegen Glück und Qual beieinander, liegt Lebensnähe bei Lebensflucht, scheinbarer Egoismus

---

[1] Friedrich Schlegel, Fragment (in der Zs. Athenäum, Bd. I, 1798), zit. nach Paul Kluckhohn, Die deutsche Romantik, Bielefeld 1924, S. 44 [Hervorhebungen im Text vom Verf.]
[2] Paul Kluckhohn, a. a. O., S. 45 [Hervorhebung im Text vom Verf.]
[3] Hugo v. Hofmannsthal, zit. nach Gerhart Baumann, Ich-Spiel und Großes Welttheater, in: Das Spiel, Wirklichkeit und Methode, hg. v. W. Marx, Freiburger Dies Universitatis, Bd. XIII, 1966, Freiburg i.B. 1967, S. 47

– als Selbstschutz – bei der Gefahr, in einen Fluchtraum auszuweichen und sich in die Maske zu verlieren. »Doch wenn der Schauspieler sich wirklich für den hielte, den er spielt?«[1] fragt Kierkegaard.

Die Kunst des Darstellers liegt darin, daß er sich nie durch Selbstbewahrung und Hingabe entzieht, sondern sich auf das Wesentliche, den Menschen, bezieht. Das »wie« dieser Kunst bleibt letztendlich ihm und uns verhüllt, zumal das Maß für Distanz zur Rolle und Identifikation mit der Rolle, für die Beteiligung von Rationalem und Emotionalem, nicht verbindlich festzulegen ist. Da heißt es einerseits: »Es ist aus mit dem Künstler, sobald er Mensch wird und zu empfinden beginnt.«[2]; andererseits sei das Bewußtsein dafür verantwortlich zu machen, wenn die selbstverständliche natürliche Anmut, wie sie sich in Charakter, Mimik und Gebärde äußert, verlorengehe.[3] Als den Abschluß eines Prozesses, der zur Rückgewinnung der Anmut führe, nennt Kleist jenes erreichte höhere Bewußtsein, »wenn die Erkenntniß gleichsam durch ein Unendliches gegangen ist«[4].

»Mithin . . . müßten wir von dem Baum der Erkenntniß essen, um in den Stand der Unschuld zurückzufallen?«[5]

*

> »– Ich will *glücklich* sein, und das ist der mensch nur, wenn er *frei* ist: nur der mensch ist aber frei, der das ist, was er sein *kann* und deshalb sein *muß*. Wer daher der inneren nothwendigkeit seines wesens genügt, ist frei, weil er sich bei sich fühlt, weil alles was er thut seiner natur, seinen wirklichen bedürfnissen entspricht: wer aber nicht seiner inneren, sondern einer äußeren nothwendigkeit folgt, gehorcht einem zwange – er ist unfrei, sclave, unglückselig. Den druck eines äußeren zwanges, wenn wir ihm nicht die innere nothwendigkeit opfern, verlacht aber der freie: er kann dann nur mückenstiche, nie aber herzenswunden verursachen.«[6]

»Was gäbe ich darum, wäre ich selbst Darsteller meiner Helden geworden!«[7] – der liebste war ihm Siegfried, wie er, Richard Wagner, ihn sich im »heitren Drama«[8] »Der junge Siegfried« (später »Siegfried«) und im zuvor abgeschlossenen »›ernsteren Drama‹«[8] »Siegfrieds Tod« (später »Götterdämmerung«) geschaffen hatte.

[1] zit. nach Paul Arthur Loos, Richard Wagner, Vollendung und Tragik der deutschen Romantik, Bern 1952, S. 397 f.

[2] Thomas Mann, Tonio Kröger, Berlin 1965, S. 32

[3] vgl. Benno v. Wiese, Das verlorene und wiederzufindende Paradies. Eine Studie über den Begriff der Anmut bei Goethe, Kleist und Schiller, in: W. Müller-Seidel (Hg.), a. a. O., S. 196-220, und Heinrich v. Kleist, Über das Marionettentheater, a. a. O.

[4] Heinrich v. Kleist, ebd., S. 16

[5] ders., l. c.

[6] Richard Wagner, An Theodor Uhlig, Dresden. Zürich, 16. Sept. 1849, in: Richard Wagner, Sämtliche Briefe, hg. v. G. Strobel und W. Wolf, Bd. III, Leipzig 1975, S. 125

[7] ders., zit. nach Paul Arthur Loos, a. a. O., S. 405

[8] ders., Brief an Ferdinand v. Ziegesar, Zürich, 10. Mai 1851, in: Richard Wagner, Sämtliche Werke, Bd. 29,I, Dokumente zur Entstehungsgeschichte des Bühnenfestspiels Der Ring des Nibelungen, hg. v. W. Breig und H. Fladt, Mainz 1976, S. 43. Vgl. auch den Brief an Theodor Uhlig vom selben Tag, a. a. O., S. 42

Im »Jungen Siegfried« werde, so Wagner, der Mythos dem Publikum »in den heitersten ein-nehmendsten und erwärmendsten Zügen (die natürlich nicht dem Nibelungenliede entnom-men sein können)«[8] nahegebracht, das ihn so »gewissermaßen spielend« aufnimmt, »wie ihn Kinder durch ein Märchen kennenlernen«[8]. Der Inhalt dessen, was er als Wort-Ton-Dichter auszusprechen habe, sei »das von aller Konvention losgelöste Reinmenschliche«[1], wo der My-thos vollständig in die Sinnlichkeit des Dramas aufgehe[2].

Siegfried galt Wagner als »der Mensch in der Fülle höchster, unmittelbarster Kraft und zwei-fellosester Liebenswürdigkeit«[3], »in der natürlichsten, heitersten Fülle seiner sinnlich beleb-ten Kundgebung«[3], weniger heroisch als heiter und jugendlich-menschlich[4], wahr, rein-menschlich. Der sorglos Lebende, furchtlos Freie »lebt ganz aus der ungebrochenen Kraft eines unbewußten Zentrums«[5] – aus Lebenslust um des Lebens willen. »Lachend in liebender Brunst brennt er lebend dahin« (Alberich in »Götterdämmerung«, II. Aufzug, 1. Szene), er ist eins mit der Natur und den Elementen – »im Feuer mich baden!« (Siegfried in »Siegfried«, III. Aufzug, 2. Szene). Seine Habe sind der eigene Leib – »lebend zehr' ich den auf« (Sieg-fried in »Götterdämmerung«, I. Aufzug, 2. Szene) – und sein selbstgeschmiedetes Schwert, das Symbol für seinen Willen zur Tat; »seine äußere Kraft ist nur Sinnbild einer inneren, die aus dem sprudelnden Quell der unmittelbaren Lebensfülle entspringt, aus dem hellen Feuer des Lebens ohne Warum«[6]. In »frischer, urgesunder Lebensfreudigkeit«[7], aus »tatkräftigem Übermut«[7] tut der kindische Held, der Heldenknabe – Märchenheld und Lichtgestalt – die Heldentaten um ihrer selbst willen, ohne Bewußtsein von Besitz und Macht und daher auch ohne Anspruch darauf. In diesem Sinne ist er vielleicht der einzige Held der deutschen Oper . . .

Solange er sich in der »Grenzbestimmung zwischen sorgloser Knabenhaftigkeit und ernstbe-wußter Willensäußerung«[8] befindet, sind seine Taten, seine Heldentaten, noch nicht durch Zweckgebundenheit und konventionelle Spielregeln gebrochen. Aber die Selbstentfremdung ist vorgezeichnet, als innerstes Gesetz des menschlichen Geschicks. Das Gefühl des Mißtrau-ens gegenüber seinem Ziehvater, das in Siegfried durch die Warnung des Waldvogels geweckt worden ist, führt zum Mord.

   Siegfried verliert seine Unbekümmertheit.

---

[8] vgl. S. 133

[1] Richard Wagner, Eine Mitteilung an meine Freunde (Juli/August 1851), in: Ring-Dokumente, S. 49

[2] vgl. ders., Eine Mitteilung an meine Freunde, Zweitfassung des Schlusses (Dezember 1851), ebd., S. 63

[3] ders., Eine Mitteilung an meine Freunde (Juli/August 1851), ebd., S. 51

[4] vgl. ders., Brief an Theodor Uhlig, Zürich, 10. Mai 1851, ebd., S. 42

[5] Hans Grunsky, Feuer, Tarnhelm und Zaubertrank als Symbole der Wandlung, in: Programmheft »Siegfried« Bay-reuth 1957, zit. nach Bayreuther Dramaturgie, Der Ring des Nibelungen, hg. v. H. Barth, Stuttgart/Zürich 1980, S. 54

[6] ders., ebd., S. 56

[7] Richard Wagner, in: Hans Hey (Hg.), Richard Wagner als Vortragsmeister 1864-1876. Erinnerungen von Julius Hey, Leipzig 1911, S. 117

[8] ders., ebd., S. 123

Das Gefühl der – ihm noch unbestimmbaren – Sehnsucht leitet ihn zu Betrachtungen, jedoch nicht zu bewußten, prüfenden, vertiefenden: solche bleiben ihm verschlossen, da er die Ambivalenz seines Wesens, die Spaltung in sinnliches und geistiges Dasein, nicht erfährt. Sinnliche Gebundenheit und geistige Freiheit sind ihm so wenig als Kontraste bewußt wie seine Einheit mit der Natur. Er handelt aus der Sicherheit seines unwillkürlichen, intuitiven Fühlens und Wissens heraus. »Wozu mein Muth mich treibt, das ist mir Urgesetz, und was ich nach meinem Sinne thue, das ist mir so bestimmt: nennt dies ihr Fluch oder Segen, ich gehorche ihm u. strebe nicht wider meine Kraft.« (Siegfried zu den Rheintöchtern in »Der Nibelungen-Mythus. Als Entwurf zu einem Drama« [1. Skizze zur Dichtung des »Ring« (1848)])[1].

Verlangend nach Unbekanntem, aber wesensmäßig Erahntem, staunend und von Scheu ergriffen, weckt Siegfried Brünnhilde. »Der Liebes-Kuß ist die erste Empfindung des Todes, das Aufhören der Individualität, darum erschrickt der Mensch dabei so sehr.«[2] Doch Siegfried erfaßt nicht die Bedeutung jener Furcht – Brünnhilde kann ihn mit ihrem Wissen nicht erwecken. Ihm, dem das Fürchten »nie gelingen will, weil er mit kräftigen Natursinnen immer alles so sieht, wie es ist«[3], bedeutet die Gegenwart alles – »So saug' ich mir Leben aus süßesten Lippen, – sollt' ich auch sterbend vergeh'n!« (Siegfried in »Siegfried«, III. Aufzug, 3. Szene) – er lebt in der Sphäre des »Reinmenschlichen« als dem natürlich-Gefühlhaften, wird sich dessen aber nicht bewußt. Er erkennt sich selbst, sein Wesen nicht, ist unkund seiner selbst (vgl. Fafner in »Siegfried«, II. Aufzug, 2. Szene).

Den Betrachter und Hörer aber lenkt Wagner den rückläufigen Weg: den vom Verstand zurück zum Gefühl, »daß (im Moment der scenischen Aufführung) alle willkürliche Reflexion vor ihm [dem Kunstwerk – d. Verf.] sich in das reine menschliche Gefühl auflöse«[4]; die verlorene Ganzheit des Menschen will er durch die Versinnlichung des Geistigen, »die Gefühlswerdung des Verstandes«[5] wiederfinden. »Im Drama müssen wir *Wissende* werden durch *das Gefühl*. Der Verstand sagt uns: *so ist es* erst, wenn uns das Gefühl gesagt hat: *so muß es sein.*«[5]

Ein Held ist »der, der sich nicht fürchtet«[6], sagt Wagner; was dem gewöhnlichen Menschen ernst ist, gerät dem Helden zum Spiel.

Siegfried drängt es zu Abenteuern; er ist leichtsinnig, sucht die Gefahr, weil er sie nicht kennt und sich daher auch vor ihr nicht fürchtet. Mit dem Eintritt in die gebundene, unfreie Welt der Gibichungen, aus frei gefaßtem Entschluß, »erliegt Siegfried seinem eigenen Heldentum, das

[1] zit. nach Richard Wagner, Skizzen und Entwürfe zur Ring-Dichtung, hg. v. O. Strobel, München 1930, S. 31

[2] Richard Wagner, aufgezeichnet von Cosima Wagner am 15. August 1869, in: Cosima Wagner, Die Tagebücher, hg. v. M. Gregor-Dellin und D. Mack, Bd. I, München/Zürich 1976, S. 140

[3] ders., Brief an August Röckel, Zürich, 24. August 1851, in: Ring-Dokumente, S. 54 f.

[4] ders., Zukunftsmusik (1860), in: Gesammelte Schriften und Dichtungen, Bd. VII, Leipzig [4]1907, S. 116

[5] ders., Oper und Drama (1851), ebd., Bd. IV, S. 78

[6] ders., aufgezeichnet von Cosima Wagner am 2. Mai 1869, a. a. O., S. 91

nur noch sich selbst will«¹ und verfällt der Täuschung: die Spielregeln für zweckgebundene Heldentaten vergiften das zweckfreie Spiel. »Mit den ›neuen Taten‹ ist es nichts, sie erweisen sich als unschöpferische, ins Technische herabgesunkene Pervertierungen der alten.«²

Der zwanghaften Spaltung seiner Person, die er nach dem Vergessenstrank, den ihm Hagen mischt, erfährt, ist er wehrlos ausgeliefert. Er wird sichtbar zur Spielfigur, von fremder Hand gelenkt, zum Trugbild seiner selbst. »Dennoch bedeutet diese Selbstentfremdung kein einfaches Umschlagen ins Negative. Vielmehr ist seine Existenz paradox geworden: im Verlust der Unmittelbarkeit bleibt sie dennoch unmittelbar. Davon zeugt seine strahlende Heiterkeit ebenso wie die kindliche Unbefangenheit all seines Tuns auf Schritt und Tritt. Wie sein Auge durch den Tarnhelm, so leuchtet sein eigenes Wesen auch noch durch die Nebel der Selbstentfremdung hindurch.«³ In Siegfrieds Gedächtnis ist ein Abschnitt seines Lebens, die Gewinnung Brünnhildes, gelöscht. Die »Lügengestalt« lügt nicht.

     Siegfried verliert seine Identität.

Im Spiel der tragischen Täuschungen ist er keine tragische Gestalt, weil er sich seiner Lage nicht bewußt ist.⁴

Als eine bedeutsame Reminiszenz an Siegfrieds eigenes Wesen hebt sich der spielerisch geführte Dialog mit den Rheintöchtern von der übrigen Handlung ab. Wagner weist selbst auf jenes hier noch einmal aufleuchtende »unendliche Wissen« Siegfrieds hin, das »höchste Bewußtsein«, das sich als höchste Stufe des intuitiv-gefühlsmäßigen Wissens in allem Sinnlich-Gegenwärtigen ausdrückt: »... allerdings soll mein Held nicht den Eindruck eines gänzlich Bewußtlosen machen: im Siegfried habe ich vielmehr den mir begreiflichen vollkommensten Menschen darzustellen gesucht, dessen höchstes Bewußtsein darin sich äußert, daß alles Bewußtsein immer nur in gegenwärtigem Leben und Handeln sich kundgibt: wie ungeheuer ich dieses Bewußtsein, *das fast nie ausgesprochen werden darf,* erhebe, wird Dir aus der Scene Siegfried's mit den Rheintöchtern klar werden; hier erfahren wir, daß Siegfried unendlich wissend ist, denn er weiß das Höchste, daß Tod besser ist, als Leben in Furcht: er kennt auch den Ring, aber er achtet seiner Macht nicht, weil er was Besseres zu thun hat; er wahrt ihn nur als Zeugniß dessen, daß er – das Fürchten nicht gelernt hat. Gestehe, vor diesem Menschen muß alle Götterpracht erbleichen!«⁵

Der Erinnerungstrank führt Siegfried in sein früheres Sein zurück, das ihm aber als solches nicht ins Bewußtsein dringt, sondern ihm zur Gegenwart wird. Im Liebesgefühl, das über das bloße Sich-Fühlen hinausgeht, erkennt er Brünnhildes Liebestat: sie, deren Imago den Ster-

¹ Karl-Heinz Volkmann-Schluck, Richard Wagner als Repräsentant des 19. Jahrhunderts, in: Programmheft »Rheingold« Bayreuth 1968, zit. nach Bayreuther Dramaturgie, a. a. O., S. 230

² Hans Grunsky, op. cit., in: Programmheft »Götterdämmerung« Bayreuth 1957, zit. nach Bayreuther Dramaturgie, a. a. O., S. 62

³ ders., l.c.

⁴ vgl. Richard Wagner, aufgezeichnet von Cosima Wagner am 5. Juli 1873, a. a. O., S. 703

⁵ ders., Brief an August Röckel, Zürich, 25. Januar 1854, in: Briefe an August Röckel von Richard Wagner, Leipzig ²1903, S. 39

benden erweckt, die wissend geworden ist durch ihre Liebe, vereint das Männliche und das Weibliche im Kosmischen. »Die Liebe ist der Endzweck der Weltgeschichte – das Amen des Universums.« (Novalis)[1]

Die Forderung, die Wagner an den romantischen Künstler stellte, »Wissender des Unbewußten« zu sein, erfüllt er selbst, indem er als Erzählender in den leitmotivischen Verflechtungen der Musik, in ihren Verweisungen auf Vergangenes, Gegenwärtiges und Zukünftiges stets allgegenwärtig ist. Kommentierend aus epischer Distanz, empfindend in lyrischem Verweilen und in dramatischer Ekstase, wendet er sich direkt an den Zuhörer, ist Mitleidender und steht zugleich »hochbeglückt – schmerzentrückt«[2] über dem von ihm als vergegenwärtigte Wahrheit Geschauten – dem Unaussprechlichen, das er hörbar macht. »Man wird eben allmächtig, wenn man mit der Welt nur noch spielt.«[3]

Es mag sein, daß sich in der Trauermusik auf Siegfrieds Tod der Geist romantischer Ironie verbirgt, wenn in der autonomen Sprache der Musik der Abstand zwischen aufgegebenen Illusionen und utopischem Ideal fühlbar wird. Es mag sein, daß Wagners Musikdramen »epischen Symphonien« gleichen, von denen Romain Rolland sagte: »Ich wünschte Ihnen Tempel als Rahmen, den unbegrenzten Horizont unseres Geistes als Dekoration, und unsere Träume als Sänger.«[4]

---

[1] zit. nach Ricarda Huch, Die Romantik, Blütezeit, Ausbreitung und Verfall, Tübingen 1951, S. 227

[2] Richard Wagner, »Widmung«, Gedicht an Mathilde Wesendonk (Silvester 1857), in: ders., Sämtliche Schriften und Dichtungen, Volksausgabe von Richard Sternfeld, Bd. XII, Leipzig [6] o.J., S. 368

[3] ders., Brief an Mathilde Wesendonk, Paris, 10. April 1860, in: ders., Tagebuchblätter und Briefe an Mathilde Wesendonk 1853-1871, Berlin o.J., S. 268

[4] Romain Rolland, Wagner. Zum Siegfried, in: Musiker von heute (deutsch v. W. Herzog), München 1925, S. 88

Karl Fischer, Mannheim

ERFAHRUNGEN UND ERKENNTNISSE EINES DIRIGENTEN BEI DER ARBEIT MIT SÄNGERN

Glücklicherweise sind die Zeiten vorbei, in welchen beispielsweise in einer mittelgroßen Stadt bei den Etatberatungen für das Theater, bei denen auch Probleme des Opernchores zur Sprache kamen, ein Stadtrat sich erhob mit der Frage: »Was machen eigentlich diese Leutchen den Tag über?« Einige Jahrzehnte zuvor wurden fast alle Theaterleute gesellschaftlich in oft herablassender Weise behandelt. Erst in den letzten hundert Jahren hat sich diese Einstellung allmählich gewandelt. Aber immer noch kommt man bei Unterhaltungen, selbst mit Dauerbesuchern von Opern und sogenannten Musikkennern, nicht aus dem Staunen heraus, welch naive Vorstellungen vom Entwicklungsgang, von den Mühsalen und den intensiven Bestrebungen der Sänger, ihre von Natur aus gegebenen stimmlichen Mittel zu pflegen, in jahrelangem Studium auszubauen und zu verbessern, noch herrschen. Doch es wird Berufenere geben, Stimmbildner vor allem, die ihre Erfahrungen im einzelnen darlegen könnten, Erfahrungen nämlich, wie ihre Schüler in ihren Jahre um Jahre dauernden Bemühungen, höchste Ziele anzustreben, nie nachlassen dürfen.

Der nicht informierte Theaterbesucher ist oft noch in dem Irrtum befangen, daß ein in einem Männerchor mit einem kleinen Solo hervorgetretener Solist, der zwar die Anerkennung seiner Sangesbrüder und der Zuhörer gefunden hat, auch dazu berufen sei, nach Prüfung durch einen Gesangsmeister und nach einem kurzen Studium plötzlich ein großer Sänger zu sein. In seinen Gedanken sieht er sich bereits auf dem Konzertpodium oder auf der Bühne eines Theaters, gefeiert von einem verklärt lauschenden Publikum. Gewiß können Beispiele von hochbegabten sogenannten »Naturtalenten« aufgeführt werden, jedoch die Wirklichkeit sieht meist anders aus. Denn bei der von der Natur dem Kind schon in die Wiege gelegten Stimme wird sich bei Frau und Mann erst nach dem Mutieren wirklich zeigen, ob diese sich für eine Solistenlaufbahn eignet. Dann kommt der wichtigste Schritt in der Laufbahn der zukünftigen Sängerin oder des Sängers: es gilt, denjenigen Stimmpädagogen zu finden, der es von Anfang an versteht, alle Fähigkeiten aufzuspüren und alle Möglichkeiten abzuwägen, ob sein künftiger Schüler eventuell dazu prädestiniert sein wird, auf dem weiten Feld der Gesangskunst etwas Besonderes zu werden und sich durchzusetzen gegen die in späteren Jahren auftretende Konkurrenz.

Schon von Anfang an ist es notwendig, diese wichtigen Feststellungen zu treffen; die Stimme allein tut es nicht. Es sind so viele andere Dinge nötig, um die Jahre des Aufbauens nicht wertlos werden zu lassen, um nach dem Studium und den nachfolgenden Prüfungen sich als geeignet zu erweisen, im gewählten Beruf das anzustrebende höchste Ziel zu erreichen.

Der Gesangspädagoge wird nach genauen, längeren Beobachtungen entscheiden können, ob sein Schützling genügend Musikalität besitzt, um zukünftig zu bestehen. Er wird dann vor allem streng darauf achten, daß sein Eleve sich die technischen Grundgegebenheiten aneignet; dabei ist es wichtig, daß der Sänger der Verständlichkeit des gesungenen Wortes seine besondere Aufmerksamkeit widmet. (Hier sind gegen früher gewaltige Fortschritte zu verzeichnen, und ausländische Sänger, die auf die Aussprache mehr als andere achten müssen, versteht man manchmal besser als einheimische.) Weiterhin gehört von Anfang an zum Studium die Entwicklung der persönlichen und geistigen Reife, Körperbeherrschung und die Ausbildung der Fähigkeit, das gesungene Wort in Ausdruck umzusetzen. Auf den Gesichtsausdruck (die Mimik) und die Bewegungen (die Gestik), die Gänge auf der Bühne – auf all das muß gesehen werden.

Zur geistigen Reife gehört im späteren Beruf die innere Disziplin. Auch Nervosität auf der Bühne kann in gewissem Grad unter Kontrolle gebracht werden. Natürlich muß man zugestehen, daß das sogenannte Lampenfieber vor allem von der momentanen Verfassung des Sängers abhängt und bei manchen nie ganz zu beheben ist. Sogar bei den routiniertesten Tenören und den sichersten Sopranen habe ich, selbst an größten Häusern, die Erfahrung gemacht, daß sie z. B. in der »Bohème« oder in der »Aida« nach einem gelungenen strahlenden hohen »C« plötzlich »andere Menschen« wurden. Dieser gefährlichen Nervosität muß vom Gesangsmeister bereits von Anfang an gesteuert werden, da die Anfänger nach Beendigung des Studiums hinaus in die Welt der Realitäten entlassen werden: ich spreche vom Vorsingen an größeren oder kleineren Bühnen, vor Intendanten und Kapellmeistern und vor allem bei den Agenturen.

Schon die bloße Nennung dieses Wortes löst bei den meisten Sängern Verkrampfung aus. Ich darf dieses leidige Kapitel übergehen, glaube aber, mehr und mehr zu bemerken, daß sich manche Bühnenleiter zu sehr von diesen Institutionen abhängig machen. In früheren Zeiten wurde die Ansicht vertreten, es sei richtiger, daß sich die Bühnenvorstände selbst ins Bild über das vorhandene Sängermaterial setzten. Intendanten und Kapellmeister sollten bei bestehenden Vakanzen jede Gelegenheit wahrnehmen, an anderen Bühnen Vorstellungen anzuhören und sich auf diese Weise selbst orientieren.

Es gibt für diese Regel wohl kein besseres Beispiel als die Verpflichtung von Jean Cox im Jahre 1959 nach Mannheim. Im Auftrag von Dr. Hans Schüler, dem langjährigen Mannheimer Intendanten, wurde ich damals nach Braunschweig entsandt, um mir dort in einer »Turandot«-Aufführung eine uns empfohlene Zwischenfach-Sängerin anzuhören. An diesem Abend sang der mir bis dahin nicht bekannte Tenor Jean Cox die Partie des Kalaf. Er gefiel mir in jeder Beziehung ausgezeichnet: stimmlich, darstellerisch und musikalisch. Nach der Vorstellung konnte ich der Sängerin auf Grund meines positiven Eindrucks ein Engagement in Aussicht stellen, den Tenor Jean Cox erreichte ich jedoch nicht mehr. Am nächsten Morgen ließ ich ihm durch einen befreundeten Sänger ausrichten, daß er mir ausgezeichnet gefallen habe und ich in Mannheim darauf dringen würde, daß er nächstens mit einer Einladung zu einem Gastspiel rechnen könne.

Diese Einladung erfolgte dann auch bald für eine »Carmen«, wo er den Don José singen sollte. Inzwischen waren, da ich wegen meiner Dirigierverpflichtungen verhindert war, zwei andere Vorstände unseres Hauses beauftragt worden, an einem anderen Theater einen ebenfalls empfohlenen Tenor anzuhören. Auf der Rückfahrt fuhren die beiden Herren über Braunschweig, um sich gleichfalls einen Eindruck von Jean Cox zu verschaffen. Sie zogen den Tenor, den sie zuerst gehört hatten, vor. Davon hörte ich, und ich drängte mit Erfolg darauf, daß das Gastspiel von Jean Cox als erstes stattfinden sollte.

In der ersten Pause der »Carmen« ließ mich der Intendant rufen, um meinen Eindruck zu erfahren. Ich sagte ihm: »Da ich meinen Eindruck von Braunschweig voll bestätigt sehe, kann ich nur raten, noch heute nach der Vorstellung diesem Mann einen Vertrag anzubieten und ihn unterschreiben zu lassen.« So geschah es dann auch, und Jean Cox war für das Mannheimer Nationaltheater gewonnen.

Ich habe nun die Umstände, die zu seinem Engagement führten, nicht allein deshalb so ausführlich geschildert, weil sie unseren Jubilar betreffen, sondern auch deshalb, weil an diesem Beispiel Außenstehende sehen können, wie schwer es für eine Bühnenleitung ist, die richtigen Sänger zu finden, um ein hohes künstlerisches Niveau halten zu können. Das bestehende hohe Niveau des Nationaltheaters (das natürlich von Jahr zu Jahr gewissen Schwankungen unterworfen sein kann) bot Cox Gelegenheit, sich ein für sein Fortkommen notwendiges Repertoire aufzubauen, in immer breiterer Fächerung allmählich über das italienische ins heldische Fach hineinzuwachsen – man kann auch sagen: aufzusteigen – und so eine große Karriere zu beginnen, die ihn über Wien, München, Berlin und die großen Häuser in den USA dann als Höhepunkt nach Bayreuth brachte. Nach 60jähriger Theaterzugehörigkeit und als Dirigent an fast allen großen deutschen Bühnen (München, Berlin, Leipzig, Dresden, Frankfurt, Stuttgart) tätig, konnte ich die immer interessanten und oft wechselvollen Stationen der berühmtesten Sängerinnen und Sänger beobachten und verfolgen. Ich fand es besonders klug von Jean Cox, daß er dem Nationaltheater Mannheim die Treue hielt und sich ihm in all den Jahren als Basis für seine ausgedehnte Gastiertätigkeit verbunden fühlte.

Welche Erkenntnisse ergeben sich nun für den verantwortungsvollen Dirigenten bei der Arbeit mit den von ihm betreuten Gesangssolisten? Das Publikum sieht bei einer Opernaufführung nur *die* Tätigkeit des Kapellmeisters, die darauf ausgerichtet ist, den Zusammenhalt zwischen Orchester und Bühne zu gewährleisten. Dies ist jedoch nur ein kleiner Teil; von der intensiven Vorbereitungs- und Probenarbeit weiß es so gut wie nichts. Verschiedene Gesichtspunkte sind maßgebend, um den Erfolg der Zusammenarbeit zwischen Dirigent und Sänger sicherzustellen. Drei – quasi rhetorische – Fragen stehen da im Vordergrund:

1. Ist es im Hinblick auf die weitere Ausbildung und ein erfolgreiches Weiterkommen für den Sänger dienlich und notwendig, ihm beim Partienstudium nicht nur zum bloßen Erfassen des Notentextes anzuhalten, sondern ihm darüber hinaus auch jede Feinheit des ganzen musikalischen Geschehens klarzumachen und ihn diesbezüglich zu kontrollieren?
2. Genügt das, oder wäre es nicht Pflicht des musikalischen Helfers (Dirigent oder Korrepetitor), alles zu tun, dem von ihm Betreuten das Höchste in der musikalischen wie auch darstellerischen, psychologisch motivierten Auslegung des Textes abzufordern?
3. Wird es, vom Standpunkt des Sängers gesehen, notwendig oder gar gewünscht sein, daß der das Partien-Studium begleitende Betreuer ihn mit nie nachlassender Wachsamkeit kontrolliert, so daß sich schon beim Studium nicht der kleinste Fehler einzuschleichen vermag?

Es gibt also Betreuer und Betreute; sprechen wir zuerst von den Betreuern:
Am Anfang nenne ich die Korrepetitoren, weil ja der Hauptteil der Einstudierung von ihnen zu tragen ist. Wie wird man Korrepetitor?
Studierende, die sich der Musik als Beruf verschrieben haben, werden sich, falls sie das Fach Klavier wählten und falls sie nicht nur rein pädagogisch wirken oder gar Solist werden wollen, eines Tages schlüssig sein, daß sie ohne das Theater nicht leben wollen. Vielleicht haben diese jungen Menschen das Glück, in einer Großstadt geboren zu sein oder dort ihr Studium abwickeln zu können. Sie sitzen dann im Theater (auf der obersten Galerie), haben sich Partituren gekauft und verfolgen das Geschehen, das auf der Bühne und im Orchester vor sich geht. Der Dirigent, schon bei seinem Erscheinen beifallumrauscht, beherrscht wie ein Feldherr das »Schlachtfeld«. »Das will ich auch erreichen« – ist ihr unumstößlicher Entschluß . . . und sie wissen und ahnen nicht, was alles dazugehört, erst einmal bei einem Theater anzukommen, sich dann zu bewähren, Vorgesetzte zu haben, die wohlwollend gesinnt sind und auf dem folgenden Lebensweg weiterhelfen. Aus eigener Erfahrung darf ich jungen, talentierten Kapellmeisteranfängern den Rat geben, möglichst oft zu wechseln. Ich selbst hatte mit 21 Jahren meine erste Stelle an einer mittleren Bühne und war in den ersten fünf Jahren meiner Theatertätigkeit an fünf Bühnen engagiert, darunter an zwei großen Staatstheatern und 1924 bei den Bayreuther Festspielen. Dadurch hatte ich den Vorteil, viele große Dirigenten, berühmte Sänger und fast das gesamte Opernrepertoire kennenzulernen. Außerdem habe ich die unterschiedlichen Interpretationen der Dirigenten und Sänger in mich aufnehmen und in späteren Jahren verwerten können.

Schon von Anfang an muß der Korrepetitor sich damit auseinandersetzen, in welcher besonderen Art der Sänger beim Studium die zu lernende Partie anzulegen hat; er muß aufmerksam machen auf die Ausdeutungsmöglichkeiten und Sinngebungen des Textes, auf die Wortakzentuierung, auf die Phrasierung bei der Zusammenfassung von kleineren und größeren Melodiebögen, auf die Anpassung an den Partner und die Angleichung bei Duetten und anderen Ensemblesätzen. Das ist aber nur einiges. Vieles mehr wird in der Praxis, je nach Werk und Stilrichtung, zu beobachten sein, auf so vieles wird hinzuweisen sein, was dem Sänger in Fleisch und Blut übergegangen sein muß, bevor die Anweisungen des jeweiligen Regisseurs die Eindrücke des Sängers vertiefen.
Dies alles soll der Korrepetitor beherrschen, das alles soll in den Proben schon besprochen, nicht nur angedeutet, sondern auch ausgedeutet sein? Ja, das wäre der Idealzustand für den Sänger und das einzustudierende Werk. Von einem Anfänger kann man das natürlich nicht verlangen; es gehört eine jahrelange Erfahrung, Routine, dazu: genaue Kenntnis der Werke, ein hohes Maß an Einfühlungsvermögen in das Werk, je nach Schwierigkeitsgrad (ein Lortzing wird schneller einzustudieren sein als z. B. ein Hindemith), die Liebe zum Werk und die Fähigkeit, diese Liebe auch im Sänger zu erwecken und ihm nicht durch stures Notenpauken die Freude an der Arbeit zu verleiden. Der Korrepetitor (und noch viel mehr der Dirigent) müßte fast ein Psychologe sein. Er darf den Sänger nie so ermüden, daß dessen Aufnahmefähigkeit überstapaziert wird. Der »Normal«-Korrepetitor wird erst nach Jahren so viel Erfahrung gesammelt haben, daß er auch den Anforderungen gerecht werden kann, die man an

142

einer größeren Bühne an ihn stellen wird. Je größer die Bühne, desto öfter kann man den Idealtypus eines Einstudierers antreffen, auf den sich der Dirigent dann hundertprozentig wird verlassen können. Es sind vielfach bereits ältere Musiker, die in früheren Jahren an mittleren oder kleinen Bühnen als Dirigenten tätig waren. Man braucht einfach eine Reihe von Jahren, um den Grundstock für eine solide und zuverlässige Entwicklung gelegt zu haben, die dann vor allem den Sängern zugute kommt.

Natürlich wird man hier und dort auch Ausnahmeerscheinungen begegnen, die – mit einem phänomenalen Gedächtnis ausgestattet – geradezu Wunder vollbringen. Ein mir befreundeter Chefkorrepetitor an einem der großen Häuser hat nicht nur die meisten Klavierauszüge der gängigen Opern auswendig gespielt, sondern auch die Texte aller Singstimmen gekannt, das bei etwa 40 bis 50 Opern. Einmal löste der eben neu ernannte musikalische Chef dieses Hauses, selbst ein perfekter Pianist, diesen bei einer »Rosenkavalier«-Bühnenprobe ab. Wie staunte er, als er plötzlich auf dem Pult des Flügels statt des erwarteten Klavierauszuges die Partitur liegen sah, aus der zu spielen natürlich viel schwerer ist. Trotz seiner Verblüffung spielte er einige Zeit aus der Partitur, während der Korrepetitor an seiner Stelle dirigierte. Kurze Zeit später aber rief er ihn zurück an den Flügel, und der Korrepetitor sagte zu ihm: Nehmen Sie die Partitur ruhig mit, ich brauche sie nicht, Herr Generalmusikdirektor . . . und spielte auswendig dieses schwierige Werk weiter. Derselbe Chefkorrepetitor war mit mir 1924 für die musikalische Assistenz in Bayreuth verpflichtet. Das ganze Ensemble war höchst verwundert, daß er ohne Zuhilfenahme von Auszug oder Partitur die ganzen »Meistersinger« während der Bühnenproben auswendig spielte und bei Unterbrechungen immer sofort den richtigen Text parat hatte, wenn der Regisseur (Siegfried Wagner) 20 oder mehr Takte zurückzugehen wünschte. Solchen Ausnahmemusikern wird man nur selten begegnen. Ich habe in all meinen Bühnenjahren neben den erfahrenen, den routinierten, älteren diejenigen Korrepetitoren als die eifrigsten und für die Sänger hilfreichsten empfunden, die zwar noch im Aufbau standen, aber schon ihre künftige Dirigententätigkeit im Auge hatten und, noch von jugendlichen Idealen beherrscht, ihre Aufgabe darin sahen, den Sängern die Werke mit aller Intensität nahezubringen.

Ein Dirigent wiederum wird sich im allgemeinen an die bereits geschilderten und geübten Praktiken halten, wird aber nach gewissen Gesichtspunkten noch gespannter ins Detail gehen. Seine größere Autorität den Sängern gegenüber wird dabei auch eine Rolle spielen. Seine Ansicht vom Werk mit einer bereits gefaßten klaren Disposition für längere und kürzere Spannungsbögen wird er auch auf den Sänger übertragen wollen und ihm damit eine Übersicht vermitteln können, wie er das Werk mit den einzelnen Höhepunkten, den dramatischen Verzahnungen und den Gegensätzen zwischen lyrischen und dramatischen Stellen anzulegen und auszudeuten hat. Er wird das Hauptgewicht nicht mehr auf die richtigen Töne und auf rhythmische Genauigkeit legen (das ist ja die Vorarbeit des Korrepetitors), sondern die »große Linie« im Auge haben.

Stets habe ich es so gehalten, daß ich die ersten Proben in Anwesenheit des Korrepetitors durchführte, kleine Änderungen tonlicher, stimmlicher und textlicher Art besprochen und vorgenommen habe, dann nach zwei oder drei Wochen wieder eine Einzelprobe mit den Sängern abhielt, um mich von deren Fortschritten zu überzeugen. Wenn es die Zeit erlaubte, habe ich erst danach Terzette und Duette probiert. Hierauf wurden die notwendigen Ensembleproben abgehalten, die ein sehr wichtiges Moment bei einer Einstudierung darstellen, weil nun die Sänger gegenseitige Rücksicht nehmen müssen, was vor allem die Dynamik und die rhythmischen Gegebenheiten angeht. Die Anzahl der Ensembleproben kann man nie genau bestimmen, da es dabei auf die Einstellung der Sängerschar selbst ankommt und auf das schnellere oder langsamere Erfassen schwieriger Passagen. Gesamtensembleproben sind heute kaum noch abzuhalten; auch da haben sich die Zeiten geändert.

Nun einige Worte speziell zu den Sängern: Sänger ist nicht gleich Sänger. Jeder ist anders zu nehmen; jeder möchte seine Individualität gewahrt wissen. Das ist das Wichtigste, was der Einübende (ob Dirigent oder Korrepetitor) stets zu beachten hat. Auf jede noch so kleine Nuance muß man achten, mit feinstem Fingerspitzengefühl muß man zu Werke gehen, immer nur ein einziges Ziel vor Augen: aus dem Sänger das Beste herauszuholen, um dem Werk in bestmöglicher Weise zu dienen. Oft ist Strenge vonnöten, oft äußerste Nachgiebigkeit, je nach der augenblicklichen Disposition des betreffenden Sängers. Ein jeder hat da so seinen Privatstolz, den er nicht verletzt sehen möchte. Egal, ob Primadonna oder ob Anfänger, alle müssen sich bei notwendigen Korrekturen zwar individuell, aber auch gleich behandelt fühlen.
Ob ein Sänger nach einer großen Rolle am Vorabend, von den Strapazen der Partie noch angegriffen, zur Probe kommt, oder ob er ausgeruht und gesund erscheint, das muß natürlich immer in Betracht gezogen werden. Morgens sind die meisten Sänger noch nicht eingesungen; ihre Hochform müssen sie ja abends in der Aufführung erreichen. Also sollte man sie an Vorstellungstagen bei Morgenproben schonend behandeln. Wenn sich ein Sänger beim Dirigenten wegen einer Indisposition entschuldigt, kann man von ihm nicht verlangen, daß er voll aussingt und seine hohen Töne »hinlegt« wie sonst. Das alles sind Dinge, die ein erfahrener Dirigent schon von sich aus richtig macht. Er wird auch die feingliedrige Skala eines Sängers bei seelischen Belastungen kennen und bemüht sein, sich auf alle ihre Grade einzustellen. Der Charakter jeder einzelnen Stimme, ob hoher Tenor oder tiefer Baß, ob Koloratursopranistin oder dramatische Altistin, ist in sich so verschieden, daß man auch darauf stets Rücksicht nehmen muß. Persönlichkeiten, Talent, Musikalität, Begabung für die Bühne (= schauspielerischer Ausdruck) sowie die Beherrschung des fast bei jedem anzutreffenden Lampenfiebers, die Zeit der Ausbildung, Erfahrung und Reife, das alles und noch vieles mehr spielt hier eine wichtige Rolle.
Manches davon kann sich ein strebsamer Sänger im Laufe der Jahre aneignen und sich darin vervollkommnen: durch Fleiß, aber auch durch Beobachtung geeigneter Vorbilder, durch Vergleiche mit den »Größen« der Zeit, durch Lesen von Fachliteratur, Hören von Konzerten und durch den Besuch von Schauspielen. Was sich nicht erlernen läßt: das ist das angeborene Talent für die Bühne und Musikalität.
Ich habe eben das Wort »Primadonna« gebraucht. Man wird fragen, ob es besonders schwierig ist, sich mit Sänger-»Prominenz«, vor allem mit dem »berühmten Stargast«, zu arrangieren. Mit Einfühlungsvermögen, rücksichtsvollem Eingehen auf eventuelle Wünsche, aber ohne jede Bevorzugung oder Hintansetzung der hauseigenen Sänger, ist ein gutes Einvernehmen meist bald und leicht herzustellen. Wirklich große Künstler kommen einem bei der Arbeit im-

mer sehr entgegen. Der öfters erwähnten Arroganz der »Großen« bin ich persönlich nur ganz selten begegnet. Man wird ja nicht so ohne weiteres »groß« – jedenfalls früher nicht. Dazu gehören gewisse Voraussetzungen; abgesehen von der Stimme: eine persönliche Ausstrahlung, vor allem fundiertes Können und nicht zuletzt Anpassungsfähigkeit. Aus eigener Erfahrung möchte ich sagen, daß gerade die »Ersten« ihres Faches – bedingt durch ihre geistige Einstellung – sehr bescheidene Menschen sind, die sich dank ihrer Weltoffenheit und Aufgeschlossenheit immer auch ihrer eigenen Grenzen bewußt bleiben.

Nicht anders habe ich es mit Jean Cox erlebt: Pflichttreue, nie versagende Einsatzbereitschaft und ein allgemein bewundertes, seltenes Durchstehvermögen beschreiben einen Künstler, der mit und für seine Kunst lebt, einen Charakter mit einer ungewöhnlichen straffen Selbstdisziplin: so erfüllte er die ihm gestellten Aufgaben – oder, vielleicht besser ausgedrückt – die Aufgaben, die er sich selbst stellte. Wachen Sinnes nahm er alle Möglichkeiten wahr, die ihm helfen konnten, seinen ihm vorgezeichneten Weg unbeirrbar zu gehen und sich stets weiter zu vervollkommnen. Ich denke dabei an eine an und für sich unbedeutende Angelegenheit: Der erste Auftritt des Lohengrin ist für alle Tenöre die heikelste Stelle der ganzen Oper. Diese ohne Orchesterbegleitung und im Stimm-»Bruch« komponierte Stelle bedeutet fast für jeden eine oft schwer zu überwindende Klippe, und viele singen da zu tief, so früher auch Jean Cox. Ich zeigte ihm den »Kniff«,[1] den man anwenden kann, um diese Passage sauber zu singen, und ich habe ihn danach diese Stelle nie mehr zu tief singen hören.

Eine andere kleine Episode aus unserer langjährigen gemeinsamen Zusammenarbeit ist vielleicht noch bemerkenswert, weil sie sein oben erwähntes Durchstehvermögen betrifft: Jean Cox hatte eine große Partie in einer Neueinstudierung in Mannheim zu singen. Während der ersten Pause einer Bühnenprobe kam er zu mir mit einem Anliegen: er fragte, ob ich ihn heute früher aus der Probe entlassen könne, da er noch am gleichen Abend an der Wiener Staatsoper zu singen habe, und er bat noch darum, am nächsten Morgen bei der Orchesterprobe mit dem 3. Bild zu beginnen; da habe er nichts zu tun. Man könne wenig später mit dem 1. Bild fortfahren, bis dahin sei er ganz bestimmt wieder zur Stelle. Wenn sich das so einrichten ließe, brauche er nicht die ganze Nacht im Zug zu sitzen, um schon um 10 Uhr wieder zur Probe in Mannheim zu sein, sondern erst eine halbe Stunde später (da könne er fliegen und vorher noch schlafen). Nach einigem Zögern gab ich die Erlaubnis, und ich glaube mich erinnern zu können, daß er dann am Abend dieses zweiten Tages wieder eine größere Partie in Mannheim zu singen hatte. Jeder weitere Kommentar, glaube ich wohl, ist hier überflüssig. Es ist kein Wunder, wenn bei dieser Einstellung zum Beruf und dieser Zuverlässigkeit das aus ihm geworden ist, als was er heute vor uns steht: als ein Künstler, der Vorbild für alle Kollegen ist und nachahmenswert für die jüngere Generation bleiben wird.

Von der hohen Warte seiner Kunstauffassung her gesehen, wird das Musiktheater für alle kunstbegeisterten Menschen immer ein Erlebnis und ein Loslösen vom Alltag bedeuten.

---

[1] Karl Fischer bat seine Lohengrine, bei dieser Stelle die abwärts zu singenden Ganztöne als Halbtöne zu denken, sie sich höher als notiert vorzustellen; bei den Aufwärtspassagen sollte der Halbtonschritt cis-d höher intoniert werden; und bei Ganztönen aufwärts müssen die »Klinger« genutzt werden (z. B. bei »lieber Schwan« das »l«), bis man die Höhe des Tones sicher fixiert hat.

Michael Davidson, Mannheim

EIN GESPRÄCH

Michael Davidson trafen die Herausgeber zu einem Gespräch. Mittelpunkt dieses Gesprächs war die »Othello«-Inszenierung *Wolfgang Windgassens* in Mannheim (1971), in der Jean Cox den Othello und Michael Davidson den Jago sangen.

Windgassens Regie, so einige Berichte zur Neuinszenierung, sei bloß konventionell, bringe nichts Neues, auch nicht in der Personenführung. Etwas aber muß von seiner Persönlichkeit ausgegangen sein, zumal die Solisten gesanglich *wie* darstellerisch sehr gelobt wurden. Das wirft die Frage nach Windgassens Regie-Arbeit auf.

Da muß ich zunächst vorrausschicken, daß sich Jean und Windgassen in ihrem Verhalten ähnlich waren: ruhig, wissend, worauf es bei der Gestaltung einer Partie ankommt. Allerdings scheint mir Jean irgendwie glaubhafter – nicht nur als Siegfried identifiziert er sich ganz mit der von ihm darzustellenden Partie.
Bei seiner Arbeit am »Othello« legte Windgassen besonderen Wert auf die Darstellung des Dramas, das sich im Dreieck zwischen Othello, Desdemona und Jago abspielt. Der Rest ist Staffage. Er machte uns klar, daß Verdis Drama vorrangig Shakespeares Stück ist. Othello ist nicht dumm, nur blind; er ist auch nicht mißtrauisch gegenüber Jago – und der ist nicht »böse«; ich mußte da mit einigen Klischees aufräumen.
(Michael Davidson singt den Jago seit mehr als 10 Jahren in zahlreichen Inszenierungen.)

Der Vorwurf, der Windgassen gemacht wurde, er inszeniere zu statuarisch, zu »Rampe«-bezogen, lenkt den Blick auf die Kunst der Stilisierung, der Beschränkung auf das Notwendige in Mimik und Geste – man denke an Wieland Wagner, mit dem Windgassen so erfolgreich zusammenarbeitete. Kommt das der Interpretation des Textes nicht gerade zugute, und gibt das der ausdeutenden Musik nicht den Raum für lyrische Bögen wie dramatische Kraft?

Windgassen kannte natürlich die Wirkung der Stilisierung, wußte, daß durch sie die Darstellung an Intensität gewinnt. Er wußte aber auch genau, daß eine solche Konzeption nur mit erfahrenen Sängern Erfolg haben konnte, und er hat uns da ganz vertraut.

Was hat Windgassen an eigenen Erfahrungen als Othello mit eingebracht?

Abgesehen davon, daß er Jean in weitere Geheimnisse der ökonomischen Gestaltung einer derart schwierigen Partie einwies, versuchte er nie, ihn stimmlich oder darstellerisch zu beeinflussen. Er kannte ihn ja zudem aus der vorhergehenden Stuttgarter Inszenierung. Windgassen ahnte wohl, daß das Ende seiner Bühnenlaufbahn bevorstand; er sah in Jean seinen Nachfolger.
Was die Gestaltung anbelangt, da ließ er uns alle »an der langen Leine«, ließ uns auf

das Werk reagieren, überließ uns zunächst dem, was Text und Musik aus uns herausbrachten, griff nur manchmal lenkend ein. Das heißt, er folgte als Regisseur einer Grundidee von Helmut Käutner, der sagte, es gebe zwei Arten von Regisseuren: Dompteure und Gärtner; er sei Gärtner, sagte Windgassen. Ich habe ergebnislose Diskussionen oft genug erlebt; hier haben wir nicht diskutieren müssen, es kam alles beinahe wie von selbst.

In dieser »Othello«-Produktion beeindruckt das äußerst subtile Spiel zwischen Ihnen und Jean Cox. Wie erreicht man das?

Wir haben viel zusammengearbeitet, und wir gehen immer professionell an die uns gestellten Aufgaben heran – es gab da nie Probleme. Jean ist stets bestens vorbereitet: das hat alle Einstudierungen mit ihm immer sehr leicht gemacht, und das ist einfach Voraussetzung für gegenseitiges Verständnis auf der Bühne, ebenso wie die Bereitschaft, aufeinander einzugehen.
Da wir uns im Team so gut verstanden, war die gestaltende Hand des Regisseurs nur selten zu spüren, höchstens die lenkende. Das hieß, daß Jean seine subtile Schauspielkunst voll ausspielen konnte, eine Kunst, die das Spiel miteinander vertrauter Partner positiv beeinflußt, die aber vielleicht für das breite Publikum zu differenziert ist, nicht immer »draußen« ankommt. Für den Partner ist aber gerade diese Zurückhaltung, die Zurücknahme des rein äußerlichen Pathos, ein Moment absoluter Sicherheit, da man in jedem »Augen-Blick« (bei seinem intensiven Augenspiel) weiß, wie er agieren und reagieren wird. Das ist vielleicht keine Kunst für viele, aber immer eine für die, die diese Feinheiten zu beobachten und zu verstehen wissen.

Wie würden Sie Cox' sängerische Entwicklung charakterisieren?

Zur Stimme und zur gesanglichen Bewältigung seiner Partien möchte ich sagen: er singt heute besser als vor 15 Jahren, als wir uns kennenlernten. Sie wissen, daß Jean immer Tenor war, nie ein hochgestemmter Bariton. Heute steht er auf dem Höhepunkt seiner stimmlichen Entwicklung. Das liegt darin begründet, daß er systematisch aufbaute, d.h., jede Partie erst dann übernahm, wenn seine Stimme dafür reif war und die Erfahrungen ausreichten. Die schweren Partien des Wagner-Faches z.B. sollte man – und ich nehme an, ich stehe mit dieser meiner Meinung nicht ganz allein – erst dann singen, wenn man absolut sicher ist, daß die Stimme diesen mörderischen Aufgaben in jeder Hinsicht gewachsen ist, wenn der Sänger weiß, wie er deren Klippen – zunächst einmal rein technisch – meistern kann. Zum Darstellerischen: ein Partner auf der Bühne, wie man ihn sich nur wünschen kann. Ein Bonus für seine Karriere ist wohl auch sein stabiles Nervenkostüm. Ich erinnere mich an seinen ersten Tristan, den er, entgegen ärztlichem Ratschlag, von einer fiebrigen Erkältung bei weitem nicht genesen, sang, um dem Haus eine nochmalige Aufschiebung der Premiere zu ersparen; wir hörten, wie seine Stimme im 2. Akt schon zu Beginn brach; aber er war zuversichtlich, und er hielt – trotz

148

· hohen Fiebers – diese Premiere ohne jede Nervosität durch. Danach sagte er: jetzt weiß ich, daß ich es kann. Die nächste Aufführung wurde, nachdem er seine Erkältung ganz auskuriert hatte, zu einem durchschlagenden Erfolg.

Noch einmal zurück zum »Othello«: neben den kritischen Worten vom konventionellen und statuarischen Inszenierungsstil wurden auch solche laut, die von der Demut des Regisseurs und der Sänger-Schauspieler gegenüber dem literarisch-musikalischen Werk sprachen. Können Sie diese unterstreichen?

Unbedingt. Windgassen ließ jede Freiheit, soweit er sie verantworten konnte. Falsches Pathos war ihm zuwider. Seine Führung erlaubte, ja forderte Ausdrucksintensität allein aus der Stimme und aus schlüssigem Spiel. Gegenseitiger Respekt vor der Leistung des anderen: das war es, was seine Arbeit mit uns auszeichnete.

Ich darf mir wünschen, daß wir, Jean und unserer Ensemble, noch manche erfolgreiche Aufführung miteinander erleben können.

Dear Jean,

A tribute to your years of constant and faithful devotion to music and theater is certainly in order. Because of this, I feel honored to pen my best wishes to you, and join the many who thank you for the innumerable wonderful performances both, shared and witnessed.

Lieber Jean,

auf jeden Fall verdienst Du eine Ehrung für Deine Jahre konstanten und treuesten Einsatzes für Musik und Theater! Daher fühle ich mich geehrt, Dir meine besten Wünsche zu schreiben und mich den Vielen anzuschließen, die Dir für die unzähligen wundervollen Vorstellungen danken – denen, die daran mitwirkten und denen, die sie hörten.

Michael Davidson

Willibald Vohla, Mannheim

EIN GESPRÄCH

gh Was ist Ihnen damals (1959), als Jean Cox nach Mannheim kam, an seiner Art zu singen besonders aufgefallen?

V Eigentlich wäre mit einer kritischen Bemerkung zu beginnen: ich, und nicht nur ich allein, sondern fast alle Mitglieder des damaligen Ensembles, sagten uns: wenn er so weiter singt, wird es wohl nicht lange währen.

gh Was veranlaßte Sie zu dieser Feststellung?

V Er ging derart verschwenderisch mit seinem kostbaren Stimmaterial um, daß es geradezu beängstigend war. Wir alle befürchteten, daß er bei dieser Art zu singen den Anforderungen nicht lange gewachsen sein würde.
Aber, ich muß zugeben, da haben wir uns alle – Gott sei Dank! – doch getäuscht.

gh Woran lag es dann, daß sich die Stimme über eine so lange Zeit weiter entwickelte und heute auf dem Höhepunkt steht?

V Das muß damit zusammenhängen, daß Jean unter ständiger guter Kontrolle stand.

gh Das war die Stimmschulung bei Frau Kirsamer in Frankfurt, zu der er, bis zu ihrem Tode, ständig zur Überprüfung ging.

V Ja, ich glaube, er hat dem Einfluß dieser Lehrerin sehr viel zu danken. Und wenn jemand so darangeht, wie Jean, sich eine Karriere aufzubauen, d.h., warten kann, bis er sich für die gestellten Aufgaben reif fühlt, dann kann ich nur sagen: mit diesem Material würde er heute und zu jeder Zeit seinen Weg machen.

gh Was ist Ihnen an seiner Art, eine Rolle zu gestalten, Besonderes aufgefallen?

V Ich habe, als sein Partner auf der Bühne, sein Spiel immer positiv empfunden.

gh Was heißt, was bedeutet das?

V Das heißt, daß er im Bühnenspiel stets ein »Partner« war. Das wiederum heißt, daß er sich in allen Situationen – sei es in italienischen oder in anderen Partien – immer gleich anzupassen wußte. Er ist kein Sänger der großen Geste oder des extensiven Spiels. Immer steht seine zürückhaltende, aber intensiv dem Partner zugewandte Spielweise im Einklang mit dem, was er gerade zu singen hat. Und das ist es, was seinen Partnern das Spiel im jeweiligen Stück plausibel macht und erheblich erleichtert. Seine sparsam eingesetzte Gestik, die zu der Lebendigkeit seiner Mimik absolut keinen Gegensatz bildet, habe ich in allen Situationen positiv empfunden.
Es war eine Freude, mit ihm zu arbeiten; es war leicht, zu agieren wie zu reagieren, wenn man Jean als Gegenüber hatte. Niemals hat er »Rampe« gesungen, um sich nach vorn zu spielen.

gh Was schätzen Sie besonders an ihm?

V Da gibt es mehrere Antworten. Zum ersten möchte ich seine a b s o l u t e Zuverlässigkeit hervorheben: nie hat er – soweit ich mich erinnere – abgesagt; das, wie auch seine Menschlichkeit, hat mich immer sehr beeindruckt. Seine Familie ging ihm stets über alles; er gab sich – trotz des bald sich einstellenden internationalen Erfolges – nie als »Star-Tenor«; diesem Klischee entzog er sich völlig.

gh   Was wäre vom Standpunkt des Gesangspädagogen aus zur ungewöhnlichen Dauer der Karriere von Cox zu sagen?

V   Die Dauer einer Karriere hängt von verschiedenen Faktoren ab. Jean hat z. B. sehr gut aufgebaut; er wagte nichts, bevor es ihm nicht sicher schien. Meine Meinung – und da stehe ich gewiß nicht allein – ist: die großen Partien seines Faches sollte man nicht angehen, bevor man nicht eine gewisse Reife und Erfahrung mit einbringen kann. Erst mit 40 bis 45 Jahren ist eine Stimme gereift für die größten Aufgaben; dann erst weiß der Sänger um alle Tücken, alle kritischen Phasen.

gh   Wenn Sie nun auf die Zeit, die Sie zusammen am Nationaltheater Mannheim verbrachten, zurückblicken, was ist Ihnen da vom Bühnenalltag mit dem Kollegen Cox heute noch in Erinnerung geblieben?«

V   Nochmals: seine Menschlichkeit, seine absolute Integrität, seine Bescheidenheit und sein hervorragendes Verhältnis zu den Kollegen. Weiter, daß er – im Gegensatz zu anderen – stets bestens vorbereitet zu den Proben kam, daß er sich rechtzeitig der Qualität seiner Naturstimme bewußt wurde und dieses Kleinod fortan sorgsam hütete.

152

Gerhard Heldt, Kasendorf

EIN »DEUTSCHER BEL CANTO«?

Zum Wesen des Wagner-Gesangs

> »Die menschliche Stimme ist die praktische
> Grundlage aller Musik.«
>
> (Richard Wagner)[1]

Als Richard Wagner mit seinen ersten Kompositionen für die Bühne in die Operngeschichte »eintrat«, stand die italienische Gesangskunst in später Hochblüte, bereits gezeichnet von unübersehbaren Symptomen eines unabwendbar scheinenden Niedergangs. Ein deutsches Pendant, das der aufstrebenden, national gefärbten romantischen Oper zu einer nachhaltigeren Wirkung hätte verhelfen können, existierte nicht; die singenden Darsteller waren fast ausnahmslos am italienischen Modell geschult, nur in dieser Methode des Singens bewandert.

Unabhängig vom eigenen Werk erkannte Wagner, daß mit der welschen Vokalkunst dem spezifischen Eigenklang des gesungenen deutschen Wortes nicht beizukommen sei. Sehr wohl aber war er sich der Qualitäten italienisch ausgebildeter Sängerinnen und Sänger bewußt, und so trachtete er danach, beides – belcantistische Artistik und gefühlsbetonte Ausdruckskunst – miteinander zu einem »deutschen Bel Canto« zu verbinden.

*

»Bel canto«, zu deutsch: »Schöner Gesang«, ist – ohne ästhetische Wertung – Ergebnis einer Schulung, die vorrangig eines lehrt: den »ebenmäßigen Schmelz der nicht abreißenden Legatolinie sowohl in der Höhe und Tiefe der Stimme als auch in allen ihren Tonstärken«.[2] Der Begriff meint »die in der it. Opernmusik des 17./19. Jh. vorherrschende und dort bis heute erstrebte Technik eines lyrisch fließenden, voll und klar tönenden virtuosen Gesangs«[3], überwiegend realisiert im *messa di voce*, das ein »sich zwar in vielfachem Wechsel von Crescendo und Decrescendo gefallendes, aber über weit ausgedehnte Bögen reichendes, die Gesangslinie nie brechendes Singen«[4] ermöglichen sollte.

---

[1] Richard Wagner, Bericht über eine in München zu errichtende deutsche Musikschule (1865), in: Gesammelte Schriften und Dichtungen (in der Folge *GSD* genannt), Bd. VIII, Leipzig ⁴1907, S. 140

[2] Franziska Martienssen-Lohmann, Der wissende Sänger. Gesangslexikon in Skizzen, Zürich/Freiburg i. B. ²1963, S. 310

[3] Horst Seeger, Opernlexikon, Berlin 1978/Wilhelmshaven, Hamburg, Locarno, Amsterdam 1979, S. 68

[4] Frederick Husler/Yvonne Rodd-Marling, Singen. Die physische Natur des Stimmorganes. Anleitungen zum Aufschließen der Singstimme, Mainz ²1978, S. 116

Solche Technik zielte später ausschließlich auf Perfektionierung rein artifizieller Kunstausübung; sie zeitigte nicht natürliche, wohl aber vollkommene, ausdruckslose, mechanisierte, glatte Künstlichkeit, wie sie jeder Virtuosität zu eigen ist, bevorzugte die objektive, entindividualisierte Seite der eigentlich menschlichsten aller Künste: des Gesangs. Die Methode prägte einen Stil, dessen herausragende Interpreten Kastraten waren, künstlich gezüchtete »homunculi«, wohl funktionierend in einer zu bloßem Manierismus verkommenen Kunst. Das Kastraten-Unwesen versank zur Bedeutungslosigkeit, gleichwohl lebte das mit ihm kreierte Schönheitsideal des Gesangs fort.

Die Mittel des Bel canto: »formare, fermare, finire«[1] [den Ton] (formen, sichern, beschließen), das *messa di voce,* Betonung des Vokalischen der italienischen Sprache und die Legato-Linie des *langen Atems* eigneten sich die Sänger in mehrjährigen Studien an. Ergebnis war die im Können gründende Beherrschung einer künstlichen Kunst, deren erstrebenswertes Ideal: pure Schönheit der Tongebung – in Anlehnung an instrumentale Praktiken – auch für die Stimme realisiert werden sollte. Jene Art von Gesangs»kultur« hatte bald nichts mehr zu schaffen mit sinngerechter Deklamation oder ausdrucksmäßiger Interpretation des Textes; sie ließ den Menschen beiseite, der mit seinem Instrument, der Stimme, die Dramatik des Bühnengeschehens verdeutlichen sollte.[2]

Die Handlung, das dramatische Geschehen der Oper, vollzog sich in den (Secco-)Rezitativen, an deren Stelle später die »Szene« trat; die Arien waren kontemplative Haltepunkte, die zunächst der Reflexion der Geschehnisse dienten; später gerieten sie zur Darbietung einer virtuosen, textverleugnenden Kehlkopfakrobatik. Die Ideen der Camerata Fiorentina waren, was die musikalischen Seite der Oper betrifft, vergessen.

Im handlungstragenden Rezitativ stand das gesanglich-deklamatorische Element im Vordergrund. Jener sinnentleerten Künstlichkeit des auf die Arie festgeschriebenen Bel canto suchte Christoph Willibald Gluck in den 70er Jahren des 18. Jahrhunderts reformatisch entgegenzuwirken. Er verlangte eine Rückbesinnung auf die textliche Aussage, ohne jedoch die erreichte hohe Kunstfertigkeit der gesanglichen Darbietung entscheidend in Frage zu stellen; sie sollte nur wieder mehr dem Inhalt und Gehalt der Handlung dienstbar gemacht werden.

Der Begriff »Bel canto« hat zu Beginn des 19. Jahrhunderts einen eher stilistischen als ästhetischen Wandel erfahren. Mit Wagner waren auch andere der Meinung, daß sich mit der Methode des Bel canto nur italienische Musik stilrein singen lasse. Dagegen begann sich ein neues Ideal einer mehr der Natur, der Natürlichkeit zugewandten Schönheit durchzusetzen: Der Romantik und ihrer individualisierten Kunstauffassung konnte der überlieferte stilisierte Ästhetizismus nur formelhaften Charakter bieten, eine Larve, aus der sich eine neue, lebensnahe Kunst herausschälen mußte, eine formalistische Hülle, die es mit neuen Inhalten zu fül-

---

[1] Richard Wagner, Pasticcio (1834), in: Sämtliche Schriften und Dichtungen, Volksausgabe von Richard Sternfeld, Bd. XII, Leipzig ⁶o.J., S. 5
[2] Siehe dazu auch: Richard Wagner, Oper und Drama (1851), 3. Teil: Dichtkunst und Tonkunst im Drama der Zukunft, in: *GSD*, Bd. IV, S. 214 ff.

len galt. Das betraf gleichermaßen die Instrumental- wie die Vokalmusik. Die Oper verharrte – solange man italienische Werke spielte – in breit ausgetretenen Pfaden; zwar beschritt die Kunst des Bel canto (deren Ursprung und eigentliche Sinngebung waren längst in Vergessenheit geraten) mit dem Absterben der Kastraten-Herrlichkeit den Weg zum Niedergang; ihren Stil und ihre Form jedoch bewahrte sie sich. Die Franzosen versuchten, der Erstarrung der Opernkunst mit musikalisierten Emotionen individuelle Seiten abzugewinnen, hielten sich im Äußeren aber doch weitgehend an die überlieferte hohle Kunstfertigkeit.

Richard Wagner fand das Feld des Bel canto noch wohl bestellt und verfiel zunächst dem Irrglauben, diese Technik heilige nur die Mittel jener Musik, für die sie geschaffen sei. Sich den Gegebenheiten anpassend, aber schon mit deutlich spürbarem Sinn für die von Frankreich initiierten vorsichtigen Neuerungen, schrieb er den »Rienzi«. Er erkannte schon frühzeitig die Notwendigkeit einer eigenständigen Entwicklung für Deutschland, wie sie Carl Maria von Weber mit seinem »Freischütz« aufgezeigt hatte.[1]
Wagners Weg zu einem »deutschen Bel canto«, den er zur besseren Darstellung nicht nur der eigenen Werke für unbedingt erforderlich hielt, ist verschlungen, und er hat viele Stationen. Seinen Ausgang nimmt er vom (Miß)Verständnis nicht dessen, was Bel canto sei, sondern zu was er diene. (Der Glaube, das »schöne Singen« sei allein Werken italienischer Sprache und Provenienz vorbehalten, gipfelte seinerzeit in der Ansicht, »daß nichtitalienische Gesangsmusik eigentlich nur mit einem verfehlt funktionierenden Stimmorgan interpretiert werden könne.«[2]) Der Wille der Begründer des Bel canto, für jede Art von Vokalmusik vollendet ausgebildete Stimmen bereitzustellen, war in abgeschliffener Praxis verkümmert. Eine vollendet ausgebildete Stimme ist aber »unabhängig von Zeit und Stil . . . Das heißt: zu allen Zeiten bleiben die einzelnen Eigenschaften was sie sind, weich z. B. bleibt weich, und biegsam bleibt biegsam . . . Solange das menschliche Ohr keinen Wandel durchmacht, muß also die schöne Stimme [die »schön« zu singen versteht – d. Verf.] ihrem innersten Wesen nach dasselbe bleiben. Das von den Stimmbildnern angestrebte Ziel ist also zunächst einmal etwas Zeitloses, nicht Zeitgebundenes.«[3]

Wagners wohl frühestes Zeugnis einer Stellungnahme zur mißlichen Lage der Vokalmusik datiert aus dem Jahr 1834; unter dem bezeichnenden Pseudonym »Canto Spianato« (»Gesang ohne Pathos«) schrieb er in diesem Jahr einen Aufsatz mit dem ironischen Titel »Pasticcio«[4]. Hier heißt es gleich zu Beginn: »Die alte italienische Gesangsmethode bestand im soge-

[1] Vgl. Richard Wagner, Pasticcio, a. a. O., S. 5 ff.

[2] Husler/Rodd-Marling, a. a. O., S. 117

[3] Erwin Roß, Gesang und Gesangsmethoden, in: Hohe Schule der Musik, hg. v. J. Müller-Blattau, Bd. III, Potsdam 1935, S. 6 f.

[4] »Pasticcio (ital. Pastete) ist die Bezeichnung für die im Opernbetrieb des 18./19. Jh. sehr beliebten ›Flickopern‹, Pseudonovitäten, zusammengestellt aus bekannten Arien, Duetten oder größeren Werkteilen eines oder verschiedener Komponisten, die einem neuen Libretto angepaßt wurden.« (Riemann, Musiklexikon, Sachteil, hg. v. H. H. Eggebrecht, Mainz [12]1967, S. 713)

nannten getragenen Singen [zutreffender: »gebundenen« = legato-Singen – d. Verf.] . . . Sie
ließ . . . viel Biegsamkeit zu, doch mußten es Passagen sein, deren Charakter in der menschlichen Gesangstimme selbst seine Basis hatte. Die heutige dagegen besteht nur nebenher in melodiösen Phrasen, deren Bildung höchst einförmig über einen Leisten geschlagen ist, den man trotz aller Verbrämung augenblicklich wiedererkennt. Die leidige Sucht, es den Instrumenten gleich zu tun, ist ein Mißverstehen des Gesangs und der menschlichen Stimme.«[1] Und wenig später: »Unsre vornehmsten Opernkomponisten müssen den guten italienischen Kantabilitätsstil hübsch ablernen, dabei sich aber vor den modernen Auswüchsen desselben hüten . . . dann wird wohl auch einmal einer kommen, der in diesem guten Stil die verdorbene Dichtungs- und Gesangseinheit auf dem Theater wieder herstellt.«[2] Daß dieser prophezeihte Messias Wagner selbst sein soll, ist nicht gesagt, denn: »Wollt ihr euch aber an Vorbildern erwärmen, läutern und bilden, wollt ihr musikalisch-lebendige Gestalten schaffen, so vereinigt z. B. *Glucks* meisterhafte Deklamatorik und effektuierende Dramatisierkunst mit *Mozarts* kontrastierender Melodik, Ensemble- und Instrumentalkunst, und ihr werdet dramatische Werke liefern, die selbst der strengsten Kritik genügen.«[3] Für Wagner ist also die altitalienische Gesangskunst, berücksichtigt sie Glucks Reformbestrebungen und deren individuelle Auslegung in Mozarts deutschen Werken, ein durchaus legitimes Mittel zur dramatischen Darstellung, soweit ihr Charakter den Eigenheiten der menschlichen Stimme zu entsprechen vermag. Eine direkte Verderbtheit der Musiktheater-Dichtung sieht er nicht, nur die immer weiter auseinanderklaffende Schere zwischen dem Text und der diesem nicht (mehr) entsprechenden Musik. Die Musik hat die Funktion als Mittlerin des Wortes weitgehend verloren. Die Schönheit, das Absolute, ist da, doch der Ausdruck, das Individuelle, fehlt. Das erlernte Können verläuft sich in eine bezugslose Leere, ist nur noch Selbstzweck, der sich nicht sinnvoll mitteilen kann: bewundernswert, wie jede Artistik, aber eben nur objektiv greif- und meßbar, unnatürlich, in Regeln erstarrt. Solche Sicht von Kunst tötet das Lebendige in ihr.

Es erstaunt ein wenig, daß dem Lied, dieser originär deutschen Schöpfung, der romantischsten aller vokalen Ausdrucksformen, in Wagners Überlegungen kaum Platz eingeräumt ist, er ihm nur peripheres Interesse widmet. (Wagner wußte wohl, daß diese Gattung nie seine Domäne sein würde; die Wesensdonk-Lieder sind dann auch nur Vorstudien zum »Tristan«. Dabei hätte er beim Lied die Texte gefunden, die – wie in den vorliegenden Vertonungen der Romantiker – sich sehr wohl seinem angestrebten Ideal näherten; doch ist die begrenzte Weite des Lyrischen ihm nur ein Baustein zum Großwerk des Dramatischen.)

Die belcantistische Bildung wird von Wagner akzeptiert: »von wem wollt ihr lernen, als von den Künstlern unserer großen italienischen Oper, welche nicht nur von Paris, sondern von allen Hauptstädten der Welt eigentlich als überirdische Wesen verehrt werden? Hier erfahrt ihr, was eigentlich die Kunst des Gesanges ist.«[4] Dazu jedoch meldet er Forderungen an, die

---

[1] Richard Wagner, Pasticcio, a. a. O., S. 5

[2] ebd., S. 9

[3] ebd., S. 11

[4] ders., Der Virtuos und der Künstler (1840/41), in: *GSD*, Bd. I, S. 174

er aus seiner Art, Opern zu schreiben, herleitet: »In meiner Oper [›Tannhäuser« – d. Verf.] besteht kein Unterschied zwischen sogenannten ›deklamirten‹ und ›gesungenen‹ Phrasen, sondern meine Deklamation ist zugleich Gesang, und mein Gesang Deklamation. Das bestimmte Aufhören des ›Gesanges‹ und das bestimmte Eintreten des sonst üblichen ›Rezitatives‹, wodurch in der Oper gewöhnlich die Vortragweise des Sängers in zwei ganz verschiedene Arten getrennt wird, findet bei mir nicht statt.«[1] Rezitativische Deklamation und arioser Bel canto verschmelzen also zu einer neuartigen Einheit; ein Sänger, der nicht mehr kann, als nur eben »schön« singen, wird dieser Kunstform nicht gerecht werden können.

Der (Kompositions)Stil prägt nunmehr die (Gesangs)Methode: »Ziel der gesanglichen Ausbildung ist im Wagnerschen Sinne die Befähigung zur dramatischen Darstellung. Zweck dieser Darstellung ist die Mitteilung der künstlerischen Absicht.«[2] Diese Absicht liegt originär beim Wort des Dichters, das durch die Dramaturgie der Vertonung – »die Melodie muß ganz von selbst aus der Rede entstehen.«[3] – die dramatische Absicht mitteilt.

Das Ziel, das Wagner für seine Sänger vor Augen hat, läßt sich, aufbauend auf den quantitativen, objektiven Normen der grundlegenden italienischen Stimmausbildungs- und Stimmbildungsmethode, nur dann erreichen, wenn eine qualitative, subjektiv geprägte weitere Ausbildung und Bildung hinzutritt: Ich fasse, schreibt er, »die Mittel der Geschmacksbildung für das Schöne und Ausdrucksvolle in's Auge, und erkenne hierfür einzig als fördernden Weg die Anleitung zur richtigen und schönen Vortragsweise.«[4] Das »Richtige« ist als Ergebnis der befolgten Regeln des Bel canto eindeutig determiniert; um die endgültige Definition des »Schönen« wird ein langwieriger Disput anheben, der schließlich zu einer Zweiparteienbildung in der ästhetischen Wertung der Musik in der zweiten Hälfte des 19. Jahrhunderts führt. Wagner war sich dieser Schwierigkeiten sehr wohl bewußt: »Zu allererst haben wir uns . . . darüber klar zu werden, was im gesungenen deutschen Drama unter dem ›Gesange‹ einzig zu verstehen sein kann. Die deutsche Sprache, deren wir uns nun doch einmal bedienen wollen, giebt uns diesen nöthigen Verstand deutlich genug zur Hand. Mit dieser Sprache verbunden, ist der italienische ›Canto‹ unausführbar . . .«[5], das heißt, der pure Schöngesang ist Wagner kein geeignetes Mittel zur interpretierenden Darstellung des musikalischen Dramas deutscher Provenienz; als stilistische Äquivalenz der Präsentation virtuoser Kunstfertigkeit läßt er ihn unbeschränkt gelten, ja, er fordert diese technische Vollkommenheit als Grundlage, auf der sich seine Sänger weiterentwickeln sollen.

»Der Begriff [Bel canto – d. Verf.] wird heute oft als Gegensatz zum dram.-deklamatorischen Bühnengesang verstanden, er erhielt diese Bedeutung jedoch erst im Verlaufe der Opernpraxis des 19. Jh.«[6] Diesen Gegensatz unterstrich Wagner mit den weiter oben zitierten Worten;

[1] Richard Wagner, Über die Aufführung des »Tannhäuser«. Eine Mittheilung an die Dirigenten und Darsteller dieser Oper (1852), in: GSD, Bd. V, S. 128
[2] Dieter Rexroth, Die Grundlagen des Wagnerschen Gesangstils, in: HiFi-Stereophonie, 12. Jg. 1973, H. 11, S. 1256
[3] ders., l.c.
[4] Richard Wagner, Bericht über eine in München zu errichtende deutsche Musikschule, a. a. O., S. 141
[5] ders., Über Schauspieler und Sänger (1872), in: GSD, Bd. IX, S. 204
[6] Horst Seeger, a. a. O., S. 68 f.

gleichzeitig aber stellte er ihn auch in Frage: Er wollte ihn – wie den strengen Unterschied der Formen »Rezitativ« und »Arie« – aufheben, indem er eine Verbindung des scheinbar Unverbindbaren herzustellen suchte. Dies zu erreichen, bot ihm die deutsche Sprache einige Argumentationshilfe: die Anwendung ihrer syntaktischen Besonderheit auf sein Drama sah der Dichterkomponist hauptsächlich legitimiert in der Zusammenfügung mehrerer Worte zu einer logischen Einheit, zum Satz, dessen Sinn sich erst in der rechten Akzentuierung einer sinnfälligen Deklamation mitteilt. Die »Worttonphrase« ist dabei die kleinste Einheit, organisch gebildet aus dem dichterischen Sprachvers, aus welchem wiederum die »Worttonperiode« sich entwickelt, vergleichbar etwa dem gesprochenem Satz.[1]

Weniger die akzentuiert vorgetragene Phrase als vielmehr die deklamierte Periode verlangen den technisch am italienischen Vorbild (langer Atem, nicht abreißendes Legato, Linie) geschulten Sänger. Die Verbindung von alt und neu lag nahe; allerdings: »Wenn ich von der Möglichkeit einer Übertragung jener bewährten Laut- und Klanggesetze auf unseren vaterländischen Gesang sprach, lächelte man ungläubig.«[2] Gläubig wurde Wagner erst nach seiner Begegnung mit dem Tenor Joseph Tichatschek (1807-1886); er entsprach seinen Vorstellungen in geradezu idealer Weise (obwohl er sich – aus anderem Anlaß – auch in nicht eben schmeichelhaften Worten über ihn äußerte[3]): »Es war erstaunlich, wie Tichatscheks ausgeprägte Gesangs-Instinkte sich mit meinen künstlerischen Absichten unmittelbar begegneten. Dabei vollzog sich ein für mich bemerkenswerter Prozeß. Durch ihn kam mir zum Bewußtsein, daß die von mir stets betonte Übertragung der altitalienischen Stimmkultur auf unseren deutschen Sprachgesang bei richtiger Anleitung wohl durchzuführen sei.«[4] Unter Wagners Händen gewann schließlich Tichatscheks Sprachhandlung »eine Vervollkommnung, die mich zuletzt mit rückhaltloser Befriedigung erfüllte und meine Hoffnung auf das erträumte Kunstideal eines deutschen Bel Canto neu belebte.«[5]

Als Beispiel für diese Art des Singens zitiert Wagner Mozart: »Hat uns denn nicht Mozart die Grundform des *deutschen* Bel Canto in der ›Zauberflöte‹ hinterlassen? Der Dialog zwischen Tamino und dem Sprecher wird Vorbild für alle Zeiten bleiben.«[6] Wagner war sich sehr wohl bewußt, mit dem ihm zur Verfügung stehenden Sängerpotential sein hochgestecktes Ziel nicht ohne erhebliche Anstrengungen und Mühen erreichen zu können. Dazu fehlte es den meisten einfach an technischem Rüstzeug: »Die wenigsten von ihnen verfügen über einen ausreichenden Atem, um längere melodische Perioden – gemäß ihrer Sinnphrasierung – gesanglich zu ermöglichen. Die Mehrzahl leidet an einer Kurzatmigkeit, welche die dynamische Ausführung eines breit ausgesponnenen Gesangsmotivs zur Unmöglichkeit macht. – Bei hervorragenden

[1] Vgl. Rexroth, a. a. O., S. 1258

[2] Richard Wagner, in: Hans Hey (Hg.), Richard Wagner als Vortragsmeister 1864-1876. Erinnerungen von Julius Hey, Leipzig 1911, S. 133 f.

[3] ders., in einem Brief an Franz Liszt, in: Briefwechsel zwischen Wagner und Liszt, hg. v. E. Kloss, Leipzig [4]1919, S. 166 f.

[4] ders., in: Hey, a. a. O., S. 134 f.

[5] ders., ebd., S. 135

[6] ders., ebd., S. 149

Gesangskünstlern des Auslandes habe ich immer beobachtet, daß gerade die Kunst der Atemführung zu den besonderen Vorzügen ihrer Leistungen gehörte.«[1] [Eine Feststellung, die heute – mehr als 100 Jahre später – kaum an Aktualität eingebüßt hat!]

Die Beherrschung des Kunsthandwerks verlangt vom Sänger:

1. Eine souveräne Atem- und Körperbeherrschung,
2. eine saubere Intonation und einen sicheren Ansatz,
3. den vollkommenen Vokalausgleich,
4. eine Einheitlichkeit im Timbre bei verschiedenen Stimmlagen (Einregister)
5. Resonanz, Schallkraft und Tragfähigkeit der Stimme,
6. eine ruhige Stimmführung, einen ruhigen, schwebenden Klang, keine Steifheit, kein Tremolo,
7. die perfekte Beherrschung aller dynamischen Grade,
8. eine klarste Aussprache und plastische Deklamation,
9. ein überzeugendes Legato, die »große sängerische Linie« und
10. »die musikalischen Qualitäten von Tempogriff, Parlandofederung, Laufgeschicklichkeit, Akzentfähigkeit.«[2]

Kürzer gefaßt entspricht das den Erkenntnissen und den aus diesen abgeleiteten Forderungen Wagners: »akzentuierter Sprechgesang[3], Kontinuität der sprachgesanglichen Phrasierung und Neutralisierung des Gesangsorgans. Aus diesen Kriterien bildet sich das neue Ideal eines deutschen Bel-canto.«[4]

*

Richard Wagner forderte mit seinem Gesangsideal also nicht etwas Neues, Wagner-Spezifisches. Es gibt wohl einen »Wagner-Gesang«, aber es sollte keine »Wagner-Sänger« geben; denn jeder, der sein Instrument »Stimme« in vollkommener Weise handzuhaben versteht, sollte mit den italienischen Regeln des Wohlklangs ebenso vertraut sein wie mit denen sinngemäßer Phrasierung und Deklamation. Wagner brach Grenzen auf, öffnete wieder den Blick auf die alte italienische Kunst des »bel cantare«, die so international ist wie Musik.

---

[1] Richard Wagner, in: Hey, a. a. O., S. 149

[2] Nach Franziska Martienssen-Lohmann, Der Opernsänger. Berufung und Bewährung, Mainz 1943, S. 87 f. Zitat: ebd., S. 88

[3] Rexroth (a. a. O., S. 1258) benutzt die Wendung »Sprechgesang«, die bei Wagner nicht erscheint. Dieses elementare Mißverständnis dessen, was Wagner unter »Deklamation« (*Sprach*gesang) verstand, führte zu den bekannten Auswüchsen, die – initiiert von Julius Kniese und bis in die Mitte der 30er Jahre fortgeführt von Carl Kittel – die Überbetonung des konsonantischen Elements (*Konsonanten*»spuckerei«) der deutschen Sprache als »echten« Wagner-Gesang apostrophierten. Siehe dazu auch: Dietrich Mack, der Bayreuther Inszenierungsstil, München 1976, S. 59 ff.

[4] Rexroth, a. a. O., S. 1258

Sicherlich postuliert er gerade für die eigenen Werke einen Sänger, der mehr kann, als nur die vorgeschriebenen Töne in einer vorgeschriebenen Art zu referieren; die hohe geistige Bildung, die er voraussetzt, braucht sein Interpret zur Bewältigung der täglich sich ihm aufs neue stellenden Widersprüchlichkeiten: »Im einzelnen gesehen besteht die körperliche Technik des Könners im Gesange in der Vereinigung von scheinbar Unvereinbarem, ja geradezu in der Auflösung vollkommener Widersprüche ... Kann ein Mensch zum Beispiel mit den konsonantenreichen deutschen Worten eine ›lückenlose‹ Vokalkette singen? Und dazu noch die Konsonanten mit blitzartiger Schärfe, Plastik und Deutlichkeit aussprechen? Der große Könner bringt dieses Unmögliche fertig. Er läßt im großen Legatobogen die höchst intensivierten Konsonanten doch gleichsam zeitlos schnell in den langen ununterbrochenen Strom der Vokale hineinsprühen.«[1]

Einen derart befähigten Sänger hatte Richard Wagner wohl vor Augen, als er sein Ideal eines »deutschen Bel Canto« formulierte.

Der »unendlichen Melodie« des Orchesters hat eine Singweise zu entsprechen, die in dramatischer Darstellung die beabsichtigte Mitteilung der künstlerischen Idee verdeutlicht, ein Gesang, der akzentuierte Deklamation mit der italienischen Kunst der großen Linie verbindet.[2]

Schönheit und Ausdruck sollen als gleichberechtigte Grundlagen nicht nebeneinander, sondern miteinander wirken. Das Ergebnis wäre dann nicht künstlich, sondern so natürlich wie das gesprochene Wort, dessen Sinn und damit das durch dieses zum Ausdruck gebrachte Gefühl. So gesehen, ist Wagners »deutscher Bel Canto« kein Stil, sondern er wurde integraler Bestandteil seines Kunstverständnisses. »Vollendete Gesangskunst« ist »das nur scheinbar untergeordnete Mittel zur Erreichung höchsten Kunstzweckes. ›Von einem erlernten Kunsthandwerk darf man bei der Darstellung nichts mehr merken.‹«[3]

---

[1] Franziska Martienssen-Lohmann, der Opernsänger, a. a. O., S. 100
[2] Vgl. Ernst Fleischhauer, Richard Wagners Forderungen an die Sängerstimme. Geschichtliches und Grundsätzliches zur deutschen Gesangskunst, Diss. (mschr.) Freiburg i.B. 1941/42, S. 77
[3] Richard Wagner, in: Hey, a. a. O., S. 121

Martha Mödl, München

EIN GESPRÄCH

gh: Eine bedeutsame, aber leider wenig diskutierte Frage gilt dem »Bel canto« bei Wagner. Richard Wagner wünschte sich den nach italienischer Gesangsmethode ausgebildeten Sänger für seine Werke. Gibt es Ihrer Ansicht nach einen »deutschen Bel canto«?

MM: Wenn man »Bel canto« so versteht wie die Italiener, dann muß ich diese Frage verneinen. Denn »Bel canto« fordert zum Beispiel eine raffinierte Stufung vom piano zum forte, Rubati u. a.; »Bel canto« in diesem Sinne ist ein Gesangsstil, mit dem Wagner nicht gedient ist, den er auch bestimmt nicht in dieser Form für seine Werke wollte.
Bei ihm müssen Säulen gesetzt werden; man darf nicht über der Gestaltung von Melodiebögen das Wort vergessen – das Wort muß verständlich bleiben. Bei Wagner besteht ein Verhältnis zwischen Wort und Musik von etwa 50 : 50, anders als bei Strauss, der der Musik fast 70 % zuweist und damit in diesem Punkt den Italienern wieder viel näherkommt. Ich möchte bei Wagner eigentlich nur eine Oper nennen, die mit belcantistischen Mitteln gesungen werden kann: es ist der »Holländer«, und in diesem Werk alle Partien. Für den »Lohengrin« gilt das schon nicht mehr, trotz aller wohltönenden Sangbarkeit. Florestan, Max und Othello (dies die einzige Ausnahme bei den Italienern) können sehr gut von einer »Wagner-Stimme« gesungen werden; aber ein Radames verlangt eben jene stilistische Richtung, die im Grunde unvereinbar ist mit den eben genannten Partien und mit Wagner. Ich kann mir nicht vorstellen, wie man beide Bereiche nebeneinander gleich gut vertreten kann.
Im übrigen sind die geänderten Zeiten zu berücksichtigen: wenn Wagner den »Bel canto« für sich forderte, dann gewiß nicht in dem fachlich eingegrenzten Sinne, wie wir diesen Begriff heute verstehen, sondern aus seiner Zeit heraus, in der die bestgeschulten Sänger eben die italienische Methode des Singens (Bel canto) gelernt hatten.
Zusammenfassend: »Bel canto« als Stil ist für Wagner ungeeignet; »Bel canto« aber wörtlich übersetzt, das sollte einem jeden Sänger oberstes Gebot sein.
Die erwähnte Verständlichkeit des Wortes bei Wagner ist eine spezifisch deutsche Angelegenheit. Um so bewunderungswürdiger ist die Leistung einiger weniger Ausländer, denen es gelang, Verständlichkeit mit einer »schön gesungenen« Linie zu verbinden. Zu diesen wenigen zähle ich neben Frau Varnay auch Frau Nilsson, George London, James King und Jean Cox, um einige zu nennen. Wenn ich die jüngere Sängergeneration heute sehe, dann muß ich immer wieder feststellen, daß auf das bloße Produzieren der Töne so viel Wert gelegt wird, sich darin bereits das Talent erschöpft und daß für Wortgestaltung kaum noch Raum bleibt. Hier ist für mich René Kollo die große Ausnahme.

gh: Sie singen seit 40 Jahren, eine für Sängerinnen ungewöhnlich lange Karriere, aber nicht ganz ungewöhnlich, wenn man neben Ihnen die weiteren Ausnahmeerscheinungen Ihres Faches wie Astrid Varnay und Birgit Nilsson betrachtet.

Ist nun für einen Tenor eine fast dreißigjährige Karriere, wie Cox sie sich erarbeitete, nicht noch ungewöhnlicher?

MM: Es ist für einen Tenor absolut ungewöhnlich, so lange »oben« zu bleiben, ja, überhaupt so lange singen zu können. Das ist jedoch, wie bei jedem Sänger, eine Frage der Physis: bleibt diese jung, dann geht es auch mit dem Singen, und das ist ja wohl bei Jean Cox der Fall.

gh: Nun glaube ich, daß ein bestimmtes Alter nicht unbedingt eine Karriere beschließen muß; Reife stellt sich doch häufig erst spät ein; Max Lorenz (vgl. Artikel Horst Stein) sagte, daß man die großen Wagner-Partien erst dann richtig beherrsche, wenn man zu alt sei. Für Cox gilt, und das bestätigen zahlreiche Fachleute, daß er erst in den letzten sieben, acht Jahren seinen sängerischen Höhepunkt erreicht hat, also: daß man reif (= alt) genug sein muß, um das zu können, was er heute kann.

MM: Lorenz' Ansicht wurde mir vom Vater Wolfgang Windgassens bestätigt; Cox ist offensichtlich auch in dieser Beziehung eine Ausnahme.
Für einen Tenor, Vertreter des männlichen hohen Stimmfaches, das höchsten Gefährdungen wegen der ständigen Anstrengungen ausgesetzt ist, ist es eine große Seltenheit, im gereiften Stadium (auch altersmäßig gemeint) den Gipfel einer Karriere zu erklimmen.

gh: Abschließend noch ein Wort zum Partner Cox: was hat er Ihnen gegeben? Wie war die Zusammenarbeit mit Ihm?

MM: Ich hatte zwar nur in zwei Wiener Produktionen (»Jenufa«, 1964 und »Pique Dame«, 1965) mit Jean Cox Gelegenheit, ihn näher kennenzulernen; was mir im Gedächtnis haften blieb: er vermittelte mir das Gefühl, einen ungeheuer sympathischen Menschen, einen geradlinigen Charakter vor mir zu haben (ein Eindruck, wie ihn diese jungen amerikanischen Künstler oft machen), der so individuell und stark ist wie sein sängerisches Vermögen.
Jean Cox ist in seiner Ära einer der Großen wie Windgassen, Beirer und Hopf, um wieder einige zu nennen.
Diese Ära dauert so lange, wie er singt.
Ich wünsche Jean Cox von Herzen, daß er noch lange, erfolgreich singt, denn »singend es gestalten« ist ja unser Leben.

Kurt Heinz, Mannheim

KRITIK AN DER OPERNKRITIK

Opernkritik ist Musik- und Theaterkritik zugleich und in beiden Elementen aufeinander bezogen. Vor wenigen Jahren noch wäre dieser Satz als Binsenweisheit belächelt worden. Ist das heute noch so? Wie steht es um die Opernkritik als Antwort auf das Operntheater der Gegenwart?

Dies ist wohl der nächstliegende Punkt des Themas, das hier angeschlagen werden soll. Nicht erst seit dem ›Jahrhundert‹-»Ring« in Bayreuth, 1976, hat sich die Opernlandschaft entscheidend verändert. Zuvor schon durch Walter Felsenstein an der Komischen Oper Ost-Berlin und seine Schüler Götz Friedrich, Joachim Herz, neuerdings Harry Kupfer. In der Bundesrepublik durch Schauspielregisseure wie Rudolf Noelte oder Hans Neuenfels. Mochten die publizistischen Beobachter des musiktheatralischen Geschehens wie die durch persönliche Leidenschaft angetriebenen Liebhaber dieser Kunstgattung einst das Fehlen sinnvoller, bahnbrechender Regie-Taten beklagt haben, nun sahen und sehen sich beide Gruppen einer Auslegungs-Euphorie gegenüber. Wie harmlos wirkt dagegen, im Nachhinein gesehen, die Entrümpelungs-Strategie der Alt-Bayreuther Szene und die symbolträchtige Abstrahierung durch Wieland und teilweise auch durch Wolfgang Wagner, die Enkel.

Nun ist dies nicht der Ort und nicht die Gelegenheit, wertend auf jede dieser aktuellen Erscheinungs-Formen einzugehen. Doch muß festgehalten werden: Kritik ist Reflexion auf etwas, das sich ereignet hat. Was geschrieben, gemalt, komponiert, interpretiert worden ist. In unserem Fall: Wie das Theater, so die Kritik. Wo die Optik sich in den Vordergrund drängt, wird auch die »Beschreibung« des Bildhaften und die Auseinandersetzung damit breiten Raum einnehmen müssen. Der Leser von Kunstkritiken – und Kritiker ohne Leserschaft wären so hilflos wie Schauspieler, Sänger, Musiker ohne Publikum – der Leser hat ein Recht darauf zu erfahren, was (nun schon vor ein paar Jahren) in Nürnberg aus dem »Troubadour« geworden ist, wie der »Ring des Nibelungen« aussieht, in Kassel zum Beispiel mit Nazi-Enblemen, in Bayreuth (und andernorts weit weniger intelligent) als Auseinandersetzung mit den Gründerjahren des vorigen Säkulums. Kritik zunächst einmal als Reportage. Erst dann wird der Rezensent das Urteil formulieren können, ob nach seiner Meinung richtig und rechtens ist, was Theaterleute sich ausgedacht haben. Ersonnen und realisiert, um mit Hilfe einer zumeist allseits vertrauten Vorlage das Publikum für sich und ihre Ideologie einzunehmen oder es bewußt zu provozieren. Bei solchen Gelegenheiten bekämpfen sich auch die Kritiker selber, weniger in der Tagespresse, wohl aber in Wochen-Periodika. Da stellen die Progressiven die Konservativen als kleinbürgerliche Spießer an den Pranger.

Opernkritik vorrangig als Inszenierungs-Kritik. Das ist die eine Quintessenz. Irgendwann und eben leider häufig nur nebenbei kommt es dann zur Beurteilung des musikalischen Parts. Des Dirigenten. Des Orchesters. Der Sänger. Wer nimmt angesichts dessen, was auf der Bühne geschieht, noch richtig wahr, welche Tempi der Kapellmeister nimmt, welche Klangvorstellungen er realisiert? Ist es im Theater nicht geradezu wie beim Film: Bilder, bewegte

Bilder, werden gezeigt, unterlegt mit Kulturfilm-Musik? Hört noch jemand genauer hin, wie Gunther und Siegfried oder auch der Graf Telramund singen, wenn man sie, erstaunt, oft verblüfft, im Smoking, im Gehrock, in operettenhafter Offiziersuniform auf der Bühne sieht? Wie ist das mit Micaelas erstem Auftritt und dem Briefduett in Bizets »Carmen«, wenn sie per Fahrrad zu ihrem José strampelt? Welchen Stellenwert hat die nachtdunkle, beklemmende Musik noch, wenn die Schmuggler nicht mehr an einem Abgrund entlangstolpern, sondern gemütlich auf Stühlen sitzend zwischen den Beinen Whisky und Transistor-Radios von Hand zu Hand reichen? Doch darüber, daß dies so geschieht, muß geredet werden in der Opernkritik. Muß Stellung bezogen werden. Aida am Schreibtisch, der Fliegende Holländer im immer gleichen Wohnzimmer. Auch Kritiker sind Journalisten, und das sind die »heißen« Themen, die ihnen (scheinbar) abverlangt werden.

Welche Tageszeitung, welche Zeitschrift, welches Kulturmagazim bei Funk und Fernsehen könnte daran vorbeigehen? Daß hier Michael Gielen dirigiert, dort Wolfgang Sawallisch – na ja, sie haben sich der Szene nicht in den Weg gestellt, und daher finden sich allemal ein paar anerkennende Worte. Und für die Sänger eine ihre Musikalität charakterisierende Floskel neben der Schilderung des aufregenden Kostüms, in dem sie auftreten, der Requisiten, mit denen sie umgehen, des Bildes, in dem sie stehen und agieren.

Fühlen die Opern-Kritiker sich wohl in der Rolle, in die sie gegenwärtig gedrängt werden? Es gab, lang, lang ist's her, einen Rechtsanwalt in München mit Namen Alexander Berrsche, der nach dem Besuch einer Opernaufführung seitenlang über die Ausdeutung der Partituren schrieb, über Mottl und Knappertsbusch und Sabata, über Sänger wie Franz Völker, Benjamino Gigli, Hans Hotter. Noch in den fünfziger und sechziger Jahren fanden sich Männer dieser Zunft, die sich in erster Linie ausführlich damit beschäftigten, wie Karl Böhm in Bayreuth den Wagner-Klang entschlackt hat, wie Herbert von Karajan in Salzburg und Wien die gleichen Werke zu Meisterstücken erlesener Klangmalerei machte. Dann erst war die Rede von der Szene. Im positiven oder negativen Sinn.

Doch was soll er tun, der »arme« Opern-Kritiker von heute? Schließlich hat er nicht nur das Theater, sondern auch die Musik aufs Panier seiner Profession geschrieben. Aber den Urlaut zu Beginn des »Rheingolds« nimmt kaum ein Regisseur noch ernst. Die Rezensenten registrieren es. Die einen knurren, die anderen jubeln. Eine Generationsfrage? Sicher. Aber doch auch ein bedenkenswertes Symptom.

Und die Folge einer allgemeinen Zeiterscheinung. Der Kritiker ist im Zugzwang. Der Informationsüberfluß, dem sich in unseren Tagen jedermann ausgesetzt sieht, zwingt die Massenmedien zur Herausstellung des Ungewöhnlichen, Sensationellen, weil der Verbreitung des Gewöhnlichen, des Normalen, und sei es auch fest in sich gegründet, keiner mehr zuhört, weil das keiner mehr lesen will. In seinen Lebenserinnerungen berichtet Karl Laux, der ehemalige langjährige Direktor der Musikhochschule in Dresden, aus seinen Jahren, die er als Musikredakteur der intellektuell führenden Tageszeitung in Mannheim zubrachte: In diesem Blatt seien in aller Regel zeitgenössische oder unbekannte Werke des Musiktheaters durch ganzseitige Sonderseiten vorangekündigt worden, die von der Redaktion zur Vorbereitung eines p. p.-Publikums erarbeitet wurden. Und wer noch weiter zurückblättert in Mannheims Kulturgeschichte, findet den Hinweis, daß über das Werbekonzert für Bayreuth, das Richard Wagner 1871 hierorts dirigierte, eine Kritik über mehrere Tage verteilt, in Fortsetzungen also, erschienen ist.

Das alles wäre heute kaum noch denkbar. Sonderseiten würden beiseitegelegt. Wer hat die Zeit dazu? Allenfalls verteilt auf verschiedene Artikel, gedruckt innerhalb einer angemessenen, nicht zu langen, nicht zu kurzen Zeit, läßt sich in der Gegenwart ein unvertrautes, ein neues Werk dem Publikum im voraus näherbringen. Wie es, ebenfalls in Mannheim, vor einigen Jahren bei den »Teufeln von Loudun« von Penderecki gelang, deren ungewöhnlicher Erfolg letztlich jedoch dem dramatisch wirkungsvollen Stoff und einer guten szenischen und musikalischen Interpretation zu danken war.

Tempora mutantur. Rollen- und Fach-Verträge schieben den Opern-Betrieb immer weiter in die Nähe des Stagione-Systems. Welcher Sänger, der schon eine gewisse Qualität vorweisen kann, bindet sich noch fest an ein Ensemble? Welcher Star sieht in einer solchen Bindung auch eine Chance für sich selbst? Wie das Wolfgang Windgassen getan hat, wie es Jean Cox noch immer tut? Muß aber der Opern-Kritiker da ohne Vorbehalte mitmachen? Beschleicht ihn kein Unbehagen? Wo alles in Frage gestellt wird, wachsen keine Maßstäbe heran, werden Vergleiche sinnlos. Und Vergleichsmöglichkeiten gehören nun einmal zum Rüstzeug des Kritikers.

Was gegenwärtig auf den Bühnen unserer Musiktheater sich abspielt, ist das Ausufern eines modischen Trends. Ausgelöst von gar manchem. Zum einen von der bitteren Erkenntnis, daß neue Stücke zumeist Eintagsfliegen sind. Daß sie zwar bestenfalls uraufgeführt, aber nicht mehr nachgespielt werden. Der achtzig Jahre alt gewordene Werner Egk nennt diesen Tatbestand als einen der Gründe, weshalb er es aufgegeben habe, eine Oper zu schreiben. »Die Mühe lohnt sich nicht mehr.« Wer früher »in die Zeitung kommen«, wer vom Rundfunk zitiert werden wollte, mußte ein neues Werk inszenieren. Damit machten er und das Theater, das ihn beauftragte, sich bekannt. Da es aber keine neuen Stücke mehr gibt, bleiben nur die tradierten Werke. Auf sie werfen sich gegenwärtig die Regie-Asse (und erst recht die -Buben). Motiviert von ihren Schauspiel-Kollegen krempeln die Herren der Oper sie einfach um. Die Rechnung geht auf. Sogleich wird über sie gesprochen. Von überall her kommen die Kritiker angereist, nehmen Fernseh-Teams Ausschnitte auf, schwenkt die Kamera zur Großaufnahme im Interview. Mehr oder weniger im Hintergrund, je nach Veranlagung, reibt der Intendant vergnügt sich die Hände. Das wäre wieder mal geschafft. Mag das Publikum bei der Premiere auch lauthals buhen, die Abonnenten gewöhnen sich schon daran. Es bleibt ihnen ja auch gar nichts anderes übrig, wenn sie Mozarts Kantilenen wieder einmal hören, Puccinis pittoresker Klangpoesie sich aussetzen wollen.

Opern-Regisseure und Opern-Kritiker (zumindest eine Reihe von ihnen) verbinden sich dabei zu einem Clan, dem es darum geht, das Publikum aus seiner konsumierenden Haltung aufzuschrecken. Die Absicht selbst ist keineswegs illegitim. Wie Schiller und Shakespeare müssen es sich auch Verdi und Wagner gefallen lassen, daß ihre Werke von jedem Jahrzehnt daraufhin abgeklopft werden, welcher besondere Aktualitätsgehalt eventuell in ihnen steckt. Die Probleme entstehen erst dort, wo die Phantasie eines Regisseurs nur noch der Selbstbefriedigung gilt, wo das, was auf der Bühne geschieht, mit dem, was der Librettist und der Komponist sich ausgedacht haben, nur noch in Rudimenten zu tun hat. (Wieder eine Binsenweisheit, die verlorengegangen scheint.) Eines der schrecklichen Mißverständnisse der Theorien Walter Felsensteins und der Schlußfolgerungen, die aus ihnen gezogen werden, ist die veräußerlichende, alle mitschöpferische Phantasie tötende Konkretisierung der Opern-Szene. Und aus ihr geboren die anachronistische Collage. Da nicht rechtzeitig und energisch gegengesteuert zu haben, vielmehr zum »Clan« gehören zu wollen, fordert Kritik an der deutschen Opern-Kritik heraus. Wie wird »man« sich verhalten, wenn eintrifft, was die »Opernwelt« in ihrem Mai-Heft 1981 weissagte: »Eine Tendenz-Wende kündigt sich an. Die Hinwendung zu einer neuen Stilisierung.«

Im Grunde müßten doch eigentlich wieder Kardinalfragen des Musiktheaters den ihnen gebührenden Platz einnehmen. Die Frage nach dem zumeist unschwer erkennbaren Willen des Komponisten nimmt da die erste Position ein. Gut: Nicht alle haben sich so klipp und klar dazu in Wort und vor allem Schrift geäußert wie Verdi oder Richard Strauss in ihren Briefen. Nach Ende des Barock, mit seinen austauschbaren Arien, haben zwar nicht alle, aber doch viele Musiker durch ihre Musik nicht nur seelische Regungen in Töne gefaßt (die allenfalls noch einen gewissen Ermessens-Spielraum zulassen), sondern in aller Regel die Szene illustriert. Daran vorbei zu inszenieren, ist schlichtum falsch. Wer aber derzeit den Begriff Werktreue ins Gespräch bringt, erntet nur noch ein ironisches Lächeln.

Eine andere Kardinalfrage, die von der Opernkritik nicht einfach hingenommen werden sollte, ist die wachsende Neigung unserer Opern-Chefs, die Werke der Weltliteratur nur noch in der Originalsprache herauszubringen. Wie so oft, ist auch hier ein Körnchen Wahrheit zu erkennen. Nur im Originaltext sitzt das Wort maßgeschneidert auf den Noten. Ausgelöst durch internationale Festspiele oder große Staatstheater, nach Kräften gefördert von der Schallplatten-Industrie (denn das ganze hat ja auch eine kommerzielle Seite), wird es bald kaum noch irgendwo den »Figaro«, den »Troubadour« die »Butterfly« in deutscher Übersetzung geben. Nur noch auf Italienisch. Ob man bei »Carmen«, »Faust«, »Pelleas und Melisande«, bei »Boris Godunow« oder der »Verkauften Braut« diesen Weg gehen wird, erscheint fraglich. Und inkonsequent damit die Idee an sich.

Unbestreitbar bleibt doch: Die Oper, wenn man sie ernst nimmt, ist die kunstvollste Art, Theater zu spielen. Sie wendet sich auf drei Ebenen ans Publikum: Über die Szene, das Wort, die Musik. Die Musik als vertiefendes, gelegentlich kontrapunktierendes Element. Bei Wiedergaben im fremdsprachigen Original bleiben Reaktionen im Publikum aus, auf die selbst in der schlechtesten Übersetzung Verlaß ist. Hin und wieder genügt ja nur ein Stichwort. Freilich müßte – auch von der Opernkritik – von den Sängern mehr Textverständlichkeit verlangt werden. Man höre sich alte Platten-Aufnahmen an, von Franz Völker, Georg Hann, Viorica Ursuleac, Margarete Teschemacher! Da waren ganze Sätze getreulich zu verstehen, selbst in extremen Lagen. Das Musikdrama ist ein herrliches Ganzes. Ein komplexes allerdings. Wer einen Teil davon wegnimmt, eben den Text, zerstört es. Macht die Oper zum Zirkus mit artistischen Gesangseinlagen, die je nach Güte beklatscht oder gutmütig hingenommen werden.

Und immer wieder die Frage: Wie steht die Opernkritik unserer Tage zu diesem (hier natürlich nur angerissenen) Phänomen? Ich fürchte, sie resigniert angesichts eines Publikums, das von Verona kommend, plattengeschult dem belkantistischen Glamour kraftvoller Töne sich hingibt, statt der höheren Wahrheit eines Kunstwerks nachzuspüren, das aus vielen Teilen sich zusammenfügt. Natürlich sind das alles Fragen nicht nur an die »anderen«. Es sind auch Fragen an den, der darüber nachdenkt, darüber schreibt. Fragen aus, wie er meint, berechtigter Sorge. Fragen aber auch aus der Gewißheit, daß Theater allgemein und die Oper im besonderen kraft ihrer auf Musik gegründeten Gültigkeit stärker und unvergänglicher ist als alle zeitgebundenen Erscheinungsformen. In einem Fernseh-Interview hatte Götz Friedrich einmal mit echtem Engagement erklärt: »Oper gehört zum Leben«. Die Kritik sollte das Salz für die Suppe sein, nicht der Schlagobers auf dem Kaffee.

Sylvia Olden Lee, Philadelphia, Pennsylvania

THE LOHENGRIN FROM ALABAMA

Strange title? Not really. Across the centuries and across the miles, Jean is the very first to make such a cultural as well as geographical span. We are all the more proud of him for having succeeded so brilliantly since, in all this time, and after so much accomplishment, he has not changed as a Mensch. No »hoch-nase« he. He has walked with Kings – real and mythical. He has neither lost the common touch nor failed to help many along the way. He always has been generous with his time, thougth, hospitality and resources.

For us, particularly, there is additional joy in this occasion of honoring his many years in the opera theater because we were in on the ground-floor. Lees met Coxes aboard-ship, Rome-bound, as Fulbright grantees in 1952. We had the whole year – 2nd honeymoon for both couples – much fun, yet also much, *much* work that was to figure prominently in the basis for his coming career. Since then, we've kept in touch very closely. The Lees spent seven musically active years in Munich and met with and visited often with Jean and Mary – the burden the heavier on their side, we must add.

It is to be hoped that success continues to shower on him down through the years. No one is more deserving. This Alabaman was born with all the gifts. Without the follow-up of systematic comprehensive work which he unswervingly applied to his art; without the care he showed for his bodily and vocal health; and without the reputation he maintained for dependability and versatility of performance, he could hardly have arrived at this point in life.

I count myself extremely fortunate in having been instrumental in bringing about the »birth« of Lohengrin: his first Wagnerian aria. He since has added all the rest of the known helden repertoire. Small wonder that he finds himself today »knighted« by Mannheim, his home for most of this artistic journey. Jean, you justly earned these laurels thousandfold. Reap them, every one! Mannheim you, who today congratulate, are also to be congratulated!

Ein merkwürdiger Titel? Eigentlich nicht, denn Jean ist wirklich der erste, dem es gelang, über Jahrhunderte und Meilen hinweg kulturell sowohl wie geographisch eine derartige Spanne zu überbrücken. Wir sind sehr stolz auf ihn, um so mehr, als er sich, trotz aller brillanten Erfolge, die ihm seine vollendeten Leistungen brachten, während dieser ganzen Zeit als Mensch nicht verändert hat. Diese Erfolge sind ihm nicht zu Kopf gestiegen! Er wandelte unter Königen – realen wie mythischen. Dabei verlor er weder seine Natürlichkeit im Umgang mit Menschen noch seine Hilfsbereitschaft: er nahm sich immer Zeit für andere, stellte sich stets auf ihre Gedanken ein, und er pflegte eine großzügige Gastfreundschaft.

Für uns insbesondere bedeutet es eine zusätzliche Freude, bei dieser Gelegenheit an seiner Ehrung für all die Jahre an der Oper teilzunehmen, weil wir schon ganz am Anfang dabei waren: die Lees und die Coxes lernten sich 1952 als Fulbright-Stipendiaten an Bord eines Schiffes mit dem Ziel Rom kennen. Das Jahr in Rom war für beide Paare die zweiten Flitterwochen; wir hatten viel Spaß – trotz der vielen und harten Arbeit, die eine gewichtige Rolle als Grundlage für Jeans kommende Karriere spielte. Seit jener Zeit riß der Kontakt zueinander nicht mehr ab: wir Lees verbrachten als aktive Musiker sieben Jahre in München, und wir trafen und besuchten Jean und Mary oft, wobei die »Last« der Gastfreundschaft mehr auf ihrer als auf unserer Seite lag – wie wir gestehen müssen.

Es ist zu hoffen, daß der Erfolg Jean auch weiterhin treu bleibt. Keiner verdient es mehr als er. Dieser Mann aus Alabama wurde mit wirklich allen Talenten geboren. Ohne die umfassende systematische Arbeit, mit der er unentwegt seine künstlerische Ausbildung vervollkommnete, ohne die Sorgfalt, mit der er auf seine körperliche und stimmliche Gesundheit achtete, und ohne die dauernde Bestätigung seines Rufes, ebenso zuverlässig wie vielseitig zu sein, ohne all das hätte er wohl kaum diese Spitzenposition im Leben erreicht.

Ich schätze mich überaus gücklich, zur »Geburt des Lohengrin« beigetragen zu haben: sein erster Wagner! [Teile dieser Partie erarbeitete sich Jean Cox zusammen mit Frau Lee bereits während des Studiums – d. Hrsg..] Seither hat er sich ja auch den Rest des bekannten »Helden«-Repertoires erarbeitet. Es ist daher nicht verwunderlich, daß er sich heute von Mannheim, seinem künstlerischen Zuhause und Ausgangsort seiner Gastspielreisen, »geadelt« weiß.

Diese Lorbeeren, Jean, hast Du Dir tausendfach verdient. Pflücke sie, jede einzelne!

Du Mannheim, das heute gratuliert, mußt ebenfalls beglückwünscht werden!

Arline Hanke Johnson, Madison, Wisconsin

RECOLLECTIONS OF JEAN COX

Jean Cox and I first met about 30 years ago at the University of Alabama in Tuscaloosa where I was a young instructor in voice. He was a big, blonde young man from Gadsden, Alabama, just out of the U. S. Air Corps, and he had a beautiful tenor voice.

A lovely girl from Scottsboro, Alabama named Mary Evelyn Presley was studying voice with me at this time and if it was not love at first sight between Jean and Mary, it was something very close to it. They were married not too long thereafter, before Jean had completed his degree. He had his last term of vocal study with me during a summer session, and I remember that we prepared his senior recital together. Jean was very lonely that summer as Mary was at home in Scottsboro. He loved to eat then, as I'm sure he still does, and he spent a good deal of time at the apartment I shared with my sister, who was also a senior student in voice, with all of us cooking and enjoying our efforts. Of course, Mary, was also a fabulous cook.

I believe the first time I heard Jean sing anything operatic was during a concert tour he and I made in South Alabama while he was still a student. We closed the program with the final scene of Act I of »La Bohème«. As far as I remember, his first complete role was that of Faust in Gounod's opera at the University, and later the role of Don José in Bizet's »Carmen«, which we gave in a concert version. There was no doubt that this was an exceptional vocal talent, and we all felt that Jean had a future in music ahead of him if that was what he wanted.

When he completed his degree both he and my sister (a mezzo-soprano) were accepted as graduate students at the New England Conservatory in Boston to study with Marie Sundelius. There he had his first exposure to professional opera under the direction of Boris Goldovsky, and I remember, while visiting in Boston, watching Mr. Goldovsky work with Jean and Rosalind Elias in the final scene from »Carmen«. As with so many young people struggling to get ahead, Mary had taken a job and worked hard to help realize the dream which they shared. Jean also took every opportunity with his talent to earn money – as soloist in a church, in opera performances, and even in a quartet which sang sea chanteys.

We dit not see Mary and Jean for a few years after this. They went to Europe on a Fulbright Award where Jean studied in Italy and finally he was placed on the roster of the Opera House in Kiel, Germany. In 1956 my husband and I were in Europe and we spent a week in Bayreuth with them and their little daughter, Amelia. This was Jean's first appearance at Bayreuth, where he was singing the role of the Steersman in »The Flying Dutchman«. By this time he was the leading tenor at Braunschweig, and later we visited them there and heard him sing the role of Cavaradossi in »Tosca« in his own house. This was a thrilling evening for all of us as it was very evident that we were hearing a mature artist who was comfortable and competent in his chosen profession.

In 1957 Jean returned to the University of Alabama to sing in an opera concert featuring the first act of »Aida« and the third act of »The Meistersinger« under the direction of my husband, Roland Johnson. It was a fine homecoming and his Alabama friends were thrilled with his growth and professionalism. But along with this it was evident that he still remained the warm-hearted Alabama young man they had always known, who was proud of his beginnings.

In 1961 we moved to Madison Wisconsin where my husband became director of the Madison Symphony. We founded the Madison Civic Opera with myself as producer and stage director and Roland as music director. Being close to Chicago we heard Jean in all of his performances at the Lyric Opera there, and were delighted to visit with both Jean and Mary and share in their successes. They visited us in Madison for a few days one fall, between Lyric performances, and Jean gave a recital which was sponsored by our Opera Guild.

At this time Jean was singing in many of the important houses in Europe and his career was blossoming as it should. We were especially impressed when we heard his Siegfried at the Lyric, which was a completely realized characterization in every way. He *was* Siegfried in looks, sound, and ecstatic strength of character.

I am honored on this auspicious occasion to pay tribute to an artist who is a credit to his profession, to one who has worked hard to develop and use the talent which God gave to him, to the husband and father of a loving family, and to a long-time friend. I could see Jean and Mary tomorrow and still feel as close to them as ever, for the warm bonds which were formed in our young days and the dreams and hopes we shared remain through the years and across the miles.

ERINNERUNGEN AN JEAN COX

An der Universität von Alabama in Tuscaloosa, wo ich seinerzeit als junge Dozentin eine Gesangsklasse unterrichtete, traf ich vor etwa 30 Jahren Jean Cox zum ersten Mal. Er war ein stattlicher, blonder junger Mann aus Gadsden, Alabama, mit einer wunderschönen Tenorstimme, der gerade seinen Militärdienst bei der U. S. Luftwaffe abgeschlossen hatte.

In meiner Klasse war auch ein hübsches Mädchen aus Scottsboro, Alabama: Mary Evelyn Presley. Und wenn es zwischen Jean und Mary vielleicht nicht »Liebe auf den ersten Blick« war, so war es doch etwas, was dem sehr nahe kommt. Kurze Zeit später heirateten sie, noch bevor Jean seinen Universitätsabschluß machte. Er absolvierte den letzten Teil seines Gesangsstudiums im Sommersemester bei mir; ich kann mich noch gut erinnern, wie wir zusammen seinen Solovortrag für das Abschlußexamen vorbereiteten. Jean fühlte sich in diesem Sommer recht einsam, weil Mary zu Hause in Scottsboro war. Er war damals ein Gourmand – ich bin sicher, daran hat sich bis heute nichts geändert –, und er verbrachte ziemlich viel Zeit in unserer Wohnung, die ich mit meiner Schwester (sie hatte ihre Gesangsausbildung ebenfalls fast abgeschlossen) teilte; wir kochten alle drei sehr gern und genossen mit großem Vergnügen das, was wir zuwege gebracht hatten. Mary war natürlich ebenfalls eine hervorragende Köchin!

Ich glaube, das erste Mal, daß ich Jean Oper singen hörte, war während einer Tournee, die wir gemeinsam durch den Süden Alabamas machten – er war noch Student. Unser Programm schloß mit dem Finale des 1. Aktes von »La Bohème«. Wenn ich mich recht entsinne, war seine erste vollständige Opernrolle der Faust in Gounods gleichnamiger Oper, dies in einer Aufführung an der Universität. Danach kam der Don José in einer konzertanten »Carmen«. Es gab keinen Zweifel: Jean besaß ein außergewöhnliches stimmliches Talent! Wir alle wurden uns bewußt, daß er als Musiker eine Zukunft hatte, falls er dieses Ziel anstrebte.

Nach seinem Abschluß wurden er und meine Schwester (ein Mezzosopran) am New England Conservatory in Boston als Schüler von Marie Sundelius aufgenommen. Dort kam Jean zum ersten Mal mit professioneller Oper, die von Boris Goldovsky geleitet wurde, in Berührung. Ein Besuch in Boston ist mir noch im Gedächtnis, bei dem ich Gelegenheit hatte, Goldovsky bei der Arbeit an der Schlußszene von »Carmen« mit Jean und Rosalind Elias zuzusehen. Wie bei vielen jungen Leuten, die versuchen vorwärtszukommen, hatte Mary einen »Job« angenommen und arbeitete wirklich hart, um ihren gemeinsamen Traum realisieren zu helfen. Jean nutzte seinerseits jede Gelegenheit, sein Talent in klingende Münze umzusetzen, sei es als Solist in Kirchenkonzerten oder Opernaufführungen oder gar in einem Gesangsquartett, dessen Spezialität »sea chanteys« (Seemannslieder) waren.

Danach sahen wir Mary und Jean für einige Jahre nicht mehr; sie waren mit einem Fulbright-Stipendium nach Europa gegangen, das es Jean ermöglichte, in Italien seine Kenntnisse zu vervollkommnen. Sein erstes festes Engagement führte ihn schließlich an das Opernhaus Kiel.

1956 unternahmen mein Mann und ich eine Europareise; eine ganze Woche verbrachten wir mit Jean und Mary und ihrer kleinen Tochter Amelia in Bayreuth, wo Jean als Debutant damals den Steuermann im »Fliegenden Holländer« sang. Inzwischen war er als 1. Tenor am Staatstheater in Braunschweig engagiert, und wir hörten ihn dort bei einem späteren Besuch als Cavaradossi in »Tosca«. Es wurde ein faszinierender Abend für uns alle, denn hier wurde unstreitig klar, daß wir einen reifen Künstler hörten, der sich im gewählten Beruf nicht nur wohl fühlte, sondern ihn auch kompetent ausfüllte.

1957 kehrte Jean an seine »alte« Universität nach Alabama zurück, um in einem Opernkonzert zu singen, das unter der Leitung meines Mannes Roland Johnson den 1. Akt der »Aida« und den 3. Akt der »Meistersinger« darbot. Es wurde ein glückliches Wiedersehen mit der Heimat, und alle seine Freunde aus Alabama waren begeistert von seiner Reife und der Entwicklung seines professionellen Könnens. Allen aber war klar, daß Jean immer noch der warmherzige junge Mann war, als den man ihn kannte, und der stolz auf seine musikalischen Anfänge war.

1961 übersiedelten wir nach Madison, Wisconsin, wo mein Mann die Leitung des dortigen Symphonieorchesters übernahm. Wir gründeten dort die »Madison Civic Opera« mit mir als Produzentin und Regisseurin und Roland als musikalischem Leiter. Da wir nun in der Nähe von Chicago lebten, konnten wir Jean in allen Vorstellungen, die er an der dortigen Lyric Opera sang, hören. Jeder Besuch bei Jean und Mary in Chicago wurde zu einem Erlebnis, und wir freuten uns, an ihren Erfolgen teilhaben zu können. Zwischen den Vorstellungen besuchten uns eines Jahres im Herbst die beiden für ein paar Tage in Madison, und Jean ließ es sich nicht nehmen, einen Solo-Abend zu geben, der von unserer Operngesellschaft gefördert wurde.

Zu dieser Zeit war Jean schon Gast an vielen bedeutenden Opernhäusern Europas. Seine Karriere hatte sich wie erwartet entwickelt. Wir waren besonders von seinem Siegfried an der Lyric Opera beeindruckt, der in jeder Hinsicht eine vollkommene Darstellung und Charakterisierung war: er *war* Siegfried, im Aussehen, im Klang und in der hinreißenden Kraft des Charakters.

Ich fühle mich geehrt, zu diesem glücklichen Anlaß einen Künstler zu würdigen, der seinem Beruf alle Ehre macht, der hart an der Entwicklung seiner von Gott gegebenen Talente gearbeitet hat, den Ehemann und Vater einer liebenden Familie, den alten Freund!

Ich könnte Jean und Mary morgen begegnen: sofort würde ich mich ihnen so eng verbunden fühlen wie immer. Denn die Bande, die in unseren jungen Tagen geknüpft wurden, unsere gemeinsamen Träume und Hoffnungen, sie bleiben durch alle Jahre hindurch und über alle Entfernungen hinweg bestehen!

III

Grußworte

Mein lieber Jean!

Es war im Jahre 1968, als in Rom bei der italienischen Rundfunkgesellschaft RAI eine Gesamtaufnahme des »Ring des Nibelungen« stattfand. Bei diesen als öffentliche Konzerte durchgeführten Veranstaltungen gab es auch das Debut eines neuen Tenors als »Siegfried«, der schon lange bei Theaterleitern und Managern als »Geheimtip« eines neuen Wagner-Tenors kursierte. Dieser Idealfall eines blonden Germanen aus Amerika mit der helltimbrierten Heldenstimme hieß: Jean Cox.

Ich kann mich noch gut erinnern, wie fleißig Du damals die Rolle des Jung-Siegfried mit Wolfgang Sawallisch am Klavier täglich durchgenommen hast. Bei gemeinsamen Proben konnte ich das Wachsen jener Rolle, die Dir später in aller Welt Ruhm und Erfolg einbrachte, miterleben und beneidete Dich lauthals um den »besten Korrepetitor der Welt«, den Du Dir damals mit einem so prominenten Pianisten wie Maestro Sawallisch leisten konntest.

Weißt Du noch, wie plötzlich in der Aufführung der große, uns allen unvergessene Günther Rennert im Künstlerzimmer auftauchte? Er suchte damals für seinen bevorstehenden »Ring« an der Bayerischen Staatsoper einen Siegfried. Nun hatte er ihn gefunden, er würde Jean Cox heißen. Mit dem ihm eignen »Theatergespür« eines besessenen Theatermannes war er auf der richtigen Fährte gewesen!

Diese intensive Arbeit damals in Rom trug reife Früchte: Man konnte – und kann sich auch heute noch keinen »Ring« ohne »Jean« vorstellen. Wenn ich sage: auch heute *noch* – so betone ich das bewußt; denn es erscheint einem fast undenkbar, daß der drahtige, blonde Bursche da oben auf dem Brünnhildenfelsen schon im »gereiften« Alter sein soll. Ich darf – ohne Komplimente machen zu wollen – sagen, daß ich darob ehrlich überrascht bin! Wenn ich nur daran denke, mit welcher Vehemenz Du mir als Deinem langjährigen »Bühnengroßvater« Wotan-Wanderer jeweils den Speer zerschlägst und ich jedes Mal Angst habe, ob dieser Jean-Siegfried mir nicht doch mal eins richtig »auf die Rübe haut«, möchte ich Dir fast raten, Deinen Geburtsschein doch noch einmal zu überprüfen.

Aber – ob wir es nun glauben, wahrhaben wollen oder nicht: die Zeit, sie ist ein sonderbar Ding – sie vergeht und wir mit ihr. Daran sich zu erinnern, tut jedem gut – auch uns Künstlern, die wir jeden Abend, wenn der rauschende Beifall verklungen ist, spüren müssen, wie flüchtig jede noch so großartige Interpretation ist.

Eine große Wegstrecke Deines Lebens hast Du hinter Dir, laß Dich beglückwünschen von einem Kollegen, der Dich sehr schätzt, weil Du trotz Deiner Erfolge und der damit verbundenen ruhmreichen Karriere ein bescheidener und – wie mir scheint – auch ausgeglichener Mensch geblieben bist, der dem Anspruch eines ernsthaften Künstlers in jeder Beziehung gerecht wird. Du spielst Dich – auch bei noch so großem Jubel des Publikums – nie in den Vordergrund. Starallüren, vor, auf und hinter der Bühne sind dir fremd. Den herkömmlichen Begriff von »Tenor« strafst Du eigentlich Lügen!

Möge dies und mögest Du noch lange so bleiben! Dazu bedarf es Gesundheit und Gottes Segen – das wünscht Dir an Deinem Ehrentage von Herzen

Dein

(Theo Adam)

Jean Cox ist seit mehr als zwanzig Jahren unser zuverlässigster Tenor. Kameradschaftlich und immer aufgeschlossen zu seinen Kollegen, ist er auch immer beruflich präsent. Ich habe nie erlebt, daß Cox einmal abgesagt hätte. Seine künstlerische Entwicklung ist im italienischen und im deutschen Heldenfach steil nach oben gegangen; es ist noch gar nicht lange her, daß er als Tristan in Mannheim Aufsehen erregte.

Trotz seiner internationalen Karriere ist er Mannheim im besten Sinne des Wortes treu geblieben und sorgt durch sein stetes Dabeisein für die Beständigkeit des Mannheimer Musiktheaters. Als Cellist kann ich nichts fachlich über seine Stimme sagen, nur soviel, daß Jean Cox durch seine unwahrscheinlich musikalisch instrumental geführte Stimme aufhorchen läßt.

(Hans Adomeit)

Ich möchte es nicht versäumen, meinem langjährigen lieben Kollegen, dem einzigartigen Siegfried in vielen »Ring«-Aufführungen, in denen ich das Glück hatte, seine Partnerin zu sein, zu beglückwünschen zu der immer wiederkehrenden Höchstleistung, künstlerisch wie stimmlich.

Seine menschliche Wärme, Ausstrahlung und künstlerische Integrität spornen die Kollegen an, auch das Höchste zu leisten, und unvergleichliche Erlebnisse sind mir in dieser Hinsicht in Erinnerung geblieben. Ich denke nur zurück an Hüon in »Oberon«, Apollo in »Daphne«, Bacchus in »Ariadne«, an seinen Tannhäuser und, last but not least, seinen ergreifenden Tristan!

Lieber Jean, zu Deinem Geburtstag nimm meine herzlichsten Glückwünsche und meinen innigsten Dank für wunderbare musikalische Stunden – möge ich das Glück haben, Dich noch oft als Partner auf der Opernbühne zu erleben.

Deine

(Ingrid Bjoner)

Rätsel mit heimlicher Auflösung

Wir sind Deine Schwester, wir sind Deine Tante,
Wir sind Deine Venus und andere Verwandte.
Wer Du bist, soll'n nie wir Dich befragen,
Wer wir sind, das magst Du selbst Dir sagen.
Du bist unser Ritter, Schirm und Held,
Dich lieben wir, wie alle Welt.
So singen wir mit all unsren Rollen
Voll Inbrunst Dir, Jean Cox, dem Tollen,
Ein Jubellied aus voller Brust
Und wünschen, daß du bleiben mußt,
Was stets Du warst, was immer du bist:
Ein Heldentenor, den keiner vergißt!

Wer dieses gedichtet, das sollst Du erraten;
Von Herzen geschah es, was hier wir taten.
(Nur heimlich sei's kund Dir, geflüstert ins Ohre:

Die Dichter sind

und

(Hannelore Bode)
(Astrid Schirmer)

Ich denke sehr gern an unseren schönen »Lohengrin« in München mit meinem lieben Kollegen Jean Cox zurück!

Herzlichst, Kurt Böhme.

(Kurt Böhme)

Jean Cox lernte ich im Sommer 1963 bei den Bregenzer Festspielen kennen, wo wir in der Operette »Banditenstreiche« auf dem See und als Solisten bei einem Wagner-Konzert zusammen sangen. Seither haben wir uns immer wieder in Wien (»Rusalka« und »Pique Dame«) und dann vor allem für »Tristan und Isolde« und »Ring«-Aufführungen von Hamburg bis Palermo getroffen.

Zuletzt sangen wir in diesem Jahr in München zusammen in einer Aufführung von »Elektra«. Jean den Aegisth und ich, nach meinem Fachwechsel, die Klytämnestra.

Lieber Jean, zu Deinem Ehrentag die herzlichsten Glückwünsche. Es war für mich immer besonders schön, Dich zum Partner zu haben, da Du trotz der enormen Schwierigkeit und Länge der Partien, die wir hauptsächlich bisher zusammen sangen, immer ausgeglichen und ruhig warst. Du strahlst eine Sicherheit aus, die sich auf mich überträgt, und überhaupt, kann man Sympathie erklären?

Herzlichst

(Helga Dernesch)

Der Sänger Jean Cox ist mir allein schon durch die Fernsehaufzeichnung meiner Oper »Die Verlobung in San Domingo« unvergeßlich und wird auch unvergessen bleiben.

(Werner Egk)

Lieber Jean!

Die Jahre mit Dir auf der Bühne des Nationaltheaters Mannheim sind leider schnell vergangen!

Ich erinnere mich an meine erste Fricka, wo ich sehr respektvoll und schüchtern den »großen « Jean Cox als Siegmund erleben durfte. Du warst schon sehr berühmt, aber Du hast mich sofort ohne »Star-Allüren« als Kollegin herzlich aufgenommen. Das bleibt mir unvergeßlich.

Unvergeßlich bleibt mir auch die Art, Deine Partien zu singen und zu gestalten – besonders denke ich da an den »Parsifal«, wo Du es mir durch diese Art leicht gemacht und mich mitgerissen hast.

Bei Deiner Darstellungskunst habe ich vergessen, da Du Jean Cox bist; für mich warst Du immer Parsifal, Tristan, Lohengrin, Radames u.s.w.

Danke Jean

Deine Regine

(Regina Fonseca)

SO SEHE ICH JEAN COX

Ein Portrait meines Kollegen – im humoristischen Opernstil

Wir lernten uns kennen vor zwanzig Jahren –
ich (alter Hase) – und er (unerfahren).

Ob München, Bayreuth, ob Mannheim, ob Wien –
da konnten oft gleiche Wege wir zieh'n.

Ein strahlender Held, ein Ritter gar –
so kennt ihn die Welt und liebt ihn fürwahr.
Die Stimme: sehr groß und natürlich geführt,
mit Wohllaut und Kern, körperlich bestens fundiert.
Oft als Rivale, sogar verwandt durch die Sippe,
kennt er im Kampfe auch nicht eine Klippe.
Selbst noch sympathisch als »reiner Tor«,
versteckt sich dahinter ein feiner Humor!
Wo immer wir waren in fernen Landen,
stets knüpften sich auch familiäre Banden.
Erfolge beweisen: ein Sänger erster Klasse
(natürlich stimmt dann auch die Kasse).

Der Opernbühnen wären viele zu nennen –
wir waren durch unsere Rollen niemals zu trennen.
Natürlich wäre noch vieles zu sagen,
vieles zu loben, nichts zu beklagen,
über diesen sympathisch-liebenswerten Sänger –
nur würde der Gruß immer lang und länger!

Darum zieh' ich mit besten Wünschen die Feder zurück
und grüß' das Geburtstagskind herzlichst

   der alte Freund und Kollege   (Gottlob Frick)

Lieber Jean Cox,

wir haben bisher nur einmal zusammengearbeitet, aber auch damit hast Du einen Teil jüngster Musiktheater-Geschichte mitgeprägt: In meiner Neuinszenierung des »Ring« an Covent Garden, entstanden zwischen 1974 und 1976 (vor dem Bayreuther »Ring« 1976 und gewissermaßen parallel dazu), warst Du Siegfried – natürlich in »Siegfried« *und* in »Götterdämmerung«. Die reichen Erfahrungen, die Du bereits mit dieser Partie gemacht hast, brachtest Du ein in ein Konzept, das vielfach neue Denk- und Erlebnisansätze gab. Die mancherlei Schwierigkeiten, die viele Deutsche gerade mit diesem vermeintlichen »Helden« hatten und haben, hast Du mit einer Rollengestaltung beantwortet, in der sich das theoretische Für und Wider um diese komplizierte Wagner-Figur aufhob in einem ganz konkreten Menschenbild, das unmittelbar berührte, jeden angeht: Junger Rebell und Manipulierter, Held und Anti-Held, der schließlich verlorene Sohnes-Sohn des »traurigen Gottes« Wotan. Wie Du in der Londoner Aufführung während des Trauermarsches als Ermordeter allein auf der Bühne lagst mit ausgestreckten Armen wie der Gekreuzigte als der zernichtete vergebliche Traum fehlgeleiteter Jugend – das ist ein Bild, das jeder, der es sah, schmerzlich festhält.

Dafür danke ich Dir an Deinem Geburtstag und für so vieles andere, das alle, die Oper brauchen und wollen, Dir zu verdanken haben.

Dein

(Götz Friedrich)

Lieber Jean Cox,

zu Ihrem Geburtstag sende ich Ihnen meine herzlichsten Glückwünsche. Wie ich höre, sind Sie voller Aktivität, und ich hoffe, Sie werden es noch lange über diesen Tag hinaus bleiben. Ein reiches Künstlerleben wie Ihres verdient diese Ehrung.

Meine Erinnerung reicht nicht so weit zurück, daß ich etwas Wesentliches über meine Zeit mit Ihnen in Braunschweig berichten könnte; nur so viel: die Zusammenarbeit mit dem damaligen Braunschweiger Ensemble, und besonders mit Ihnen, führte zu Lichtblicken, die ihren Glanz behalten haben. Lohengrin, Radames, Carlos, Othello, Kalaf, Bacchus – um nur einige wenige Ihrer Rollen zu nennen – waren damals schon hochkarätige Leistungen, die dann auch folgerichtig zum Ausgangspunkt Ihrer Karriere wurden. Danach habe ich mit großem Vergnügen Ihre Laufbahn nur mehr aus der Ferne beobachtet.

Wenn man einmal eine Zeitlang zusammengearbeitet hat, und es hat sich daraus eine gegenseitige Sympathie entwickelt, dann freut man sich am stetig wachsenden Erfolg und ist stolz darauf, dem großen Freundeskreis anzugehören, der sich um Sie, lieber Jean Cox, gebildet hat.

Ich möchte mit diesen Zeilen meine ganze Sympathie für den liebenswerten Kollegen, meine Bewunderung für sein zielbewußtes Streben und meine Anerkennung für seine großen internationalen Erfolge zum Ausdruck bringen.

Am heutigen Tag denke ich besonders gern zurück an den persönlichen Kontakt, in den auch Ihre und meine Frau so harmonisch einbezogen waren. Wir beide grüßen Sie beide mit allen guten Wünschen für Ihre weitere Zukunft.

Ganz herzlich
Ihr

(Arthur Grüber)

185

Lieber Jean Cox,

die Umstände haben es mit sich gebracht, daß ich immer nur als Intendant mit Dir zusammenarbeiten konnte und nicht – wie ich es mir gewünscht hätte – als Regisseur.

Als ich ans Mannheimer Nationaltheater kam, warst Du einer der Eckpfeiler des Opernbetriebs. Trotz Deines wachsenden Ruhms, der Dich an Opernhäuser in der ganzen Welt führte, bliebst Du Deinem Stammhaus treu, eine Tatsache, die mehr über Dich aussagt, als viele Worte es vermögen. Von Mannheim aus hast Du Dir alle großen Opernbühnen der Welt erobert und auch der Kölner Oper während meiner Intendanz-Zeit unvergeßliche Abende beschert: Ich denke insbesondere an die beiden »Ring«-Zyklen in Wieland Wagners Inszenierung oder an die »Tristan«-Vorstellungen.

Daß Du bis heute als einer der begehrtesten und strahlendsten Wagner-Tenöre in aller Welt gefeiert wirst, hat seinen Grund nicht nur im unverwechselbaren Timbre Deiner Stimme, sondern auch in der reifen und zugleich frischen Gestaltungsweise, mit der Du die ungeheuren Schwierigkeiten der großen Wagner-Partien bewältigst, und nicht zuletzt in der Zuverlässigkeit und Beständigkeit der Abendform. Daß diese Qualitäten nicht geschenkt werden, sondern ein hohes Maß an Disziplin, Fleiß und Verzicht bedeuten, ist eine Wahrheit, die viele Deiner jüngeren Kollegen von Dir lernen können. Zu all dem kommt noch Deine ruhige und sachliche menschliche Art, die das Arbeiten mit Dir so angenehm macht. Kurzum: Du gehörst zu den seltenen Sängern, die all das in sich vereinigen, was den wahren Künstler ausmacht. Gäbe es mehr Deiner Art, wäre Intendant ein einfacher Beruf.

Nimm zu Deinem Geburtstag meine allerherzlichsten Glückwünsche entgegen. Mögen Dir auch in Zukunft noch viele Stunden der künstlerischen Erfüllung vergönnt sein.

In herzlicher Verbundenheit
Dein

(Michael Hampe)

186

Jean Cox lernte ich um das Jahr 1960 kennen, als er seine regelmäßigen Gastspiele an der Bayer. Staatsoper begann. Er war zunächst einer in der Reihe der Übersee-Tenöre, die die verschiedensten Repertoire-Aufgaben meist als Gäste erfüllten. Die Nachforschung in meinen Aufzeichnungen ergab, daß er im Laufe der Jahre über 20 verschiedene Partien des Repertoires gesungen hat; auffallend erschien mir seine Fähigkeit, von lyrischen bis hinüber zu jugendlich-heldischen Partien alle ihm gestellten Aufgaben erfüllen zu können, wobei das schöne geschmeidige Stimmorgan fähig war, auch ausgesprochen italienische Lyrismen vollendet wiederzugeben.

In direkter Arbeit mit ihm habe ich ihn als Hüon in »Oberon« von Carl Maria von Weber eingesetzt. Dies ist eine Tenorpartie, die bei den Sängern wegen ihrer anspruchsvollen Höhe und des Wechsels von starken Ausbrüchen und rein lyrischen Teilen nicht sehr beliebt ist; aber die Arbeit mit Cox war von Anfang an befriedigend, und mir fiel auf, mit welcher konzentrierten Aufmerksamkeit er ihm gegebene Anweisungen übernahm, wie er sie von einer zur anderen Probe erarbeitete und sie mit überlegener Intensität einsetzte.

Und nun ist Jean Cox im Festschrift-Alter – eine Tatsache die mir kaum glaubwürdig erscheint. Ich wünsche ihm für sein weiteres künstlerisches Dasein die gleichen Erfolge wie bisher und im rein menschlichen Bereich alles Gute, vor allem beste Gesundheit für die weiteren Jahre.

Mit herzlichen Grüßen

(Rudolf Hartmann)

Dear Jean,

One of the nice things about this profession is meeting and working with fine artists like you. It's been at least two decades that we've sung just about everywhere there's an opera house!

Enumerating all those performances we've sung together over years; be it Jenufa, Lohengrin, Elektra, Tristan, the Ring, Holländer, be it in Stuttgart, Wien, Bayreuth, Mannheim, etc. there are too many performances to recall.

Observing the stamina of people like you und the Dauerkraft of your artistic attitudes, I can only point also to myself and say »Eine gute Generation!«

Herzlichst
Deine

Grace Hoffman

Lieber Jean,

eine der schönen Seiten unseres Berufes ist es, so hervorragende Künstler wie Dich zu treffen und mit ihnen zusammenzuarbeiten. Wenigstens in den letzten zwei Jahrzehnten haben wir nahezu überall zusammen gesungen, wo es ein Opernhaus gibt!

Wollte ich alle Vorstellungen, die wir in diesen Jahren miteinander gesungen haben, nennen, wie Jenufa, Lohengrin, Elektra, Tristan, den Ring, Holländer – sei es in Stuttgart, Wien, Bayreuth, Mannheim etc. –, es würde einfach zu viel, alles aufzuzählen.

Betrachtet man die Ausdauer von Leuten wie Du und die »Dauerkraft« Deiner künstlerischen Haltung, so kann ich eigentlich nur auch auf mich zeigen und sagen »Eine gute Generation!«

Grace Hoffman

Ich habe mit Herrn Cox im Laufe vieler Jahre viele große Wagnervorstellungen an großen Bühnen wie München und Berlin musikalisch interpretieren dürfen.

Er gehört zu den wenigen großen berufenen Wagnertenören, die die Voraussetzungen für diese anspruchsvollen Partien haben. Mit Dankbarkeit erinnnere ich mich besonders eines »Ringes« in Berlin, wo er die beiden Siegfriede (»Siegfried« und »Götterdämmerung«) unter meiner Leitung sang.

Durch sein Aussehen, seine heldische Stimme und seine musikalische Sicherheit – auch als Stolzing (in Bayreuth) und als Tannhäuser – war er mir immer ein glänzender Mitstreiter.

(Heinrich Hollreiser)

Meinem edlen Siegfried, Jean Cox, zur
Erinnerung an meine edle Brünnhilde
und an die vielen gemeinsamen Vorstellungen,
mit herzlichen Glückwünschen zu Deinem

Geburtstag.
Zu neuen Taten, teurer Helde.........

Deine

Gwyneth

(Gwyneth Jones)

190

Lieber Jean,

es ist mir eine besondere Freude, Dir zu Deinem Geburtstag meine herzlichsten Glück-wünsche zu übermitteln. Möge auch die kommende Zeit Dir weiterhin berufliche Erfolge so-wie auch private Harmonie und Zufriedenheit bringen.

Dieser Geburtstag ist ein ganz besonderes Jubiläum, vor allem, wenn man wie Du auf ein so reichhaltiges künstlerisches Schaffen, dem auch die verdiente Anerkennung nicht versagt geblieben ist, zurückblicken kann.

Jedoch habe ich Dich nicht nur als großartigen Künstler, sondern auch, was ich ganz be-sonders schätze, als einen fabelhaften Kollegen und überhaupt einen phantastischen Men-schen kennengelernt, dessen Freundschaft für mich stets von großer Bedeutung gewesen ist und auch fernerhin bleiben wird.

Zu diesem Anlaß möchte ich auch Deine Frau Mary nicht unerwähnt lassen, die mir in ebensolcher Weise lieb und wert ist. Sie ist eine ganz großartige Frau und Mutter, die drei schöne Kinder großgezogen hat und die sicherlich als Deine getreue Weggefährtin einen we-sentlichen Beitrag zu Deinen beruflichen Erfolgen leistete.

Lieber Jean, verbringe an Deinem Ehrentag viele frohe Stunden im Kreise Deiner Fami-lie, und nimm nochmals meine herzlichsten und besten Glückwünsche entgegen, verbunden mit lieben Grüßen an Dich und Deine Familie,

Deine

(Roberta Knie)

Lieber Jean!

Manches im Dasein ist schwer zu glauben, zum Beispiel: daß es schon acht Jahre her ist, seit wir in Chicago gemeinsam den »Ring« erarbeiteten, daß zwölf Jahre vergangen sein sollen, seit wir Wielands »Parsifal« in Bayreuth probten. Was ich aber für ein Gerücht halte und ganz und gar nicht glauben kann, ist, daß Du wieder ein Lebensjahrzehnt vollendet hast!

Ich halte das für die liebenswerte Ausrede eines Freundes, der etwas über Dich und Deine Arbeit berichten möchte. Das ist gut, das ist wichtig, und darum greife ich auch gleich zur Feder, um Dir zu gratulieren.

Da Du »ewige Jugend« nicht nur im Vertrag hast, sondern seit langen Jahren auf der Bühne glaubhaft verkörperst, möchte ich Dir zuerst zum »Jungbleiben« gratulieren. Ich halte das weniger für eine Frage der Kondition, als vielmehr für eine der inneren Einstellung. Mir scheint es die Fähigkeit, sich auf das selbst gesteckte Ziel unbeirrbar konzentrieren zu können.

Auch auf der Bühne hat mir Deine Konzentrationsfähigkeit imponiert: Du wußtest immer, wann es »darauf ankam«, nämlich am Abend, vor Deinem Publikum. Die Probebühne war da zum Probieren, zum Ausprobieren; auch wenn Du unbeteiligt schienst, wieder war das ein Konzentrieren, auf dessen Ergebnis man sich als Regisseur hundertprozentig verlassen konnte. Wenn nach vierstündiger »Siegfried«-Schlacht neben Dir eine ausgeschlafene Brünnhilde aufwachte, dann warst Du auch der Besten ein ebenbürtiger Partner, dann hatte die Oper Sinn, und man verstand, warum die beiden sich verstehen. Auch hierzu meinen Glückwunsch!

Das Beste schließlich, wozu ich Dir von ganzem Herzen gratuliere, das, was die 60 % der Leistungskraft eines Mannes ausmacht, das ist Deine Frau. Zu ihr meinen allerherzlichsten Glückwunsch! Ich bin sicher, daß sie auch dieses Dein Fest zu einer Meisterleistung in Sachen Regie werden läßt

und wünsche Euch alles, alles Gute.

Herzlichst

Dein Peter

(Hans-Peter Lehmann)

Lieber Jean Cox,

Seien Sie zu Ihrem Geburtstag von Herzen gegrüßt.

Ich habe stets Bewunderung für Ihr künstlerisches Wirken gehabt. Die schöne Stimme bekommt man von der Natur, es kommt aber darauf an, was man daraus macht. Sie haben durch Konzentration, technisches Können und Arbeitsdisziplin während langer Jahre uns alle beglückt, und ich hoffe, daß Sie es noch weiter tun werden. Noch in unserer letzten »Ariadne auf Naxos« in München fiel mir die Leichtigkeit und Schönheit Ihrer Höhe auf, und das läßt noch manches in der Zukunft erhoffen.

Wir kennen uns so lange – ich erinnere mich an Ihre Anfänge im leichten Fach bis »Bohème«, an Ihren Wechsel zum Heldentenor und wie oft wir dann miteinander musizieren durften.

So hoffe ich, daß auch die Zukunft schön und harmonisch in Beruf und Familie sein möge und grüße Sie

in alter Verbundenheit

(Ferdinand Leitner)

Lieber Jean!

Meine allerherzlichsten Glückwünsche zum Geburtstag!
Daß Du, unser blonder Jung-Siegfried, ins »reifere« Alter eintrittst, ist merkwürdig. Wenn man davon ausgeht, was Du alles auf der Opernbühne geleistet hast, müßtest Du mindestens doppelt so alt sein!
Ich habe in vielen schönen und spannenden Vorstellungen als Deine Brünnhilde und Isolde mitwirken dürfen. Mögen Dich heute Deine Familie und viele Freunde besingen.
Wir sehen uns bald wieder auf den Brettern

Deine

(Berit Lindholm)

Lieber Jean,

wer wie wir seit über zwanzig Jahren
zusammen auf der Bühne steht,
sei es in Mannheim, Bayreuth oder
Ausland, braucht nicht viele Worte
zu sagen:

Für mich bist Du, wie für viele
andere auch, der „Größte", wie
nebenstehende Karikatur Dir
zeigen soll!

Herzlichst
Dein Franz.

(Franz Mazura)

In a few words, I remember my association with Jean as being one of my most pleasurable friendships embracing both our families. It developed from our work together at Bayreuth and other opera houses.

His good looks, easy manner, open personality, good humour and reliability have been evident to many of us when he has been performing Siegfried. These are the very qualities that are so attractive to us who are priveleged to be his friends. Whether at work, a party, sharing a restaurant meal, or in a family get together it is always the same, he is good to be with.

It was in 1967, my first year at Bayreuth that I first met Jean, who had arrived at short notice for a rehearsal, before singing Lohengrin. He was one of the many tenors who sang the role that year owing to the indisposition of Sándor Kónya. Never will I forget how, with so little fuss, he was able to cope with this daunting task. That was my introduction to this talented singer and his considerable professional capacity.

It is my guess that it was his success in these performances that earned him his eminent place at Bayreuth singing the great roles he was allotted over the next few years.

From that time onwards we were frequent guests in his Bayreuth appartments rented for his family's summer sojourn. We were able to return the hospitality when his family visited us at our flat in Frau Winifried Wagners house; Haus Siegfried as she was fond of calling it. She, by the way, had a great affection for Jean and of course his wonderful wife Mary and their children. Our two families got to know one another well. We spent so many pleasurable afternoons and evenings together.

When he bought his old Bauern Haus at Peesten, we all loved to spend time with them and watch the progress they made renovating this lovely old house. It seemed to give them so much joy. My wife Jill reminds me of the time in his garden that I tumbled off his horse. She is an incurable lover of horses and spends much of her time riding. At that time our children had not learnt to ride, so Jean decided to let them try. They all managed quite well. The Cox children were all experts. Then my wife tried. She took things very quietly because, as she said, the horse was very lively, did not know her, and she was worried that unless she kept it in check she would not be able to cope with it. I could not resist urging her on and ridiculing her for being so timid. At that Jean suggested that I took my turn in order to judge if I could do any better. He obviously knew something that I did not, because I noticed him grinning. It was many years since I had sat on a horse, aged about twelve, and a very different type of horse too. I believed nothing could be easier. As soon as I mounted I wanted to canter. None of this cautious stuff for me. I gave the poor horse a dig in the ribs. He seemed to sense my inexperience, and with a couple of bucks it had me flying head first down a bank. I made an ungraceful heavy landing as the horse disappeared in a cloud of dust. The Cox und McIntyre families collapsed into uncontrollable hilarity.

Dear Jean,
Greetings, good luck,
health and happiness!

Donald McIntyre

Kurz gesagt, zählt die Bekanntschaft mit Jean Cox zu meinen angenehmsten und schönsten Freundschaften; diese entstand seinerzeit aus unserer gemeinsamen Arbeit in Bayreuth und an anderen Opernhäusern und schließt unsere beiden Familien mit ein. Jeans gutes Aussehen, sein ungezwungenes Benehmen, seine Offenherzigkeit, seine gute Laune und seine Zuverlässigkeit werden für viele seiner Kollegen geradezu greifbar und lebendig, wenn er den Siegfried darstellt: das sind für uns, die wir den Vorzug haben, zu seinen Freunden zu zählen, eben die Qualitäten, die ihn so liebenswert machen. Ob bei der Arbeit, ob bei einer Party, bei einem gemeinsamen Essen im Restaurant oder bei einem Familientreffen, es bleibt immer dasgleiche: es ist einfach schön, mit ihm zusammenzusein.

Ich lernte Jean während meines ersten Bayreuth-Jahres (1967) kennen, als er kurzfristig in eine Lohengrin-Produktion einstieg; er war einer der vielen Tenöre, die diese Partie in jenem Jahr sangen, als Sándor Kónya erkrankte. Nie werde ich vergessen, wie er, ohne groß Aufhebens davon zu machen, es schaffte, mit dieser eigentlich entmutigenden Aufgabe fertigzuwerden! So traf ich mit diesem begabten Sänger zusammen, und ich lernte gleich beim ersten Mal sein hohes Maß an Professionalität kennen. Ich vermute, sein Erfolg in diesen Vorstellungen sicherte ihm sofort eine hervorragende Stellung in Bayreuth, denn in den darauffolgenden Jahren wurden ihm hier die großen Partien übertragen.

Seit jenen Tagen waren wir oft zu Gast in den Bayreuther Wohnungen, die Jean jeweils während des Sommeraufenthaltes für seine Familie mietete. Diese Gastfreundschaft konnten wir erwidern: in unserer Wohnung im Hause von Winifried Wagner – »Haus Siegfried« nannte sie es gern –, wo uns seine Familie besuchte. Frau Wagner hegte übrigens eine große Zuneigung zu Jean und natürlich auch zu seiner bewundernswerten Frau Mary und den Kindern. Unsere Familien lernten sich sehr bald gut kennen, und wir verbrachten viele angenehme Nachmittage und Abende zusammen.

Als Jean das alte Bauernhaus in Peesten kaufte, machte es viel Spaß, zusammen den Fortschritt der Renovierungsarbeiten an diesem reizvollen alten Haus zu beobachten. Offensichtlich machte es ihnen sehr viel Freude.

Meine Frau Jill erinnert mich an die nette Begebenheit, wie ich dort einmal im Garten von Jeans Pferd fiel. Sie ist eine Pferdenärrin par exellence und verbringt einen großen Teil ihrer Freizeit im Sattel. Unsere Kinder konnten damals noch nicht reiten, aber Jean meinte, sie sollten es einmal probieren.

Mit unseren Kindern ging es noch recht gut. (Die Cox-Kinder waren schon alle Experten.) Dann versuchte es meine Frau; sie ging das Ganze sehr ruhig an, da das Pferd sie nicht kenne und sehr lebhaft sei – wie sie erklärte. Und sie fürchtete, mit dem Tier nicht fertigzuwerden, sollte sie es nicht unter Kontrolle halten können. Ich drängte sie, aufzusteigen und machte mich über sie lustig, weil sie so ängstlich war. Da schlug Jean vor, ich solle es doch selbst versuchen; dann würde sich ja herausstellen, ob ich besser zurechtkäme. Ich sah, daß er grinste – offensichtlich wußte er etwas, was ich nicht wußte. Es war lange her, seit ich zuletzt auf einem Pferd gesessen hatte – da war ich vielleicht 12 Jahre alt, und eine ganz andere Art Pferd hatte ich damals auch. Aber, ich glaubte, nichts könne leichter sein. Kaum aufgestiegen, wollte ich auch ein bißchen galoppieren – was sollte mir dieses ganze Theater mit der Vorsicht! Ich gab dem armen Tier einen Stoß in die Rippen. Aber das hatte meine Unerfahrenheit wohl instinktiv empfunden; jedenfalls flog ich nach etlichen Bocksprüngen kopfüber eine Böschung hinunter: eine durchaus nicht graziöse, eine direkt unsanfte Landung . . . während der Gaul in einer Staubwolke entschwand.

Die Familien Cox und McIntyre konnten sich vor Lachen kaum halten.

Donald McIntyre

198

Many congratulations, Jean, on »coming of age«!

I wish you many more years in the profession and thank you for all your wonderful singing. It has always been a great pleasure for me to work with you.

May you have as much joy at this point in your career as you have given to others for so many years.

Much love

Yvonne Minton

Viele Glückwünsche, Jean, daß Du »volljährig« wirst!

Ich wünsche Dir viele weitere Jahre im Beruf, und ich danke Dir für all Dein wundervolles Singen. Es war mir immer ein großes Vergnügen, mit Dir zusammenzuarbeiten.

Mögest Du an diesem Punkt Deiner Karriere ebensoviel Freude haben wie Du sie anderen über so viele Jahre hinweg schenktest.

Alles Liebe   Yvonne Minton

Wenn man einem liebenswerten Kollegen zu einem »runden« Geburtstag gratulieren darf, dann sucht man nach gemeinsamen Erlebnissen. Immerhin habe ich mit Dir, lieber Jean, viele, viele Stunden auf den Bühnen des In- und Auslandes zugebracht.

Aber erst einmal: Herzliche Glückwünsche und Toi-Toi-Toi auch weiterhin – vor allem wünsche ich Dir und Deiner Familie Gesundheit und uns allen Frieden!

Weißt Du noch den Anfang unserer Gemeinsamkeit? Es war die Spielzeit 1956/57 in Braunschweig. Du sangest den Lohengrin, ich den König Heinrich (als Gast aus Gelsenkirchen). Eine der Vorstellungen werde ich nie vergessen: Birgit Nilsson sang ihre letzte Elsa, und Astrid Varnay war die Ortrud! Und in der Kantine lief Anja Silja herum, die dort als fast kindliche Anfängerin mit besonderem Erfolg (natürlich auch mit Dir!) die Rosina sang.

Danach verloren wir uns für einige Zeit aus den Augen, bis dann ungezählte Abende mit dem »Ring«, dem »Lohengrin« und den »Meistersingern« – aber auch Opern anderer Komponisten – uns immer wieder zusammenführten.

Erinnerst Du Dich an die konzertanten Aufführungen des »Ring« in Rom unter Wolfgang Sawallisch, an die Neuinszenierung von Wolfgang Wagner in Bayreuth?

Man könnte diese Erinnerungen über Seiten fortführen – man würde wahrscheinlich nicht mehr alles zusammenbringen.

Ich möchte diesen kurzen Rückblick, meinen Glückwunsch und meine Grüße, in die auch Deine liebe Familie einbezogen sei, abschließen mit einem kollegialen Danke für Deine Disziplin gegenüber der Musik und der gemeinsamen Arbeit.

Du bist ein – leider selten gewordenes – Beispiel dafür, wie man eine junge Stimme langsam und klug an die schweren Partien heranführt und, ohne Raubbau zu betreiben, trotzdem erfolgreich sein kann.

Hör nicht so bald auf mit dem Singen, zu Deiner und Deiner Freunde und Anhänger Freude!

In herzlicher Verbundenheit   Dein

(Gerd Nienstedt)

200

DEN AFTONEN *VAR* JAG ELSA

Året var 1958. Mellan Siegfriedrepetitionerna i Wien var jag kontrakterad att sjunga Elsa i Braunschweig. Astrid Varnay skulle sjunga Ortrud, och en amerikansk tenor, Jean Cox, ett för mig okänt namn, skulle sjunga Lohengrin. Repetitionerna var mycket nödtorftiga, för att inte säga obefintliga, såsom seden på många tyska scener ofta är. Jag hade inte ens en gång blivit presenterad för mina medspelare.

När jag under föreställningen, klädd i Elsas vita klädnad, stod och väntade på svanen, roade jag mig med att i fantasien försöka gissa mig till Lohengrins utseende. Jag vågade inte ställa mig några större förväntningar på den fronten, och jag var nästan övertygad, att ur svanens illusoriska skepnad skulle en liten »fetknopp« komma skridande, som endast nådde mig till – ja, just precis.

Ett, tu, tre. Simsalabim. Bing, Bang, Bong!! Där stod han!!! Mina knän började skaka, och jag var glad, att det inte var helt oförenligt med rollen att sjunka ner på golvet. Jag tror helt enkelt, att jag fick en chock. Någon känsla av att jag sjöng hade jag inte. Det skedde väl helt reflektoriskt, endast med ryggmärgens hjälp. Aldrig någonsin hade jag sett något så vackert. Mitt emot mig stod en lång, smärt gestalt med de blåaste ögon och det bländvitaste leende och med ett hår som av spunnet guld. Den fantastiska kostymen i silver och ädla stenar framhävde ytterligare den stiliga figuren. Sjunga kunde han också, och som han sjöng!

Med ens förstod jag hur Elsa verkligen borde känna sig inför mötet med sin hjälte och riddare. Jag sjöng som i trance hela kvällen, och jag kunde inte släppa min Lohengrin med ögonen för en sekund. Med denna ideala Lohengrin, förstod jag, att jag aldrig mera skulle kunna sjunga Elsa med en annan tenor utan att bli besviken. Jag beslöt då, att detta skulle bli min sista Elsa, vilket det också verkligen blev.

Det var nästan som en befrielse, att under supén efter föreställningen få möta en avsminkad, högst sympatisk människa av kött och blod, utan silverkostym och guldperuk, men med samma leende och öppna blå blick. Jag tror, att vi redan då blev rätt goda vänner, för jag minns, att Du och Din förtjusande fru skjutsade mig hem på natten.

Ja, Jean, många år har gått sedan min sista Elsa i Lohengrin. Jag var den, som fick vara Din allra första Bruennhilde i Ringen (Muenchen 69) och den sucessen har vi kunnat upprepa tillsammans på de viktigaste scenerna i Europa och USA. Tristan är en annan opera, som vi ofta älskat och dött tillsammans i.

Det har varit manga oförglömliga stunder. Men trots alla Dina fantastiska prestationer, kommer Du för mig alltid att framstå som den underbare sagohjälten i silverrustning, min siste Lohengrin.

Vermaste gratulationer på födelsedagen, och ett gott och lyckosamt nytt år!

Din tillgivna

Birgit

AN DEM ABEND *WAR* ICH ELSA

Es war im Jahre 1958. Zwischen den Siegfried-Proben in Wien war ich vertraglich verpflichtet, in Braunschweig die Elsa zu singen. Astrid Varnay sollte die Ortrud singen und ein amerikanischer Tenor, Jean Cox, für mich ein unbekannter Name, den Lohengrin. Es wurde nur notdürftig, um nicht zu sagen überhaupt nicht, geprobt, so wie es an vielen deutschen Bühnen üblich ist. Ich war meinen Mitspielern nicht einmal vorgestellt worden.

Als ich während der Vorstellung, angetan mit Elsas weißem Gewand, dastand und auf den Schwan wartete, amüsierte ich mich damit, Lohengrins Aussehen in der Phantasie zu erraten. Größere Erwartungen wagte ich in dieser Hinsicht nicht zu hegen, ja, ich war nahezu überzeugt davon, daß aus dem künstlichen Gebilde des Schwans ein kleiner Dicker hervorschreiten würde, der mir nur bis – nun ja, genau dahin – reicht.

Eins, zwei, drei. Simsalabim. Bing, Bang, Bong!! Da stand er!!! Die Knie begannen mir zu zittern, und ich war froh, daß es nicht gänzlich unvereinbar mit der Rolle sein würde, zu Boden zu sinken. Ich glaube, ich bekam ganz einfach einen Schock. Ich spürte überhaupt nicht, daß ich sang – das geschah wohl ganz reflektorisch, nur mit Hilfe des Rückenmarks. Nie zuvor hatte ich etwas so Schönes gesehen. Vor mir stand eine hohe, schlanke Gestalt mit den blauesten Augen, dem strahlendsten Lächeln und mit Haaren wie gesponnenes Gold. Das phantastische Kostüm aus Silber und Edelsteinen tat noch ein übriges, um die blendende Erscheinung hervorzuheben. Singen konnte er auch, und wie er sang!

Plötzlich begriff ich, wie es Elsa wirklich bei der Begegnung mit ihrem Helden und Ritter zumute gewesen sein mußte. Ich sang den ganzen Abend hindurch wie in Trance und konnte den Blick nicht eine Sekunde lang von meinem Lohengrin wenden. Mit diesem idealen Lohengrin wurde mir klar, daß ich niemals wieder die Elsa mit einem anderen Tenor würde singen können, ohne enttäuscht zu werden. Und ich beschloß, daß dies meine letzte Elsa sein sollte, so wie es dann auch tatsächlich wurde.

Es war fast wie eine Befreiung, bei dem Souper nach der Vorstellung einem abgeschminkten, höchst sympathischen Menschen aus Fleisch und Blut zu begegnen, ohne Silberkostüm und Goldperücke, aber mit demselben Lächeln und dem offenen Blick der blauen Augen. Ich glaube, daß wir da schon recht gute Freunde wurden, denn ich weiß noch, daß Du und Deine reizende Frau mich in der Nacht nach Hause brachten.

Ja, Jean, viele Jahre sind seit meiner letzten Elsa im Lohengrin vergangen. Ich war es, die Deine allererste Brünnhilde im Ring sein durfte (München 69), und diesen Erfolg konnten wir auf den bedeutendsten Bühnen Europas und der USA zusammen wiederholen. Tristan ist eine andere Oper, in der uns oft Liebe und Tod vereinten.

Für mich waren es unvergeßliche Stunden. Doch trotz all Deiner phantastischen Leistungen wirst Du mir immer als der wunderbare Märchenheld in der Silberrüstung, mein letzter Lohengrin, vor Augen stehen.

Wärmste Glückwünsche zum Geburtstag und ein gutes und glückbringendes neues Jahr!

In herzlicher Verbundenheit   Deine Birgit Nilsson

Unsere Freundschaft und künstlerische Zusammenarbeit begann im Jahre 1951, als wir zur Teilnahme bei den Berkshire Musikfestspielen in Massachusetts eingeladen wurden. Nach einigen Jahren trafen wir uns in Braunschweig wieder. Wir waren dort Partner in zahlreichen Opern – »Penelope« von Rolf Liebermann, »Don Giovanni«, »Turandot«, »Tosca«, und »Ariadne«. Ich wechselte dann nach Mannheim, wohin Jean nur zwei Jahre später folgte. Auch hier sangen wir gemeinsam in »Tosca«, »Turandot«, »Othello«, »Lohengrin«, »Aida« und vielen anderen Opern.

Jean war nicht nur ein guter und rücksichtsvoller Kollege, sondern auch ein zuverlässiger Freund. Unsere beiden Familien verbindet bis heute eine enge Freundschaft, und wir wünschen Jean noch viele erfolgreiche, glückliche und gesunde Jahre!

Gladys Pelser

(Gladys Pelser-Spector)

Lieber Jean,

vor zehn Jahren habe ich mit Dir an der Berliner Staatsoper meinen ersten »Ring des Nibelungen« dirigiert.

Viele andere Partien habe ich vorher mit Dir gemacht. Der »Ring« aber ist eine meiner schönsten Erinnerungen an gemeinsames Musizieren mit einem Sänger. Es ist nicht nur die begnadete Stimme, die Musikalität und die schauspielerische Kraft und Gewandtheit. Es ist einfach die alles umfassende Persönlichkeit, die Deine Begabung so unverwechselbar prägt.

Ich bin sehr glücklich, daß ich Dich hier in meinem Mannheimer Ensemble habe. Zu Deinem Geburtstag wünsche ich Dir von ganzem Herzen alles Gute. Bleibe noch lange bei uns.

Dein

(Wolfgang Rennert)

Dear Jean,

Greetings and many good wishes for your birthday, and many more years ahead of delighting audiences with your performances, especially the »Ring«.

Probably my happiest musical memories are of the six years I sang in Bayreuth – Fricka, Waltraute and Magdalena while you sang Siegfried and Walther von Stolzing.

It has always seemed to me that you are the only Helden tenor there has ever been who not only sings superbly but also looks the part! You make it all appear so easy.

Good luck and good health to
you and your family

Anna Reynolds

Lieber Jean,

herzliche Grüße und alle guten Wünsche zu Deinem Geburtstag – und noch viele Jahre, in denen Du die Zuhörer mit Deinen Vorstellungen, besonders dem »Ring«, erfreust.

Meine wohl glücklichsten musikalischen Erinnerungen habe ich an die sechs Jahre, als ich in Bayreuth sang – Fricka, Waltraute und Magdalena, während Du den Siegfried und den Walther von Stolzing sangest.

Ich habe immer den Eindruck gehabt, daß Du seit eh und je der einzige Heldentenor bist, der nicht nur hervorragend singt, sondern auch in seinem Äußeren der Rolle ganz entspricht! Du läßt alles so mühelos erscheinen.

Viel Glück und vor allem Gesundheit
für Dich und Deine Familie

Anna Reynolds

Da ich Jean von Anfang an gekannt habe, kann ich zu seinem Ehrentag beitragen, daß er immer ein sehr netter, kollegialer Kerl war, später nie arrogant oder eingebildet *und* – was wohl das Herausragendste seiner Karriere sein dürfte – ein Tenor der Zuverlässigkeit und des Langesingens ist. Wieviele Tenöre haben wir »kommen und wieder gehen« gehört; Jean aber hatte und hat eine lange Karriere, und das ist – wie mir einmal George London sagte – mehr wert als eine nur große!

(Elisabeth Schärtel)

Seit 1966 bin ich am Nationaltheater Mannheim verpflichtet und hatte somit oft Gelegenheit, als Partnerin von Jean Cox auf der Bühne zu stehen. Es war für mich immer eine besondere Freude, mit ihm zusammen die großen Partien – Aida/Radames, Tosca/Cavaradossi, Turandot/Kalaf, Ariadne/Bacchus, Martha/Pedro (»Tiefland«), Küsterin/Stewa (»Jenufa«), Leonore/Florestan, Senta/Erik, Sieglinde/Siegmund, Brünnhilde/Siegfried, Isolde/Tristan – zu singen, da ich ihn als hervorragenden Sänger, immer sympathischen Partner und guten Kollegen schätze. Die Zusammenarbeit mit ihm schaffte keinerlei Probleme, so daß der Erfolg einer Vorstellung von vornherein garantiert war.

Ich wünsche meinem lieben Kollegen Jean Cox weiterhin für seinen beruflichen Weg viel Erfolg!

(Elisabeth Schreiner)

Jean Cox – ein Name, der für mich nicht nur ein Sänger-Name ist, sondern der zum Beginn meiner Opernkarriere gehört!

Unser fast gleichzeitiger Start in Braunschweig gehört zu meinen schönsten Erinnerungen: das war eine wirkliche Theaterzeit, wie man sie heute kaum noch kennt, eine Gemeinschaft von Oper, Operette und Schauspiel – wie es in der Provinz so üblich ist – mit vielen jungen Leuten, die Karriere machen wollten und sie z. T. auch gemacht haben, wie unser Geburtstagskind beweist.

Meine erste Bühnenpartie war die Rosina im »Barbier von Sevilla« mit Jean als Partner. Ich war eine absolute Anfängerin, Jean schon ein Jahr dort engagiert; er hat mir sehr geholfen, und ich bin fast sicher, daß ich es ohne ihn viel schwerer gehabt hätte.

Schon damals warf die Regie gravierende Probleme auf, und da half natürlich ein solcher »echter« Kollege, der sehr viel Geduld für mich Anfängerin aufbrachte.

Natürlich war ich sehr stolz, den »angehimmelten Startenor« der Braunschweiger (er sang damals dort einfach alles, was wichtig war) gleich in meiner ersten Rolle als Partner zu haben, und ich verliebte mich (damals 16 Jahre alt) prompt in ihn, was meiner Rolle sehr zugute kam!

Ein Jahr nur blieb ich in Braunschweig, aber in den drei Opern, die ich dort sang, hatte ich Jean zweimal als direkten Partner, im erwähnten »Barbier« und in der »Carmen«, in der ich die Micaela sang. In »Ariadne« sah ich als Zerbinetta ihn nur von weitem.

Ich verdanke ihm ein wirklich sehr schönes Theaterjahr. Allerdings gab es in dieser Zeit auch einen gemeinsamen »kapitalen Schmiß«, der bis heute in meiner Karriere nicht überboten wurde (ich denke noch oft daran!): Es geschah im »Barbier«, und es dauerte wirklich Minuten, ehe wir wieder zusammenfanden. Keiner der auf der Bühne Stehenden konnte etwas retten, keiner hatte eine Ahnung, wo wir waren und wie es weitergehen könnte. Ich sehe Jean noch hin- und herrennen, eine Treppe 'rauf und wieder 'runter, um durch Aktion zu retten, was zu retten war. Da kam unsere Souffleuse, ein echtes Original, halb aus ihrem Kasten, nachdem sie ihr Buch zugeklappt hatte, und sagte: Kinder, merkt ihr denn nicht, daß alles falsch ist?!

Nun, irgendwie ging auch dieser Abend zu Ende – und in der Erinnerung gehört er zu meinen schönsten. Eigentlich schade, daß so etwas heute so selten passiert! Liegt das an uns, an der wachsenden Verantwortung und am Älterwerden?

Ganz herzlichen Glückwunsch und Dank für eine schöne Erinnerung

Deine

(Anja Silja)

Lieber Jean!

Zu Deinem Geburtstag die herzlichsten Glückwünsche. Wenn Du auf Dein reiches Sängerleben zurückblickst, freue ich mich besonders, ebenfalls zurückzublicken auf unsere gemeinsamen Auftritte. Egal, ob wir als Siegfried und Wanderer die Klingen kreuzten, oder ich Dir Eva, mein einzig Kind, zur Frau geben durfte, es waren immer besondere Abende. Immer habe ich Deine ungeheure Lockerheit auf der Bühne bewundert. Du erlaubst doch bestimmt, daß ich, als Dein jüngerer Kollege, vom »alten Fuchs« ein paar Schliche abgeschaut habe. Aber heute sollten wir nicht nur zurückblicken, sondern uns auf neue gemeinsame Aufgaben freuen. Darum:

Siegfried

(Hans Sotin)

Nur von einer Begebenheit kann ich berichten:

Eines Tages trafen meine Frau und ich mit dem Tenor Jean Cox zu einem privaten Gespräch zusammen. Ich hatte hauptsächlich aus Bayreuth Legendäres über ihn gehört. Er muß speziell als Jung-Siegfried kraft seines Aussehens und seiner Stimme besonderen Eindruck gemacht haben.

Leider stand ich nicht am Pult, als er auch an unserem Hause Unter den Linden sang. Aber bei unserer privaten Begegnung hat uns seine zauberhafte menschliche Ausstrahlung so berührt, daß wir unsere Adressen austauschten und uns gegenseitig versicherten, einmal zusammen zu arbeiten.

Leider ist es aber oft so, daß man mit den Menschen, mit denen man eigentlich zusammenkommen will, nicht zusammen kommt – wie es halt auch umgekehrt geschieht.

(Otmar Suitner)

Meine Bekanntschaft mit Jean Cox ist fast so alt wie meine 25jährige Bühnenkarriere in Deutschland. Was wir grundsätzlich gemeinsam haben, ist unsere amerikanische Herkunft; beide haben wir den Hauptteil unseres Lebens und unserer künstlerischen Laufbahn hier in Deutschland verbracht, das uns zu einer zweiten Heimat geworden ist.

Unsere erste Begegnung war in Mannheim. Dort habe ich mit ihm bis zu meinem Weggang nach Stuttgart und München in den Jahren 1960-64 das ganze italienische Repertoire gesungen. Allerdings war ich immer schon der Überzeugung, daß er zum Heldentenor geboren sei: seine Stimme hat einen durchaus deutschen Klang und darüber hinaus das ganz persönliche, unverwechselbare Jean-Cox-Timbre. Dazu die Siegfried-Statur . . .

Jean ist ein sehr sicherer Kollege auf der Bühne, was sich dem Partner wohltuend mitteilt. Er kann Humor mit ernsthafter Arbeit verbinden. Ich freue mich besonders, daß er zu den Künstlerkollegen gehört, die nicht nur auf der Bühne, sondern auch im Privatleben, als Ehemann und Familienvater erfolgreich sind. Ohne seine persönliche Leistung schmälern zu wollen, darf ich wohl sagen, daß ein großes Verdienst dabei seiner Frau Mary zukommt, die ihn stets begleitet.

Beiden wünsche ich anhaltenden Erfolg und Glück auf allen Wegen.

(Thomas Tipton)

Lieber Jean!

Du immerjunger Siegfried, nimm die herzlichsten Glückwünsche von Deinem »alten« Stuttgarter Mime entgegen, der Dich das Fürchten nicht lehren konnte.

Ich habe 1972 hier in Stuttgart mein Rollendebut als Mime gegeben – Du warst mein Siegfried. Dann haben wir oft in München und an vielen anderen Bühnen den »Ring« zusammen gesungen und besonders intensiv in Jean-Pierre Ponnelles Stuttgarter Inszenierung zusammengearbeitet. Jedesmal war es ein begeisterndes, gegenseitig beflügelndes Spiel, das uns immer tiefer in diese Rollen führte.

Ich wünsche mir, daß wir uns noch oft so auf der Bühne begegnen.

Dein

(Gerhard Unger)

Die Würdigung meines lieben und verehrten Kollegen Jean Cox, was seine Karriere – seine stimmlichen und künstlerischen Qualitäten betrifft, will ich gerne kompetenteren Fachleuten überlassen. Meine Bewunderung, was diese Qualitäten anbelangt, bewegt sich gewiß in ähnlichen Bahnen, wird aber ergänzt durch die Hochachtung vor einer Eigenschaft, die ich an ihm besonders schätze: das ist die Disziplin, mit der er zu jeder Zeit an die gestellten künstlerischen Aufgaben heranging und herangeht. Die jetzt zwanzig Jahre der Bühnengemeinschaft, die Freundschaft mit ihm und mit seiner Frau, die großen Anteil an seiner Karriere hat, möchte ich nicht missen.

Von Herzen wünsche ich dem Jubilar Gesundheit, Erfolg und weiterhin Freude an seiner Arbeit, mit der er bei so vielen Menschen Anerkennung und Begeisterung weckt!

Von Herzen
Dein

(Georg Völker)

210

Lieber Jean Cox!

Über zehn Jahre haben wir zusammen in vielen Vorstellungen und noch mehr Proben in Mannheim gearbeitet.

Andere werden viel über den Künstler Jean Cox schreiben, aber vielleicht kennt Dich keiner von jenen so lange wie ich. Viele wissen auch nicht, daß Du als Mitglied eines Ensembletheaters – wie es sich gehört und ergibt – außer den »Wagners« noch viele andere Rollen wie Othello, Radames, Kalaf, Cavaradossi gesungen hast (und noch singst).

Selbst in den schwierigsten Situationen, die es naturgemäß am Theater gibt und geben wird, hat es zwischen uns nie ein böses Wort gegeben. Sicher liegt das daran, daß Du einer der ehrlichsten Profis in diesem Beruf bist. Zu absoluter künstlerischer und menschlicher Zuverlässigkeit passen keine Skandale und keine pressewirksamen Gags. Als amerikanisch erzogener Profi hast du immer im besten Sinne Deinen »Job« gemacht, ohne die Menschen neben Dir zu vergessen.

Zentner von Schminke, die du wohl verbraucht hast (ich habe die Körperschminke bei Othello und Siegfried mitgerechnet), haben Dein menschliches Gesicht nicht verändern können. Schade eigentlich, daß man Dich in letzter Zeit so selten in einer lustigen Rolle hat sehen können, denn Du lachst nach einer gelungenen Vorstellung hinter dem Vorhang sehr gern, und Du bist dann – entlassen aus dem Korsett der Rolle – unser Sunnyboy.

Bleibe bitte so!

Dein

(Hans Wallat)

Lieber Jean!

Anläßlich dieses Deines Geburtstages ist es doch angebracht, in Gedanken den langen Weg zurückzugehen bis zu der ersten Zeit in Mannheim, Ende der fünfziger Jahre.

Gladys Spector hatte uns von Dir, Mary und den Kindern erzählt. Uschi und ich freuten uns auf Euch. Als wir Euch dann bald kennenlernten, war es viel mehr die nette amerikanische, natürliche Familie, die uns begeisterte – als der strahlende Sänger. Du wirst es uns verzeihen. So sehen wir Dich auch in Eurem ersten kleinen Garten irgend etwas liebevoll betreuen, etwas speziell amerikanisches, vielleicht waren es süße Kartoffeln. Das war beeindruckend, genauso wie Dein Lohengrin in Dr. Schülers Inszenierung, strahlend und aussehend wie Jean Marais. Das ganze Gegenstück war dann Deine Rolle in »Neues vom Tage« von und mit Paul Hindemith.

Dann bautet Ihr Euer Haus in Plankstadt, und alle nahmen großen Anteil. Der Kontakt ließ sich ja auch leicht herstellen: Unsere Frauen saßen viele Abende, während der Vorstellungen, in der Kantine, auf uns Männer harrend. Ein großer Teil unseres Lebens spielte sich ja damals im Theater ab.

Uschis erste Pute, die sie in den Ofen schob, war mit Marys Zubereitungstips versehen, wozu Du uns höchstpersönlich noch am Heiligen Abend die Gewürze brachtest.

So gäbe es viele Erinnerungen an die Mannheimer frühe Zeit. Es überwiegen die menschlichen Beziehungen am Rande unserer gemeinsamen Arbeit dort.

Wir wünschen Dir und Deiner Familie von Herzen alles Gute!

(Uschi und Paul Walter)

212

Happy Birthday, dear Jean – meine allerherzlichsten Glückwünsche zu diesem großen »Runden«!

Ich habe festgestellt, daß die Zeit an Dir spurlos vorbeigegangen ist, auch an Deiner herrlichen Stimme. Wie stolz bin ich – und glücklich –, auf den großen Bühnen mit Dir gesungen zu haben – stolz, weil Du ein wirklich großartiger Sänger bist, und glücklich, weil Du immer ein wunderbarer Kollege und Freund gewesen bist.

Es gibt so viele schöne Erinnerungen: Das erste Mal, daß wir uns begegneten, war 1961 in München im Prinzregententheater zu den Proben für »Hoffmanns Erzählungen«. Ich weiß noch, wie angenehm überrascht ich war, einen Tenor ohne Allüren kennenzulernen, der sich hundertprozentig seiner Aufgabe widmete. Das Singen war Dir ernst, aber Du hattest immer Humor, bliebst immer »Herr«. Das hat mir imponiert! Man wußte sofort, mit Dir fährt man sicher – auf Dich kann man sich verlassen. Ich kann mich nicht erinnern, daß Du in den zwanzig Jahren in einer Vorstellung auch nur einmal etwas anderes, als vorher einstudiert, gemacht hättest.

Was haben wir nicht alles zusammen gesungen! Siegmund/Sieglinde (Du warst die ideale Erscheinung für diese Rolle – wie leicht kam aus mir »Du bist der Lenz«!), Stolzing und Evchen, Kalaf und Liù, Erik und Senta, Othello und Desdemona, und natürlich Bacchus und Ariadne. Kannst Du je unser Gastspiel in New Orleans vergessen, wo das Theater so stolz auf die neuen technischen Bühneneinrichtungen war, besonders auf einen Fahrstuhl, der uns im Schlußbild hinauf in den Himmel fahren sollte? Ja, Du sangest Dein »ehe Du stürbest aus meinem Arm« – wir umarmten uns und fuhren hinauf, herrlich hoch hinauf. Der Vorhang schloß sich – das Publikum tobte.

Aber . . . zur Verbeugung kamen wir nicht! Die vielgepriesene neue Bühnenmaschinerie streikte, und wir blieben oben. Man holte die Feuerwehr, die mit einer langen Leiter kam. Panik erfaßte mich: wie sollte ich mit meinem langen, drapierten Kleid da herunterklettern? Da nahmest Du, lieber Jean, die Angelegenheit wörtlich »in Deine Hände«. Zuerst warfst du (mit einer kleinen Portion Wut, glaube ich) meine Schuhe hinunter. Dann bestiegst Du die Leiter, hast mir Mut zugeredet und mit Deinen Händen meine Füße eine Sprosse nach der anderen heruntergeführt bis wir heil unten ankamen. Und am nächsten Tag hast du mit Deiner lieben Frau Mary mich festlich eingeladen: zu einem echten creolischen Essen im besten Restaurant von New Orleans.

Dir sage ich »Danke schön« für all die schönen Erinnerungen, von denen mir als erste der Zauber und die klangschöne Kraft Deiner wunderbaren Stimme im Gedächtnis bleibt. Schenk uns, bitte, weitere Jahre diese Freude. Wir wünschen es Dir und uns. Happy Birthday!

Claire Watson

(Claire Watson)

IV
Bildteil

Jacques Offenbach, ,,Hoffmanns Erzählungen".
Inszenierung: Wolfgang Blum; Bühnenbild: Paul Walter; Kostüme: Gerda Schulte.
Mannheim, 6. September 1969.

Giuseppe Verdi, „Othello".
Inszenierung: Wolfgang Windgassen; Bühnenbild: Paul Walter; Kostüme: Lieselotte Klein.
Othello: Jean Cox; Jago: Michael Davidson.
Mannheim, 25. Dezember 1971.

Jago   (tut, als ob er ... mit sich selber spräche)
           Mir gefällt's nicht ...

Othello   Was sagst du?

Jago   Gar nichts ... Ihr hier?
           Nur ein Zufallswörtchen entfloh den Lippen ...

Othello   Wer ging da eben weg von meiner Gemahlin, war's Cassio?

Jago   Cassio? Nein ...
           Er schlich fort, als er Euch sah, wie ein Sünder.

Othello   Täusch' ich mich nicht, war's Cassio.

Jago   Mein Gebieter ...

Othello   Was willst du?

Jago   Cassio, ... hat Desdemona er gekannt am Anfange Euerer Liebe?

Othello   Ja. Doch wozu diese Frage?

Jago   's war nur so ein Gedanke des Wahnes, weiter nichts Böses.

Othello   Sag', was du wähntest, Jago.

Jago   Und Ihr vertrautet Cassio?

Othello   Oft bracht' er ein Geschenk, einen Brief meiner Verlobten.

Jago   In Wahrheit?

Othello   Ja, in Wahrheit.
           Ist er nicht ehrlich?

223

II. Aufzug, 5. Szene

Jago   (Othello beobachtend)
        … Mein Gift beginnt zu wirken.
        …

Othello   Bei allen Göttern!
        Treu, glaub' ich, ist Desdemona mir,
        und glaub' auch, daß sie es nicht ist;
        dich glaub' ich ehrlich
        und glaub' auch, daß du's nicht bist …

Jago	(ganz nahe zu Othello mit leiser Stimme)
	Zur Nachtzeit war es, daß ich und Cassio im Zimmer lagen.
	Da leis im Schlummer voll Liebeskummer hört' ich ihn klagen.
	…
	Vielleicht dient dieser Traum zum Anhalt uns für andre Zeichen.
Othello	Die sind?
Jago	Saht Ihr nicht manchmal in Desdemonens Händen ein feines Tüchlein, …
	Dasselbe Tüchlein gestern (irr' ich mich nicht)
	sah ich in Cassio's Händen.
Othello	Ha! Daß er tausend Leben hätt empfangen!
	Eines stillt nicht mein grausames Verlangen!!
	…
	Ha! Rache! Rache! Rache!
	(er kniet nieder)
	Bei des Himmels eh'rnem Dache,
	bei dem Blitz, der niederfährt,
	bei der Nacht des Meeres,
	bei dem Haß, der mich verzehrt,
	bei dem Tode schwör' ich Rache! …

229

232

Richard Wagner, „Siegfried".
Inszenierung, Bühnenbild und Kostüme: Jean-Pierre Ponnelle.
Stuttgart, 17. Dezember 1978.
Siegfried: Jean Cox; Mime: Gerhard Unger.

Siegfried

Bist du nun weise,
so hilf mir wissen,
worüber umsonst ich sann:
in den Wald lauf' ich,
dich zu verlassen, –
wie kommt das, kehr' ich zurück?
Alle Thiere sind
mir theurer als du:
Baum und Vogel,
die Fische im Bach,
lieber mag ich sie
leiden als dich: –
wie kommt das nun, kehr' ich zurück?
Bist du klug, so thu' mir's kund.

Mime

Mein Kind, das lehrt dich kennen,
wie lieb ich am Herzen dir lieg'.

. . .

Jammernd verlangen Junge
nach ihrer Alten Nest:
Liebe ist das Verlangen;
so lechzest du auch nach mir,
so lieb'st du auch deinen Mime –
so mußt du ihn lieben!
Was dem Vögelein ist der Vogel,
wenn er im Nest es nährt,
eh' das flügge mag fliegen:
das ist dir kind'schem Sproß
der kundig sorgende Mime –
das muß er dir sein.

236

Mime

Einst lag wimmernd ein Weib
da draußen im wilden Wald;
zur Höhle half ich ihr her,
am warmen Herd sie zu hüten.
Ein Kind trug sie im Schooße;
traurig gebar sie's hier;
sie wand sich hin und her,
ich half, so gut ich konnt':
groß war die Noth, sie starb –
doch Siegfried, der genas.

Siegfried

So starb meine Mutter an mir?

Mime

Meinem Schutz übergab sie dich:
ich schenkt' ihn gern dem Kind.
Was hat sich Mime gemüht!
Was gab sich der gute für Noth!
„Als zullendes Kind
zog ich dich auf"...

Siegfried

Mich dünkt, dess' gedachtest du schon!
Jetzt sag': woher heiß' ich Siegfried?

Mime

So hieß mich die Mutter
möcht' ich dich heißen:
als Siegfried würdest
du stark und schön. –
„Ich wärmte mit Kleidern
den kleinen Wurm"...

Siegfried

Nun melde, wie hieß meine Mutter?

Mime

Das weiß ich wahrlich kaum! –
„Speise und Trank
trug ich dir zu"...

Siegfried

Den Namen sollst du mir nennen!

Mime

Entfiel er mir wohl? Doch halt'!
Sieglinde mochte sie heißen,
die dich in Sorge mir gab. –
„Ich hütete dich
wie die eig'ne Haut"...

Siegfried

Dann frag' ich, wie hieß mein Vater?

Mime

Den hab' ich nie geseh'n.

Siegfried

Doch die Mutter nannte den Namen?

241

Siegfried

Ist's eine Kunst,
was kenn' ich sie nicht? –
Heraus! Was ist's mit dem Fürchten?

Mime

(immer belebter)

Fühltest du nie
im finst'ren Wald
bei Dämmerschein
am dunklen Ort
wenn fern es säuselt,
summ't und saus't,
wildes Brummen
näher braus't,
wirres Flackern
um dich flimmert,
schwellend Schwirren
zu Leib dir schwebt, –
fühltest du dann nicht grieselnd
Grausen die Glieder dir fahen?
Glühender Schauer
schüttelt die Glieder,
in der Brust bebend und bang
berstet hämmernd das Herz? –
Fühltest du das noch nicht,
das Fürchten blieb dir noch fremd.

Siegfried

Sonderlich seltsam
muß das sein!
Hart und fest,
fühl' ich, steht mir das Herz.
Das Grieseln und Grausen,
das Glühen und Schauern,
Hitzen und Schwindeln,
Hämmern und Beben –
gern begehr' ich das Bangen,
sehnend verlangt mich der Lust!

246

Schmiede, mein Hammer,
ein hartes Schwert!

. . .

Nun hat die Gluth
dich roth geglüht;
deine weiche Härte
dem Hammer weicht:
zornig sprüh'st du mir Funken,
daß ich dich Spröden gezähmt!

. . .

Der frohen Funken,
wie freu' ich mich!

. . .

Durch Gluth und Hammer
glückt' es mir;
mit starken Schlägen
streckt' ich dich

. . .

Nothung! Nothung!
Neidliches Schwert!
Jetzt haftest du wieder im Heft.

254

Siegfried

Wie sah mein Vater wohl aus? –
Ha! – gewiß wie ich selbst:
denn wär' wo von Mime ein Sohn,
müßt' er nicht ganz
Mime gleichen?

. . .

Aber – wie sah
meine Mutter wohl aus?
Das – kann ich
nun gar nicht mir denken! –
Der Rehhindin gleich
glänzten gewiß
ihr' hell schimmernde Augen, –
nur noch viel schöner! – –
Da bang sie mich geboren,
warum aber starb sie da?
Sterben die Menschenmütter
an ihren Söhnen
alle dahin?
Traurig wäre das, traun! – –
Ach! möcht' ich Sohn
meine Mutter sehen! –
Meine Mutter! –
Ein Menschenweib! –

259

Siegfried

(Der Vogelgesang fesselt endlich seine Aufmerksamkeit. Er lauscht einem schönen Vogel über ihm.)

Du holdes Vög'lein!
Dich hört' ich noch nie:
bist du im Wald hier daheim? –

· · ·

(Er hat sich mit dem Schwerte ein Rohr abgeschnitten, und schnitzt sich eine Pfeife draus.)

· · ·

(Er versucht auf der Pfeife die Weise des Vogels nachzuahmen: es glückt ihm nicht...)

Das tönt nicht recht;
auf dem Rohre taugt
die wonnige Weise mir nicht. –

· · ·

Heida! so höre
nun auf mein Horn;
auf dem dummen Rohre
geräth mir nichts. –
Einer Waldweise,
wie ich sie kann,
der lustigen sollst du nun lauschen.

Stimme des Waldvogels

Hei! Siegfried gehört
nun der Helm und der Ring!
O traute er Mime
dem Treulosen nicht!
Hörte Siegfried nur scharf
auf des Schelmen Heuchlergered';
wie sein Herz es meint,
kann er Mime versteh'n;
so nützt' ihm des Blutes Genuß.

(Siegfried's Miene und Gebärde drücken aus, daß er alles wohl vernommen. Er sieht Mime sich nähern, und bleibt, ohne sich zu rühren, auf sein Schwert gestützt, beobachtend und in sich geschlossen...)

Siegfried

Daß du mich hassest,
hör' ich gern:
doch auch mein Leben muß ich dir lassen?

Mime

Das sagt' ich doch nicht?
Du verstehst mich ja falsch!
(Er giebt sich die ersichtlichste Mühe zur Verstellung.)

Sieh', du bist müde
von harter Müh';
brünstig wohl brennt dir der Leib:
dich zu erquicken
mit queckem Trank
säumt' ich Sorgender nicht.
Als dein Schwert du dir branntest,
braut' ich den Sud:
trink'st du nun den,
gewinn' ich dein trautes Schwert,
und mit ihm Helm und Hort.
(Er kichert dazu.)

Siegfried

So willst du mein Schwert
und was ich erschwungen,
Ring und Beute mir rauben?

Mime

Was du doch falsch mich versteh'st!
Stamml' ich, fasl' ich wohl gar?
Die größte Mühe
geb' ich mir doch
mein heimliches Sinnen
heuchelnd zu bergen,
und du dummer Bube
deutest Alles doch falsch!

Öffne die Ohren
und vernimm genau:
höre, was Mime meint! –
Hier nimm, und trinke dir Labung!
Mein Trank labte dich oft

. . .

[Siegfried hört den Waldvogel]

Nun, mein Wälsung!
Wolfssohn du!
Sauf' und würg' dich zu Tod!
Nie thu'st du mehr 'nen Schluck!

(Er hat sich nahe an Siegfried herangemacht, und reicht ihm jetzt mit widerlicher Zudringlichkeit ein Trinkhorn...
Siegfried hat bereits das Schwert gefaßt, und streckt jetzt, wie in einer Anwandlung heftigen Ekels, Mime mit einem
Streiche todt zu Boden.)

Siegfried

Noch einmal sage mir,
holder Sänger:
werd' ich das Feuer durchbrechen?
kann ich erwecken die Braut?

Der Waldvogel

Die Braut gewinnt,
Brünnhild' erweckt
ein Feiger nie:
nur wer das Fürchten nicht kennt!

Siegfried

(lacht auf vor Entzücken)

Der dumme Knab',
der das Fürchten nicht kennt, –
mein Vög'lein, der bin ja ich! –
Noch heute gab ich
vergebens mir Müh',
das Fürchten von Fafner zu lernen.
Nun brenn' ich vor Lust,
es von Brünnhild' zu wissen:
wie find' ich zum Felsen den Weg?

(Der Vogel flattert auf, schwebt über Siegfried und fliegt davon.)

Siegfried

(jauchzend)

So wird mir der Weg gewiesen:
wohin du flatterst
folg' ich dir nach!

278

Richard Wagner, „Götterdämmerung".
Inszenierung, Bühnenbild und Kostüme: Jean-Pierre Ponnelle.
Stuttgart, 18. Dezember 1977.
Siegfried: Jean Cox; Hagen: Peter Meven.

Siegfried

Den Helm löst' ich
der herrlichen Maid;
mein Kuß erweckte sie kühn: –
o wie mich brünstig da umschlang
der schönen Brünnhilde Arm!

. . .

Hagen

. . .

(Er stößt seinen Speer in Siegfrieds Rücken...)

. . .

Siegfried

(noch einmal die Augen glanzvoll aufschlagend, mit feierlicher Stimme beginnend)

Brünnhilde!
Heilige Braut!
Wach' auf! ...

V
Anhang

ROLLENVERZEICHNIS

d'Albert, Eugen	Tiefland	Pedro
Aubert, Daniel François Esprit	Fra Diavolo	Marquis von San Marco
Beethoven, Ludwig van	Fidelio	Florestan
	Messe C-dur	(k)
	Sinfonie Nr. 9	(k)
Berg, Alban	Wozzeck	Tambourmajor
Bizet, Georges	Carmen	Don José
Bruckner, Anton	Te Deum	(k)
Donizetti, Gaetano	Lucia di Lammermoor	Sir Edgard von Ravenswood
Dvořak, Antonin	Rusalka	Der Prinz
Egk, Werner	Die Zaubergeige	Amandus
	Der Revisor	Chlestakow
	Die Verlobung in San Domingo	Christoph
Flotow, Friedrich von	Martha	Lyonel
Foss, Lukas	The Jumping Frog of Calaveras County	Smiley
Gluck, Christoph Willibald	Iphigenie auf Tauris (Fassung R. Strauss)	Pylades
Gounod, Charles	Faust	Faust
Haas, Joseph	Das Jahr im Lied	(k)
Händel, Georg Friedrich	Rodelinde	Grimwald
	Xerxes	Xerxes
	Samson	(k)
	Judas Macchabäus	(k)
Haydn, Joseph	Die sieben Worte des Erlösers am Kreuze	(k)
Hindemith, Paul	Neues vom Tage	Der schöne Herr Herrmann
	Mathis der Maler	Kardinal Albrecht von Brandenburg
	Das lange Weihnachtsmahl	Charles
Ibert, Jacques	Angélique	Der Italiener
Honegger, Arthur	König David	(k)
Janáček, Leoš	Jenufa	Stewa Buryja
	Katja Kabanová	Boris Grigorjewitsch
Lehár, Franz	Das Land des Lächelns	Prinz Sou-Chong
Liebermann, Rolf	Penelope	Ercole
Leoncavallo, Ruggiero	Bajazzo	Canio
Mahler, Gustav	Das Lied von der Erde	(k)
Martin, Frank	Das Mysterium der Geburt Jesu	Erzengel Gabriel
Mascagni, Pietro	Cavalleria Rusticana	Turridu
Mozart, Wolfgang Amadeus	Don Giovanni	Don Ottavio
	Die Zauberflöte	1. geharnischter Mann
	Requiem	(k)
Mussorgski, Modest	Boris Godunow	Grigorij Otrepjew
Offenbach, Jacques	Hoffmanns Erzählungen	Hoffmann
Orff, Carl	Antigonae des Sophokles	Hämon

Puccini, Giacomo	Manon Lescaut	Des Grieux
	La Bohème	Rudolf
	Tosca	Mario Cavaradossi
	Madame Butterfly	F. B. Linkerton
	Das Mädchen aus dem goldenen Westen	Dick Johnson
	Turandot	Kalaf
Ravel, Maurice	Die spanische Stunde	Gonzalvo
Rossini, Gioacchino	Der Barbier von Sevilla	Graf Almaviva
Saint-Saëns, Camille	Samson und Dalila	Samson
Schönberg, Arnold	Gurrelieder	Waldemar (k)
Schostakowitsch, Dimitri	Katerina Ismailowa	Sergeij
Smetana, Bedřich	Die verkaufte Braut	Hans
Spohr, Louis	Jessonda	Nadori
Stolz, Robert	Die Trauminsel	Ted
Strauß, Johann	Die Fledermaus	Alfred, ein Tenor
	Der Zigeunerbaron	Barinkay
Strauss, Richard	Salome	Herodes
	Elektra	Aegisth
	Der Rosenkavalier	Ein Sänger
	Ariadne auf Naxos	Der Tenor/Bacchus
	Die Frau ohne Schatten	Der Kaiser
	Arabella	Matteo
	Daphne	Apollo
Strawinsky, Igor	The Rake's Progress	Tom Rakewell
Suppé, Franz von	Banditenstreiche	Malandrino
Traetta, Tommaso	Antigone	
Tschaikowsky, Peter I.	Pique Dame	Hermann
Verdi, Giuseppe	Die Räuber	Carlo (Karl Moor)
	Rigoletto	Herzog von Mantua
	Der Troubadour	Manrico
	La Traviata	Alfred Germont
	Ein Maskenball	Graf Richard von Warwick
	Die Macht des Schicksals	Alvaro
	Don Carlos	Don Carlos
	Aida	Radames
	Othello	Othello
	Requiem	(k)
Wagner, Richard	Rienzi, der letzte der Tribunen	Rienzi
	Der fliegende Holländer	Steuermann
		Erik
	Tannhäuser	Tannhäuser
	Lohengrin	Lohengrin
	Tristan und Isolde	Tristan
	Die Meistersinger von Nürnberg	Kunz Vogelgesang
		Walther von Stolzing
	Das Rheingold	Loge
	Die Walküre	Siegmund
	Siegfried	Siegfried
	Götterdämmerung	Siegfried
	Parsifal	Parsifal

Weber, Carl Maria von	Der Freischütz	Max
	Oberon	Hüon
Weinberger, Jaromir	Schwanda, der Dudelsackpfeifer	Babinsky

(k) = konzertant

GASTSPIELORTE

JEAN COX sang in Aix-en-Provence, Amsterdam, Atlanta, Augsburg, Bad Kissingen, Bamberg, Baltimore, Barcelona, Bayreuth, Berlin (Deutsche Oper und Staatsoper), Bern, Bonn, Bordeaux, Boston, Braunschweig, Bregenz, Bremen, Brüssel, Budapest, Catania, Chicago, Cleveland, Colmar, Detroit, Düsseldorf, Duisburg, Essen, Florenz, Frankfurt/M., Freiburg i. B., Genf, Gent, Genua, Graz, Haguenau, Hamburg, Hannover, Hartford/Conn., Houston, Kaiserslautern, Kassel, Kiel, Koblenz, Köln, Linz/Donau, Lissabon, London (Covent Garden), Lyon, Madison/Wisc., Mailand, Mainz, Mannheim, Marseille, Mexico City, Minneapolis, München, Nancy, Neapel, Neuschwanstein, New Orleans, New York (Metropolitan und Carnegie Hall), Nizza, Nürnberg, Ottawa, Palermo, Paris, Pittsburgh, Rom, Rouen, Saarbrücken, San Antonio, San Diego, San Francisco, Seattle, Spoleto, St. Gallen, Stockholm, Stuttgart, Strasbourg, Swansea, Toronto, Toulouse, Trier, Triest, Tuscaloosa, Washington, Wien (Staatsoper und Volksoper), Wiesbaden, Wolfenbüttel und Zürich.

Verzeichnis der Partien von Jean Cox an den Bühnen der Landeshauptstadt Kiel in der Spielzeit 1954/55, zusammengestellt von Wolfgang Binal

Xerxes in »Xerxes« von Georg Friedrich Händel (NI)[1]

Cavaradossi in »Tosca« von Giacomo Puccini (NI)

Stewa in »Jenufa« von Leoš Janáček (NI)

Matteo in »Arabella« von Richard Strauss (NI)

Der Italiener in »Angélique« von Jacques Ibert (EA)

Kunz Vogelgesang in »Die Meistersinger von Nürnberg« von Richard Wagner (NI)

Lyonel in »Martha« von Friedrich von Flotow (NI)

Amandus in »Die Zaubergeige« von Werner Egk (EA)

Partie nicht bezeichnet in »König David« von Arthur Honegger (EA, konzertante Aufführung)

---

[1] NI = Neu-Inszenierung
EA = Erstaufführung

Verzeichnis der Partien von Jean Cox am Staatstheater Braunschweig, zusammengestellt von Hermann Lutz

03. 09. 55 Verdi: »Rigoletto«, Herzog von Mantua
28. 10. 55 Liebermann: »Penelope«, Ercole
21. 12. 55 Mozart: »Don Giovanni«, Don Octavio
01. 04. 56 Puccini: »Turandot«, Der unbekannte Prinz (Kalaf)
30. 05. 56 Rossini: »Der Barbier von Sevilla«, Graf Almaviva
29. 06. 56 Puccini: »Tosca«, Mario Cavaradossi
09. 11. 56 Ravel: »Eine Stunde Spanien«, Gonzalvo
25. 12. 56 Bizet: »Carmen«, Don José
02. 03. 57 Strauss: »Ariadne auf Naxos«, Bacchus
21. 04. 57 Verdi: »Don Carlos«, Don Carlos
27. 08. 57 Wagner: »Lohengrin«, Lohengrin
02. 11. 57 Berg: »Wozzeck«, Tambourmajor
25. 12. 57 Verdi: »Die Macht des Schicksals«, Alvaro
26. 01. 58 Lehár: »Das Land des Lächelns«, Prinz Sou-Chong
06. 04. 58 Verdi: »Aida«, Radames
13. 09. 58 Puccini: »Das Mädchen a. d. goldenen Westen«, Dick Johnson
26. 09. 58 Händel: »Rodelinde«, Grimwald
12. 11. 58 Hindemith: »Mathis der Maler«, Albrecht von Brandenburg
29. 04. 58 Spohr: »Jessonda«, Nadori
28. 08. 59 Verdi: »Othello«, Othello
25. 12. 59: Mussorgski: »Boris Godunow«, Grigorij Otrepjev

Verzeichnis der Partien von Jean Cox am Nationaltheater Mannheim von 1959 bis 1980, eingeschlossen die Ensemblegastspiele, in chronologischer Folge der Rollen, zusammengestellt von Wilhelm Hermann

Das Rollenverzeichnis Jean Cox wurde für die Mannheimer Spielzeiten 1959/60 bis 1979/80 erarbeitet. Die chronologische Folge der Rollen wurde gewählt, um die Entwicklung des Sängers zum Heldentenor zu veranschaulichen. Die Schrägstriche zwischen zwei Daten bezeichnen die Zäsuren zwischen den Spielzeiten, wobei ein Schrägstrich auch für eine Unterbrechung von mehreren Spielzeiten stehen kann. Mit Ausnahme von Wiederaufnahmen wurden in Klammern hinter den betreffenden Daten die Premierenkategorien vermerkt, und zwar mit den geläufigen Abkürzungen (U = Uraufführung; E = Erstaufführung; NI = Neuinszenierung; NE = Neueinstudierung). Städtenamen in Klammern hinter Vorstellungsdaten bezeichnen die Orte, in denen Cox mit dem Opernensemble des Nationaltheaters Mannheim gastiert hat. Seine individuellen Gastspiele wurden nicht berücksichtigt.

Alfred Germont in »La Traviata« von Giuseppe Verdi: 1959 SEP 18, 20, 24, OKT 4, 31, NOV 23, 28, 1960 MÄR 20 / OKT 21, 1961 JAN 8, FEB 10 / SEP 21, OKT 28 / 1963 SEP 12, 21, 1964 APR 8.

Chevalier René des Grieux in »Manon Lescaut« von Giacomo Puccini: 1959 SEP 27, OKT 23, 1960 MAI 15, JUL 15.

Rudolf in »La Bohème« von Giacomo Puccini: 1959 OKT 27 (NI), NOV 5, DEZ 4, 13, 1960 FEB 14, 22, MÄR 5, APR 22, MAI 30, JUN 15 / SEP 16, 1961 JAN 15, 17, FEB 8, 15, MÄR 19, APR 30, JUL 1 / DEZ 11, 30.

Hämon in »Antigonae des Sophokles« von Carl Orff: 1959 NOV 7, DEZ 11, 1960, JAN 15, MÄR 24, APR 7, JUN 13, JUL 10.

Radames in »Aida« von Giuseppe Verdi: 1960 JAN 10 / 1961 MÄR 10, MAI 17, JUN 17, 28 / NOV 28, 1962 MAI 5, 13 / NOV 27, DEZ 11, 1963 MÄR 11 / NOV 3, 1964 JAN 1 / SEP 16, 1965 MAI 16 / SEP 26, 1966 JAN 12, APR 12 / SEP 23, 1967 FEB 2./ SEP 23, 1968 JUN 15 / OKT 27, 1969 JAN 4, MAI 11, JUL 3, 14 / 1973 DEZ 25, 1974 JAN 31, MÄR 2, MAI 8, 10, 29 / 1979 DEZ 18.

Kalaf in »Turandot« von Giacomo Puccini: 1960 JAN 17 / 1969 DEZ 25 (NI), 27, 30, 1970 MÄR 11 / DEZ 3, 1971 JUN 23 / 1972 NOV 14, 16, 26, 1973 FEB 11 / 1975 DEZ 9 / 1977 FEB 7 / 1980 MÄR 6, 12, JUL 2.

Sandor Barinkay in »Der Zigeunerbaron« von Johann Strauß: 1960 JAN 30 (NI), FEB 5, 10, 27, 28, 29, MÄR 1, 27, 30, APR 18, 20, MAI 10, 11 / OKT 26, NOV 12, 17, 24, 27, 30, DEZ 3, 12, 1961 JAN 22, FEB 7, 12, APR 6, 9.

Chlestakow in »Der Revisor« von Werner Egk: 1960 FEB 26 (E), MÄR 3, 21, JUN 21, JUL 8, 12 / SEP 20, 26, OKT 5, NOV 21.

Erik in »Der fliegende Holländer« von Richard Wagner: 1960 MAI 19/ OKT 12, NOV 2, 7, DEZ 1 / 1961 SEP 17, OKT 23, NOV 12, DEZ 13, 1962 FEB 24, APR 27, MAI 28 / OKT 27, DEZ 16, 1963 FEB 7, APR 18, JUN 2, 19, 25, JUL 21 / 1964 JUL 5 / SEP 26, 1965 JAN 30, MAI 23 / DEZ 25 / 1966 SEP 10, NOV 9, 1967 MÄR 14, JUN 30, JUL 14 / 1970 DEZ 27, 1971 JUL 3 / OKT 1, 15, NOV 10, DEZ 7, 1972 JUN 4 / NOV 30, DEZ 9, 1973 JUL 13 / DEZ 29, 1974 FEB 10, 27, MAI 21 (Ludwigshafen) / SEP 19, 1975 APR 11, 28, JUN 4 / 1976 OKT 14, NOV 30, 1977 FEB 16, MAI 10 / 1978 JAN 14 / OKT 29 / 1979 DEZ 16, 1980 MAI 26.

F. B. Linkerton in »Madame Butterfly« von Giacomo Puccini: 1960 MAI 22 / SEP 30, OKT 2, 14, 16 / 1969 MAI 25 (NI) / DEZ 7 / 1970 SEP 18 / 1974 DEZ 22.

Don Carlos in »Don Carlos« von Giuseppe Verdi: 1960 JUL 31 (NI) / SEP 23, OKT 4, 19 1961 MÄR 17, 23 / OKT 16, 1962 JUN 7 / 1963 FEB 27/ 1964 JUN 20 / SEP 21, DEZ 15, 1965 APR 14 / 1966 NOV 23, 1967 MAI 14 / SEP 20, 1968 JUN 9.

Max in »Der Freischütz« von Carl Maria von Weber: 1960 NOV 9, 11, 1961 MÄR 3, 6, 8, MAI 26 / SEP 24, OKT 8, 1962 MÄR 1, 28, APR 7, JUN 2, 25, 29, JUL 27 / 1963 JAN 24, MÄR 16 / 1970 JUN 9 / SEP 20, OKT 27, 1971 APR 4, MAI 6 (Ludwigshafen) / OKT 2, 1972 JUN 12 / NOV 22, DEZ 14, 1973 JAN 6, MÄR 18 / DEZ 20, 1974 JAN 3, JUN 7 / SEP 22, 1975 APR 16, MAI 13 / 1977 OKT 7, 1978 MÄR 8, 12, APR 24 / 1979 FEB 8, MAI 12 / OKT 13.

Lohengrin in »Lohengrin« von Richard Wagner: 1960 DEZ 25 (NI), 1961 JAN 1, 4, 12, FEB 17, 23, MÄR 12, APR 11, 19 / SEP 15, OKT 26, NOV 15, 1962 JAN 26, MAI 3, 22 / OKT 21, 1963 FEB 14, APR 28, JUL 4 / 1964 DEZ 25, 1965 APR 1, MAI 27 / OKT 24, DEZ 18 / 1967 NOV 12, 1968 MAI 17 / 1969 MÄR 13, MAI 3 / 1975 JUN 27 (NI) / SEP 4, 21, NOV 23, 1976 JAN 3 / 1977 SEP 4 / 1979 JUN 3 / 1980 MÄR 2.

Der schöne Herr Herrmann in »Neues vom Tage« von Paul Hindemith: 1961 APR 3 (NI; Dirigent: der Komponist), 4, 13, 28, MAI 18, 19, JUN 7, 14, 18, 25, JUL 7.

Othello in »Othello« von Giuseppe Verdi: 1961 MAI 15, 28, JUN 2, 4 / SEP 13, 26, NOV 4, 8, 11, DEZ 9 / 1963 MÄR 18 / SEP 16, NOV 11, DEZ 1 / 1965 JAN 9, JUL 3 / 1966 JAN 1, FEB 9, MAI 4 / DEZ 2 / 1967 SEP 10, NOV 5, DEZ 2 / 1971 DEZ 25 (NI), 27, 1972 JAN 3, FEB 7, 22, MÄR 1, APR 7, JUN 8, JUL 4 / OKT 11, DEZ 17, 1973 MÄR 7, 13 (Leverkusen) / 1974 FEB 7, MÄR 6, MAI 17 / 1975 JUN 14 / DEZ 4, 1976 MÄR 6 / NOV 15, 1977 MAI 4 / 1978 JAN 11, 18 / AUG 24, 30, 1979 / FEB 11 / NOV 27, DEZ 10, 1980 MÄR 20.

Loge in »Das Rheingold« von Richard Wagner: 1961 OKT 14 (NI), 21, NOV 1, 5, DEZ 7, 1962 JAN 2, 17, FEB 9, MÄR 10, APR 5, 25, JUN 5 / 1963 JAN 3, MÄR 1, JUN 7 / 1964 JUL 20 / 1965 JAN 21 / SEP 20, NOV 29, 1966 JAN 14, JUN 17 / DEZ 13, 1967 APR 27/ SEP 14, DEZ 7, 1968 MAI 21 / DEZ 18 / 1972 JUN 6 / NOV 19 / 1974 / JAN 4, JUN 13 / 1976 JUN 27 / DEZ 27, 1977 FEB 10 / 1978 JUN 7 / AUG 9, 1979 JUN 29 / SEP 19, 1980 MAI 29.

Charles in »Das lange Weihnachtsmahl« von Paul Hindemith: 1961 DEZ 17 (U; Dirigent: der Komponist), 18, 22, 25, 1962 JAN 1, 16, FEB 21, APR 19 / OKT 13, 1963 MÄR 28 und 29 (Paris; Théâtre des Nations).

Der Herzog von Mantua in »Rigoletto« von Giuseppe Verdi: 1962 JAN 21, 23.

Parsifal in »Parsifal« von Richard Wagner: 1962 APR 15 (NE), 20 / 1963 JAN 13, APR 12, JUN 23 / 1964 MÄR 27, JUN 17 / NOV 22, 1965 APR 16 / 1966 APR 8 / 1967 MÄR 24 / 1968 APR 12 / 1969 APR 4 / 1971 APR 9 / 1973 / APR 20 / NOV 21 / 1975 JUN 8 / 1977 APR 8, JUN 21 (Lausanne) / 1978 MÄR 24 / 1979 APR 13 / NOV 4.

Apollo in »Daphne« von Richard Strauss: 1962 MAI 19 (NI), 25, JUN 3, 14, 27 / OKT 30, 1963 JAN 11, APR 3, MAI 5, 26 / OKT 8, NOV 7, DEZ 7, 1964 JAN 9, FEB 28, MAI 28, 30, JUN 5, 11, JUL 12.

Manrico in »Der Troubadour« von Giuseppe Verdi: 1962 JUN 18 (NI), 24, JUL 2, 23 / OKT 16, DEZ 2, 1963 JAN 9, FEB 2, 12, 16, MÄR 9, JUN 3, 14 / SEP 14, 23, OKT 30, NOV 21, DEZ 8, 1964 JAN 12, MÄR 17 / OKT 11, 1965 FEB 7 / 1966 JAN 6 / OKT 6, NOV 12, 1967 JUL 22 / SEP 28, 1968 FEB 7 / 1969 MÄR 24 (Ludwigshafen) / 1970 MÄR 15.

Erzengel Gabriel in »Mysterium von der Geburt des Herrn« von Frank Martin: 1962 NOV 9 (E), 18, 25, DEZ 5, 1963 JAN 6, 31, APR 9, MAI 3.

Grigorij Otrepjew in »Boris Godunow« von Modest Mussorgski: 1962 DEZ 29 (Westdeutsche E der Neuinstrumentierung von Schostakowitsch), 1963 JAN 1, 20, FEB 3, MÄR 8, APR 19, 24, JUN 1, 26 / SEP 27, OKT 10, NOV 6, 24, 1964 JAN 11, 25, MÄR 11, APR 12, MAI 22, JUN 23/ SEP 28, OKT 24, NOV 24, 1965 JAN 13, APR 27, JUL 21 / DEZ 15, 1966 FEB 5, MAI 12, JUN 1.

Walther von Stolzing in »Die Meistersinger von Nürnberg« von Richard Wagner: 1963 FEB 19 (NE), MAI 23 / 1965 NOV 21 / 1967 DEZ 25 (NI), 1968 JAN 13, MAI 23, JUN 23 / 1969 MAI 15 / SEP 14, 1970 JAN 18 / 1972 NOV 11 (NE), 1973 JAN 1, APR 28, JUN 10, 17 / 1976 DEZ 25, 1977 JAN 23 / AUG 21, 1978 MÄR 26, MAI 15 / NOV 5, 1979 MÄR 11.

Babinsky in »Schwanda der Dudelsackpfeifer« von Jaromir Weinberger: 1963 APR 26 (NI), MAI 2, 13, 17, 31, JUN 4, 11, 16, 30, JUL 3 / SEP 18, OKT 11, 28, NOV 15, DEZ 23, 1964 JAN 23, MÄR 14, 19, JUL 21.

Der König in »Ein Maskenball« von Guiseppe Verdi: 1963 OKT 6, NOV 16 / 1965 OKT 26, DEZ 22 / 1966 SEP 30.

Florestan in »Fidelio« von Ludwig van Beethoven: 1963 OKT 29, NOV 1, 1964 JAN 17 / OKT 9 / 1967 JAN 23 / 1968 DEZ 8 / 1969 NOV 29, 1970 MÄR 8, APR 10, MAI 30, JUN 30 / 1971 APR 25, JUN 12 / 1972 MAI 22 / 1975 SEP 28 (NI), OKT 8, 13, 29, NOV 28, 1976 JAN 21 / NOV 26, 1977 JAN 12 / SEP 6, 19, OKT 4, 1978 MÄR 10 / NOV 11, 1979 MÄR 28, APR 7, 27 / SEP 30, OKT 6, 1980 MAI 17.

Malandrino in »Banditenstreiche« von Franz von Suppé: 1964 JAN 22 (NI), FEB 9, 16, MÄR 1, APR 1, 19, MAI 15 / DEZ 13, 1965 JAN 17, APR 4.

Sir Edgard Ravenswood in »Lucia di Lammermoor« von Gaetano Donizetti: 1964 MÄR 23 (NI), 25, MAI 5 / OKT 7, DEZ 29, 1965 JAN 20, FEB 5, 15, MAI 2 / OKT 21, DEZ 10, 1966 FEB 14, MÄR 22.

Mario Cavaradossi in »Tosca« von Giacomo Puccini: 1964 MAI 17 (NI), JUN 13 / NOV 20, DEZ 9, 1965 JAN 6, FEB 18 / SEP 30, 1966 JAN 15, APR 9 / SEP 29, DEZ 21, 1967 JUN 27 / NOV 26, 1968 APR 7, MAI 26 / 1969 SEP 22, NOV 24 (Ludwigshafen), DEZ 1 (Ludwigshafen), 1970 JUN 4 / OKT 18, 1971 APR 16 / OKT 16, 31, 1972 APR 25 / 1974 JUN 30 / SEP 6, 17, DEZ 19, 1975 APR 7, 20 / DEZ 16, 1976 JAN 23, FEB 4 / NOV 18.

Tom Rakewell in »The Rake's Progress« (»Der Wüstling«) von Igor Strawinsky: 1964 JUL 16 (E), 18, 26 / SEP 25, OKT 13.

Don José in »Carmen« von Georges Bizet: 1964 OKT 22 (NI), NOV 26, DEZ 5, 1965 JAN 2, FEB 1, APR 10 / OKT 7 / 1966 DEZ 25, 1967 MÄR 18, APR 19, JUL 13, DEZ 30 / 1968 SEP 26, DEZ 1, 1969 MÄR 16 / 1970 JAN 1 / 1971 APR 3.

Erster Geharnischter in »Die Zauberflöte« von Wolfgang Amadeus Mozart: 1965 MAI 13 / NOV 5 / 1977 SEP 17 / 1979 JUL 5.

Alvaro in »Die Macht des Schicksals« von Giuseppe Verdi: 1965 JUN 6 (NI), 30 / OKT 20, 29, NOV 1, DEZ 16, 1966 JAN 3 (Farbwerke Hoechst) / OKT 25, DEZ 17, 1967 FEB 23, JUN 17 / OKT 22, DEZ 13, 1968 JAN 15-16-17 (Luxemburg), APR 25 / SEP 8 / 1969 SEP 8, OKT 3, NOV 19, DEZ 18, 1970 FEB 2 (Ludwigshafen), MÄR 18 / DEZ 30, 1971 MÄR 16, MAI 9 / OKT 9, DEZ 17, 1972 APR 30.

Samson in »Samson und Dalila« von Camille Saint-Saëns: 1965 OKT 13 (NI), NOV 7, 26, 1966 JAN 20 / NOV 2, 16, DEZ 19 (Farbwerke Hoechst), 1967 JAN 26, APR 7, JUN 20 / OKT 5, NOV 19, 1968 FEB 9, JUN 3 / SEP 19, NOV 9, 1969 FEB 7, APR 10, JUN 13, JUL 5, 15.

Turridu in »Cavalleria rusticana« von Pietro Mascagni: 1965 NOV 15 (NI), 19, DEZ 3, 28, 1966 JAN 21, FEB 26, MÄR 9, 24, APR 2, MAI 14 / 1967 APR 23.

Canio in »Der Bajazzo« von Ruggiero Leoncavallo: 1965 NOV 19 / 1966 OKT 2, DEZ 4, 1967 JAN 27, 31, FEB 22, MÄR 12 / OKT 14 / 1968 OKT 14, 1969 JUN 3 / 1973 MAI 18 / DEZ 18 (Ludwigshafen) / 1975 APR 3, 22, 26.

Alfred, ein Tenor in »Die Fledermaus« von Johann Strauß: 1965 DEZ 26 (NI), 31, 1966 FEB 18, 19, 22, 24, MÄR 23, MAI 15, 20, 31, JUN 30 / SEP 24, OKT 23, NOV 26, 1967 FEB 4, MAI 6 / SEP 15, OKT 7, 17, DEZ 17, 1968 JAN 27 / 1978 FEB 7, MÄR 19, APR 26.

Siegmund in »Die Walküre« von Richard Wagner: 1966 APR 24 (NE), MAI 28 / DEZ 10, 1967 JAN 6, APR 30 / DEZ 10 / 1969 FEB 9, JUN 5 / 1972 JAN 1 (NE), JUN 11 / 1974 JUN 16 / 1976 JUN 20 (Lausanne) / 1977 MÄR 26 / 1978 NOV 1, 1979 FEB 4 / 1980 JUN 1.

Ein Sänger in »Der Rosenkavalier« von Richard Strauss: 1966 MAI 19 / OKT 9.

Carlo in »Die Räuber« von Giuseppe Verdi: 1966 OKT 14 (E), DEZ 29, 1967 FEB 18 / 1968 JAN 25 / SEP 24, OKT 11 (Salzburg), NOV 5 (Ludwigshafen), 1969 APR 16 und 17 (Luxemburg) / SEP 30, DEZ 16, 1970 JAN 27 / DEZ 10, 1971 FEB 25.

Hans »Die verkaufte Braut« von Bedřich Smetana: 1966 NOV 27, 1967 MÄR 10, JUL 18 / OKT 12, 1968 APR 13.

Boris Grigorjewitsch in »Katja Kabanowa« von Leoš Janáček: 1967 MÄR 17 (E), 22, APR 1, 21 MAI 10, JUN 16, JUL 23 / NOV 1, DEZ 8, 1968 JAN 11, APR 16, JUN 7 / OKT 4, 1969 FEB 27.

Der Tenor/Bacchus in »Ariadne auf Naxos« von Richard Strauss: 1968 FEB 22 (NI), 28 / NOV 7 (Worms) / 1969 SEP 16, 1970 FEB 23, APR 8, JUN 26, JUL 5.

Stewa Buryja in »Jenufa« von Leoš Janáček: 1968 NOV 3 (NI), 30, 1969 APR 3, JUN 20 / 1970 SEP 17, 21.

Hoffmann in »Hoffmanns Erzählungen« von Jacques Offenbach: 1969 SEP 6 (NI), OKT 4, DEZ 3, 1970 JAN 4, FEB 19, JUL 9 / SEP 26 (Ludwishafen), OKT 21.

Tristan in »Tristan und Isolde« von Richard Wagner: 1970 NOV 15, DEZ 20, 1971 MAI 16 / 1973 NOV 25, 1974 FEB 2 / 1975 MAI 25 / DEZ 7, 1976 JUN 13, 22 (Lausanne) / 1978 JAN 6 / AUG 19, 1979 FEB 17, JUL 1 / 1980 MÄR 23, JUL 6.

Der Kaiser in »Die Frau ohne Schatten« von Richard Strauss: 1971 MAI 27 (NI), 29 / NOV 5 / 1973 FEB 25, APR 23, MAI 13 / DEZ 22 / 1974 SEP 8.

Siegfried in »Siegfried« von Richard Wagner: 1971 JUN 6 (NE), 17 / 1972 JUN 17 / 1973 MAI 31 / 1974 JAN 6, JUN 19 / DEZ 29, 1975 MÄR 28, APR 5, MAI 9 (Lausanne) / OKT 18 / 1976 SEP 1 / 1977 OKT 28 / 1979 MAI 6 (NI), 9, 24, JUN 24 / NOV 18, 1980 JUN 5.

Siegfried in »Götterdämmerung« von Richard Wagner: 1971 SEP 18 (NE), OKT 23, 1972 JUN 24 / 1973 JUN 3 / 1974 JUN 23 / 1976 AUG 22, SEP 5, 1977 MÄR 6, MAI 30, JUN 6 (Lausanne) / NOV 1 / 1979 OKT 21 (NI), NOV 1, 21, 1980 JUN 8.

Tannhäuser in »Tannhäuser und der Sängerkrieg auf Wartburg« von Richard Wagner: 1972 DEZ 25 (NI), 1973 JAN 5, FEB 8, MAI 11 / 1974 SEP 25, 1975 MÄR 26, APR 12, MAI 7 (Lausanne) / 1976 JAN 31 / NOV 10, 1977 JAN 15, APR 30 / 1978 DEZ 3 1979 JAN 6 / OKT 28, 1980 FEB 4 (Luxemburg).

Pedro in »Tiefland« von Eugen d'Albert: 1974 MÄR 21 (NI), APR 17, MAI 13 / SEP 3, 27, DEZ 27, 1975 APR 1, JUN 1 / 1976 JAN 26.

Prinz in »Rusalka« von Antonin Dvorák: 1977 MÄR 13 (E), 24, APR 6, MAI 6 / AUG 19, 1978 JAN 4, MÄR 1 / AUG 17, OKT 27, 1979 MÄR 14 / OKT 4, 9, NOV 13, 1980 JAN 10, Mai 20.

DIE MITARBEITER

Theo Adam, Dresden, Heldenbariton; seit Cox' erstem »Ring« (Rom 1968) immer wieder (als Wotan, Sachs, Gurnemanz) Partner an allen großen Bühnen.

Ronald H. Adler, München, Spielleiter und Regisseur; 1976 Regieassistent bei Günther Rennerts 2. Münchener »Ring«, betreut diese Produktion seither.

Hans Adomeit, Mannheim, Cellist; seit 1953 Solocellist am Nationaltheater Mannheim, Beobachter der künstlerischen Karriere auch in Bayreuth (dort seit 1963 ebenfalls Solocellist).

Ingrid Bjoner, Oslo, Sopranistin; Partnerin an zahlreichen großen Bühnen in Europa und USA, besonders als Brünnhilde und Isolde, dazu auch in vielen weiteren Partien.

Hannelore Bode, Mannheim, Sopranistin; langjährige Kollegin am »Stammhaus« (seit 1971), Partnerin in zahlreichen Werken des deutschen und italienischen Fachs; Evchen in Bayreuth (Schallplatte).

Kurt Böhme, München, Baß; vorwiegend in München Partner im Wagner-Fach.

Michael Davidson, Mannheim, Bariton; langjähriger Kollege am »Stammhaus« (seit 1966), dort Partner vorwiegend im italienischen Fach.

Helga Dernesch, Weidling, Sopranistin; seit 1963 (Bregenz, »Banditenstreiche«) Partnerin an vielen großen Bühnen vor allem in Werken von Wagner und Strauss.

Werner Egk, Inning, Komponist; Cox sang häufig in seinen Opern (»Zaubergeige«, »Revisor«, »Verlobung in San Domingo« – Fernsehaufzeichnung), auch unter der Leitung des Komponisten.

Karl Fischer, Mannheim, Dirigent; 1950-1966 am Nationaltheater Mannheim, betreute (auch nach 1966) fast alle Partien Cox'.

Regina Fonseca, Dortmund, Mezzo-Sopranistin; langjährige Kollegin am »Stammhaus« (1969-1980), Partnerin in zahlreichen Werken des deutschen und italienischen Fachs.

Gottlob Frick, Ölbronn, Baß; seit 1969 (Hagen im Münchner »Ring«) in dieser Partie und als Gurnemanz Partner an vielen internationalen Bühnen.

Götz Friedrich, Berlin, Intendant und Regisseur; erarbeitete mit Cox seinen »Ring« an der Covent Garden Opera, London (»Siegfried« 1975, »Götterdämmerung« 1976).

Arthur Grüber, Waldbronn, Dirigent; betreute die meisten Braunschweiger Produktionen, in denen Cox mitwirkte.

Karl Erich Haase, München, Bühnenvermittler; 1968/69 Regieassistent Günther Rennerts bei dessen »Ring«-Produktion. Assistent bei Wieland Wagner in Stuttgart.

Michael Hampe, Köln, Intendant und Regisseur; 1972-1975 Intendant in Mannheim, engagiert Cox häufig nach Köln, u. a. zum »Ring« (Inszenierung : Wieland Wagner), zu »Tannhäuser«- und »Tristan«-Aufführungen.

Rudolf Hartmann, München, Intendant und Regisseur; erarbeitete in Mannheim die »Frau ohne Schatten« und in München den »Oberon« mit Cox.

Kurt Heinz, Mannheim, Feuilleton-Redakteur; als Musik-Kritiker des »Mannheimer Morgen« Beobachter der künstlerischen Entwicklung Cox' von seinen dortigen Anfängen bis heute.

Brigitte Heldt, Kasendorf/Ofr., Musikwissenschaftlerin; nach Abschluß der Ausbildung in Köln private Studien, insbesondere zu Richard Wagner.

Gerhard Heldt, Kasendorf/Ofr., Musikwissenschaftler; Mitarbeiter am Forschungsinstitut für Musiktheater der Universität Bayreuth, Publikationen zu verschiedenen Gebieten der Musik.

Wilhelm Herrmann, Mannheim, Leiter der Theatersammlung des Städt. Reiß-Museums; Verfasser mehrerer Beiträge zur Mannheimer Theatergeschichte.

Grace Hoffman, Stuttgart, Mezzo-Sopranistin; seit zwei Jahrzehnten Partnerin an zahlreichen internationalen Bühnen, hauptsächlich im Wagner-Fach.

Heinrich Hollreiser, München, Dirigent; betreute u. a. in Berlin, München und Bayreuth viele der großen Wagner-Partien von Cox.

Donald McIntyre, Orpington/Kent, Heldenbariton; seit Bayreuth 1967 (»Lohengrin«) oftmals Partner an vielen großen Bühnen, vorwiegend im »Ring« und im »Parsifal«.

Arlene Hanke Johnson, Madison/Wisconsin, Produzentin und Regisseurin; Cox' Gesangslehrerin an der Universität in Tuscaloosa/Alabama.

Gwyneth Jones, Küsnacht, Sopranistin; sang Anfang der 70er Jahre ihre erste Brünnhilde mit Cox in Bayreuth, seither Partnerin in zahlreichen Wagner-Aufführungen an vielen internationalen Bühnen.

Günter Klötz, Mannheim, Spielleiter; wies Cox u. a. in die »Parsifal«-Inszenierung von Hans Schüler ein, die er seit dessen Tod betreut; Abendspielleiter bei vielen Mannheimer Produktionen mit Cox.

Roberta Knie, Laßnitzhöhe, Sopranistin; bei internationalen Gastspielen (Frankreich, USA) Partnerin als Brünnhilde und Isolde.

Sylvia Olden Lee, Philadelphia/Pennsylvania, Pianistin; eine der ersten Mentorinnen von Cox.

Hans-Peter Lehmann, Hannover, Intendant und Regisseur; betreute in Bayreuth die Wieland-Wagner-Inszenierung des »Parsifal« mit Cox und erarbeitete mit ihm (u. a.) einen »Ring« (Chicago 1973).

Ferdinand Leitner, Zürich, Dirigent; musikalischer Betreuer wesentlicher Wagner-Produktionen mit Cox im In- und Ausland.

Berit Lindholm, Stockholm, Sopranistin; Cox' erste Brünnhilde in Bayreuth, an zahlreichen internationalen Bühnen Partnerin hauptsächlich als Brünnhilde und Isolde.

Dietrich Mack, Thurnau, Theaterwissenschaftler; Gründer und Leiter des Forschungsinstituts für Musiktheater der Universität Bayreuth; Wolfgang Wagners Assistent 1970-1975; zahlreiche Publikationen zum Leben und Werk Richard Wagners.

Franz Mazura, Mannheim, Baß-Bariton; langjähriger Kollege am »Stammhaus« (seit 1964), Partner vorrangig im deutschen Fach, auch bei zahlreichen Gastspielen, u. a. Bayreuth.

Herbert Meyer, Mannheim, Historiker; Gründer der Theatersammlung des Städt. Reiß-Museums; Verfasser der Chronik des Nationaltheaters (1929–1979) und vieler Beiträge zur Kulturgeschichte der Kurpfalz.

Yvonne Minton, Reading/Berkshire, Mezzo-Sopranistin; Partnerin als Brangäne und in weiteren Wagner-Partien.

Martha Mödl, München, Sopranistin; in Wien Partnerin in »Jenufa« (Schallplatte) und »Pique Dame«.

Gerd Nienstedt, Hof, Baß-Bariton und Intendant; Partner in Braunschweig und beim »Ring« in Rom (1968), auch häufig in Bayreuth.

Birgit Nilsson, Kristianstad, Sopranistin; Cox' erste Bühnen-Brünnhilde (München 1969), sang ihre letzte Elsa (Braunschweig 1957) und ihre letzte »Siegfried«- und »Götterdämmerung«-Brünnhilde (Köln 1978) mit Cox; langjährige Partnerin im Wagner-Fach in aller Welt.

Gladys Pelser-Spector, München, Sopranistin; in Braunschweig und Mannheim langjährige Partnerin, vorwiegend im italienischen Fach.

Jean-Pierre Ponnelle, München, Regisseur, Bühnen- und Kostümbildner; erarbeitete seinen ersten »Ring« (Stuttgart 1977-1979) mit Cox als Siegfried in »Siegfried« und »Götterdämmerung«.

Wolfgang Rennert, Mannheim, Dirigent; betreute 1970 den »Ring« an der Deutschen Staatsoper Berlin mit Cox, seit 1980 GMD in Mannheim.

Hans Reschke, Mannheim, Oberbürgermeister i. R.; in seine Amtszeit fiel das Engagement von Cox nach Mannheim und die Entwicklung der internationalen Karriere.

Anna Reynolds, Richmond/Surrey, Altistin; u. a. sechs Jahre Partnerin in Bayreuth (»Ring«, »Meistersinger«).

Wolfgang Sawallisch, München, Dirigent; erarbeitete mit Cox dessen ersten Siegfried (Rom 1968), seither in München und im Ausland viele gemeinsame Aufführungen.

Elisabeth Schärtel, Weiden, Altistin; Kollegin aus der Braunschweiger Zeit, Partnerin auch in Bayreuth.

Astrid Schirmer, Mannheim, Sopranistin; Kollegin am »Stammhaus« (seit 1975), Partnerin vorwiegend im deutschen Fach (Brünnhilde, Isolde, Senta), auch in vielen anderen Partien.

Elisabeth Schreiner, Mannheim, Sopranistin; langjährige Kollegin am »Stammhaus« (seit 1966), Partnerin in nahezu allen großen Partien des italienischen und deutschen Fachs.

Anja Silja, Hamburg, Sopranistin; 1956 erster Bühnenauftritt (mit Cox) in Braunschweig, seither zahlreiche gemeinsame Aufführungen.

Hans Sotin, Hamburg, Baß; im Wagner-Fach (Sachs, Wotan) Partner an zahlreichen Bühnen, u. a. Bayreuth.

Horst Stein, Genf, Dirigent; 1963-1970 GMD in Mannheim, studierte in dieser Zeit nahezu alle großen Partien mit Cox ein, betreute Wolfgang Wagners »Ring« und »Parsifal« in Bayreuth.

Otmar Suitner, Berlin, Dirigent; Cox' Kunst sehr freundschaftlich verbunden.

Thomas Tipton, München, Bariton; in Mannheim (1960-1964) Partner im fast gesamten italienischen Repertoire.

Gerhard Unger, Stuttgart, Tenor; Rollendebut als Mime in Stuttgart 1972 zusammen mit Cox als Siegfried, seither an vielen internationalen Bühnen Zusammenarbeit in dieser Partie.

Astrid Varnay, München, Sopranistin; 1956 Partnerin in Bayreuth, seither wiederholt gemeinsame Aufführungen u. a. München, Wien, Mannheim, Köln.

Georg Völker, Mannheim, Bariton; langjähriger Kollege am »Stammhaus« (seit 1961), Partner in zahlreichen Partien.

Willibald Vohla, Mannheim, Charakter- und Heldenbariton; langjähriger Kollege am »Stammhaus« (bis 1968), Partner im deutschen Fach (Cox' erster Sachs), auch in allen großen Verdi-Opern.

Wolfgang Wagner, Bayreuth, Festspielleiter und Regisseur; entdeckte Cox 1955 in Braunschweig für Bayreuth 1956, setzte ihn zwischen 1967 und 1975 als Erik, Lohengrin, Stolzing, Parsifal und Siegfried (in »Siegfried« und »Götterdämmerung«) ein.

Hans Wallat, Dortmund, Dirigent; 1970-1980 GMD in Mannheim; betreute dort fast das gesamte Repertoire von Cox (Schallplatte 1972 »Jean Cox singt Wagner«); auch mit ihm in Bayreuth, Köln etc.

Paul Walter, Dahme, Bühnenbildner; 1952-1976 Ausstattungsleiter in Mannheim, stattete zahlreiche Produktionen aus, in denen Cox mitwirkte.

Claire Watson, München, Sopranistin; vorwiegend in München Partnerin im deutschen (Wagner, Strauss) und italienischen Fach.